만정당집

이 책은 2018・2019년도 정부(교육부)의 재원으로 한국고전번역원의 지원을 받아 수행된 '권역별거점연구소협동번역사업'의 결과물임.

This work was supported by Institute for the Translation of Korean Classics - Grant funded by the Korean Government.

한국고전번역원 한국문집번역총서/단국대학교 동양학연구원

만정당집 2

晩靜堂集

서종태 지음
徐宗泰

권진옥
이승용 옮김

일러두기

1. 이 책의 번역은 한국고전번역원에서 간행한 한국문집총간 163집 소재 《만정당집(晩靜堂集)》을 대본으로 하였다. 번역 대본의 원문 텍스트와 원문 이미지는 한국고전종합DB(http://db.itkc.or.kr)에서 확인할 수 있다.
2. 내용이 간단한 역주는 간주(間註)로, 긴 역주는 각주(脚註)로 처리하였다.
3. 대본의 본문과 원주의 구분이 명확하지 않은 경우는 역자가 임의로 조정하였다.
4. 한자는 필요한 경우 이해를 돕기 위하여 넣었으며, 운문(韻文)은 원문을 병기하였다.
5. 맞춤법과 띄어쓰기는 한글 맞춤법과 표준어 규정을 따랐다.
6. 이 책에서 사용한 부호는 다음과 같다.
   - ( ) : 번역문과 음이 같은 한자를 묶는다.
   - 〔 〕 : 번역문과 뜻은 같으나 음이 다른 한자를 묶는다.
   - " " : 대화 등의 인용문을 묶는다.
   - ' ' : " " 안의 재인용 또는 강조 문구를 묶는다.
   - 「 」 : ' ' 안의 재인용을 묶는다.
   - 『 』 : 「 」 안의 재인용을 묶는다.
   - 《 》 : 책명 및 각주의 전거(典據)를 묶는다.
   - 〈 〉 : 책의 편명 및 운문·산문의 제목을 묶는다.

차례

만정당집 제4권

시詩

만정당집

제3권

詩 시

주자서를 보고 삼가 율시 1수를 쓰다 신미년(1691, 숙종16)
看朱子書敬書一律 辛未

주자가 남긴 글 수많은 상자에 가득　朱子遺書富百函
십년 동안 연구해도 여전히 알기가 어렵네　十年研索尙難諳
은미한 말 환히 밝혀 털끝까지 자세히 분석한 듯　微言昭灼同毫析
여러 이치 넘쳐흘러 바다가 온 물줄기 받아들인 듯　衆理洸洋若海涵
추로(鄒魯)[1]이후로 비로소 사문이 성대해졌고　鄒魯以來文始盛
주정(周程)[2]이 이분 덕택에 은택 더욱 넓어졌네　周程待此澤彌覃
천추에 끝이 없는 은혜를 입었으니　千秋罔極恩衣被
우뚝한 태산과 흡사하구나　泰嶽巖巖恍可參

1 추로(鄒魯) : 추(鄒)는 맹자의 고향, 노(魯)는 공자의 고향으로, 공자와 맹자를 가리킨다.

2 주정(周程) : 주는 송나라의 학자 주돈이(周敦頤)를 말하고, 정은 송나라의 학자 정호(程顥)와 정이(程頤)를 말한다.

신미년(1691, 숙종 16) 정월에 성상이 인대할 때에 궁전 벽에 걸려있던 천하지도를 소재로 입시한 여러 신하들에게 명하여 즉석에서 근체시 1수를 지어 올리라고 하고는 이어 '도(圖)'를 처음 운(韻)으로 하라고 명하였다. 내가 시골집에 있다가 우연히 듣고는 감히 입으로 율시 1수를 읊다

辛未正月 上於引對時 以殿壁所掛天下地圖 命入侍諸臣 卽席製近體一詩以進 仍命以圖字爲首韻 臣在野廬 偶聞之 敢口成一律

조정 높이 펼쳐진 광여도(廣輿圖)에는	龍樓高展廣輿圖
중원 땅 더듬어보는 성상의 뜻 서려있네	撫覽中原聖志紆
뾰족한 오악(五嶽)[3]은 지맥을 나누고	五嶽若芒分地脉
띠처럼 이어진 황하(黃河)는 땅을 관통하네	大河如帶貫坤區
흥망은 유유하여 수많은 변화를 겪었고	興亡袞袞經千變
귀감과 경계 분명하여 두 가지 길이 있네	鑑戒斑斑有兩途
하천(下泉)[4]을 읊고 나자 거듭 감정 일어나니	吟罷下泉重起感
언제쯤이면 일월이 황도를 비출까나	何時日月照皇都

3 오악(五嶽) : 오악은 중국의 다섯 명산으로 태산(泰山), 화산(華山), 형산(衡山), 항산(恒山), 숭산(嵩山)을 가리킨다.

4 하천(下泉) : 《시경》 〈조풍(曹風)〉의 끝에 실려 있는 시인데, 제후의 대부가 주(周)나라 왕실이 쇠미해진 것을 탄식해 읊은 시이다. 여기서는 명(明)나라의 멸망을 서글퍼하는 심정을 말한 것이다.

윤 부제학[5] 경교 에 대한 만사

尹副學 敬敎 挽

법도 있는 집안의 업적 세상에서 다투어 바라보고 法家聲業世爭瞻

충실함과 화려함을 성대히 겸비하였네 忠實文華蔚並兼

명망 높아질수록 늘 사양하여 물러났고 時望愈隆常挹退

벼슬길이 비록 열렸는데도 우선 지체하여 머뭇거렸네 進塗雖闢且遲淹

논평 견지하며 아첨하는 태도 늘 부끄러워하였고 持評每恥脂韋態

상소를 올릴 적엔 엄중한 부월같은 모습 보았네 抗疏曾看斧鉞嚴

마음가짐은 혼후하여 남들과 격이 없었으며 存處渾厖無畛域

행동거지는 넓고 확고하여 가벼움 없었네 做來恢確絶浮纖

풍파가 땅에 가득하여 공이 한창 지쳤는데 風瀾滿地公方倦

동량처럼 필요한 재목되리라 여러 사람이 점쳤네 樑棟需材衆共占

예전에 궁중에서 함께 숙직하며 모시고 앉았고 陪座昔同淸禁直

성대한 겸광[6] 늘 우러러 보며 인품에 감화되었네 襲薰常仰盛光謙

선배의 두터운 풍도와 규범 늘 존경했고 每歆前輩風規厚

노년에 조용히 수양하여 참으로 기뻤네 政喜衰年靜養恬

타고난 독실한 성품 남보다 뛰어나 정신이 외려 왕성하였고

5 윤 부제학 : 윤경교(尹敬敎, 1632~1691)를 말한다. 본관은 파평(坡平), 자는 양일(養一), 호는 장호(長湖)이다.

6 겸광(謙光) : 《주역(周易)》 〈겸괘(謙卦) 단(彖)〉에 나오는 '겸존이광(謙尊而光)'의 준말로, 자신의 몸을 낮춤으로써 그 지위와 덕이 더욱 높아지고 빛난다는 뜻이다.

篤稟踰人神尙王

나라를 걱정하는 외로운 충정에 병 더욱 깊어졌네 孤衷憂國病仍添

조정에서 홀로 완전한 명성을 지켰는데 當朝獨也完名在

세상을 떠나 어느덧 시원한 기상 사라졌네 游岱居然爽氣潛

거리가 멀어 면추(綿芻)[7]로 정성을 표하지도 못하여 地遠綿蒭違此悃

만사를 부치려 하니 공연히 눈물 흐르네 欲緘哀挽淚空霑

7 면추(綿芻) : 면주(綿酒)와 생추(生芻)로, 소박한 제수(祭需)를 이른다. 면주는 솜에 적신 술로, 옛날 먼 곳으로 조문 갈 때 휴대하기에 간편하게 하기 위하여 술을 솜에 적셔 닭 속에 넣어가지고 갔던 데서 유래하였고, 생추는 새로 베어 싱싱한 풀로, 후한 때 명사인 서치(徐穉)가 곽태(郭泰)의 모친상에 조문하러 갔다가 가난하여 제수를 마련하지 못하자 생추 한 다발을 놓아두고 상주(喪主)를 보지 않은 채 돌아간 고사에서 유래하였다. 《後漢書 卷53 徐穉傳》

늦봄 달밤에 매화가 활짝 피어 종제, 아들, 조카, 이랑[8] 병상 등과 서로 떠들썩하게 이야기하며 조촐히 술을 마셨다. 장난삼아 절구 몇 수를 지어 그들에게 모두 차운하게 하였으니 아이들의 시를 보고자 해서였다. 율시는 장난삼아 이랑의 시에 차운하였다

暮春月夜 梅花政開 從弟及家兒阿姪李郎 秉常 輩 相與諠譁小觴 戲成數絶 使之皆次 欲見少年輩詩也 律則戲次李郎

주렴 걷자 상쾌한 기운 앞산에 가득하고 開簾爽氣滿前峰
달빛은 옅은 안개에 덮인 봄 성을 비추네 月照春城淡靄籠
잠시 아이들과 즐겁게 술 마시고 시 짓자고 하여 暫許兒曹觴詠樂
눈을 읊던 사씨 집안의 풍도를 따르고자 하네[9] 欲追吟雪謝家風

집은 양주(楊州)의 동쪽 첩첩 봉우리 속에 있는데 家在楊東萬疊峰
병치레 하며 서울에 머물자니 새장 속에 갇힌 듯 病留京口似樊籠

8 이랑(李郎) : 작자의 사위 이병상(李秉常, 1676~1748)을 말한다. 본관은 한산(韓山). 자는 여오(汝五), 호는 삼산(三山)이다.

9 눈을……하네 : 진(晉)나라 태부(太傅) 사안(謝安)이 자기 집안의 자질(子姪)들과 앉아 있을 적에 갑자기 눈이 펄펄 날리자, 자질들에게 "백설이 분분한데 어느 것과 비슷한가?〔白雪紛紛何所似〕"라고 물어보았는데, 조카인 사랑(謝朗)은 "공중에서 소금을 뿌리는 것에 조금 비길 만합니다.〔撒鹽空中差可擬〕"라고 대답하였고, 질녀(姪女)인 사도온(謝道韞)은 "그보다는 버들개지가 바람에 일어난다고 하는 것이 낫겠습니다.〔未若柳絮因風起〕"라고 하니, 사안이 크게 웃으며 기뻐했다는 사랑영설(謝娘詠雪)의 고사가 전한다.《世說新語 言語》

언제쯤 그대들을 함께 데리고 가서　何時共挽諸君去
시냇가 구름과 물가 바람을 구경하며 즐길까　弄得溪雲與渚風

온 집안이 도예(道藝)[10]의 숲을 이루었으니　一室看成道藝林
그대들의 이택(麗澤)[11]이 날마다 응당 깊어지리　諸君麗澤日應深
뿌리에 물을 부어야 꽃피고 열매 맺을 테고　根須灌漑華將實
옥을 갈고 닦으면 어찌 빛깔이 어두워지겠는가　玉有礱磨采豈沈
여러 현인들 누군들 탐구하는 노력 없었으랴　群哲孰無探討力
육경에는 모두 성현의 마음이 담겨 있다네　六經皆載聖賢心
따뜻한 봄이라 삼여[12]의 공부에 힘쓰기 좋으니　春陽好着三餘業
큰 뱃속 가득히 고금의 서적이 쌓이리라　鉅腹便便貯古今

봄꽃 활짝 피어 한창 숲속에 가득한데　暎鬱春花政滿林
현정은 적막하여 문이 굳게 닫혀 있네[13]　玄亭寂寞閉門深

10 도예(道藝) : 학문과 기능을 말한다. 《예기(禮記)》 〈유행(儒行)〉에, "선비는 뜻이 합하매 학업을 같이하며 도예(道藝)를 하는 데 방법을 같이한다.〔儒有合志同方, 營道同術.〕"라고 하였다.

11 이택(麗澤) : 두 개의 연못이 서로 인접해 있는 상(象)으로 친구끼리 서로 도와 학문을 닦고 수양에 힘쓴다는 의미이다. 《주역》 〈태괘(兌卦) 상(象)〉에 "붙어 있는 연못이 태이니, 군자가 이것을 보고서 벗들과 강습한다.〔麗澤兌, 君子以, 朋友講習.〕"라고 하였다.

12 삼여(三餘) : 독서하기에 좋은 세 가지 여가(餘暇)를 가리킨다. 삼국 시대 위(魏)나라 동우(董遇)가 "겨울은 한 해의 여가이고, 밤은 하루의 여가이고, 장마철은 한 철의 여가이므로, 독서를 하기에 아주 좋다."라고 하였다. 《三國志 卷63 魏書 王肅傳》

13 현정(玄亭)은……닫혀있네 : 자신을 찾아오는 사람이 없음을 말한 것이다. 현정

희미한 푸른 산빛 마루 앞에 일렁이고　　依依嶽翠當軒動
자욱한 성 구름은 해질 무렵에 내려앉네　　靄靄城雲向夕沈
시 읊고 구경하니 아이들 기상 넓히기에 좋고　　吟眺好恢諸子氣
담소하니 때때로 병든 나의 마음을 위로해주네　　笑談時慰病夫心
덧없이 흘러가는 인생에 즐거움 적으니　　浮生冉冉歡悰少
그저 훗날에 다시 지금을 말할까 두렵네　　只恐他時更說今

(玄亭)은 초현정(草玄亭)의 준말로 한(漢)나라 양웅(揚雄)이 칩거하며 《태현경(太玄經)》을 저술한 곳이다. 양웅이 술을 좋아하면서도 집이 가난하여 마시지를 못했는데, 가끔 호사자(好事者)들이 술과 안주를 들고 와서 글자를 묻곤 하였다는 고사가 전해온다. 《漢書 卷87下 揚雄傳》

이랑[14]이 송산으로 독서를 하러 가기에 출발에 앞서 써서 주다
李郎往松山讀書 臨行書贈

그윽한 저 송산 골짜기	窈彼松山谷
구름과 노을 한창 자욱하네	雲霞政晻靄
고매한 사람이 머무는 곳	高人所盤旋
시내와 골짜기 울창하게 이어졌네	川壑鬱映帶
봄날의 해는 길고	遲遲舒日長
초목은 무성하네	萋萋卉木薈
나그네는 책 상자를 지고	游子負縹緗
아득히 멀리 떠나네	迢迢遂言邁
앞으로 잔뜩 쌓인 서책을 읽어	將讀等身書
심오한 경지를 널리 섭렵하리	博涉窮奧界
한창 나이에 노력하지 않으면	盛年不自勛
나이가 들어서는 어찌할 수 없네	老大將無奈
촌음을 귀중한 구슬처럼 여기라는	寸陰如拱璧
옛 성현의 경계 분명하네	炯炯古賢誡
함양하여 근원 공부를 쌓으면	涵演蓄其源
응당 거침없이 쏟아내리라	發之應霶沛
너를 보니 자질이 순수하고 밝아	看爾資粹朗

14 이랑(李郎) : 29쪽 주8 참조.

글솜씨가 일찍부터 탁월했었다　文藻夙藹藹
그러나 마땅히 더 높은 자취를 바라보고　然當睎高轍
집안을 이을 큰 임무를 더욱 생각하여라　益思嗣承大
돌아가 너의 위양(渭陽)[15]을 뵙고　歸拜子渭陽
가르침을 따라 날마다 영향을 받거라　襲訓日沾丐
스승을 어찌 다른 곳에서 구하랴　師表豈他求
노력하여 혹여나 게을리하지 말거라　勉哉毋或懈

15 위양(渭陽) : 외삼촌을 뜻하는 말이다. 춘추 시대 진 강공(秦康公)이 자기 외삼촌인 진 문공(晉文公)을 전송할 적에 이미 돌아간 자기 모친을 몹시 그리워하는 마음에서 위양에 이르러 "내 외삼촌을 전송하려고 위양에 이르렀노라.〔我送舅氏, 曰至渭陽.〕"라고 노래한 데서 온 말이다. 《詩經 渭陽》본문에서는 이병상의 외숙인 민진주(閔鎭周)를 가리키는듯하다.

단옷날 묘소의 암자에 외로이 앉아 있다가 온갖 감정이 가슴에서 일어나 부질없이 붓을 잡고 삼가 중부가 남긴 시 가운데 연(然) 자에 차운하였으나 바빠서 자세히 검토하지 못했다

端陽日 在墳庵孤坐 百感集懷 謾拈筆 敬次仲父留題詩中然字韻 卒卒不暇細檢

기구한 운명 외로운 고아 신세 되어	孱命人間影孑然
풀 같은 마음은 하늘같은 덕 갚기가 어렵네[16]	草心難報德如天
늘 희직의 다재기(茶齋記)를 보니[17]	每看希直茶齋記
백년 앞서 먼저 내 마음을 알았네	先獲吾心曠百年

복잡한 세상에서 편안히 지내니	紛紛外境處夷然
본래 사람을 탓하지 않았는데 어찌 하늘 원망하랴[18]	本不尤人豈怨天

16 풀……어렵네 : 자식이 부모의 사랑에 보답하기 어렵다는 뜻이다. 당(唐)나라 시인 맹교(孟郊)의 〈유자음(游子吟)〉에서 유래한 말로, "한 치의 풀과 같은 자식의 마음을 가지고서, 봄날의 햇볕 같은 어머니의 사랑을 보답하기 어려워라.〔難將寸草心, 報得三春暉.〕"라고 하였다.

17 늘……보니 : 희직(希直)은 명나라 초기의 학자 방효유(方孝孺)로, 희직은 그의 자이다. 다재기(茶齋記)는 그가 어릴 때 세상을 떠난 부모를 그리워하며 지은 《여다재기(茹茶齋記)》를 말한다.

18 사람을……원망하랴 : 《논어》 〈헌문(憲問)〉의 "나는 하늘을 원망하지도 않고 사람을 탓하지도 않는다. 아래로는 사람의 일을 배우고 위로는 하늘의 이치를 터득하려고 노력하는데, 나를 알아주는 분은 아마도 하늘뿐일 것이다.〔不怨天, 不尤人, 下學而上

오직 다툼이 없는 곳에 내 몸을 두어 唯欲置身無競地
양생법을 수양하여 수명 연장하기를 바라네 修吾服食可延年

문을 열자 푸르른 들판이 바라보이니 開門野色望蒼然
수많은 나무에 훈훈한 바람부는 정오라네 萬樹薰風政午天
앉아서 일렁이는 넓고 푸른 보리밭 바라보니 坐對麥波千頃綠
꾀꼬리 소리 속에 하루가 일 년과 같구나 栗留聲裏日如年

작은 방에서 옷깃 풀어헤치고 덩그러니 앉아있는데 小檻披襟坐塊然
숲에 안개 자욱한 저녁이라네 林煙靄靄夕陽天
산수 승경 구경하려면 근력이 필요하니 溪山濟勝須筋力
그저 한창 나이에 벼슬에서 물러나야 마땅하네 休退唯宜在盛年

達, 知我者, 其天乎!]"라는 공자의 말에서 나온 것이다.

상사 최우가 송산의 선영이 있는 곳에 재실을 지어 '사유(四幽)'로 편액을 하였는데 곧 간류(磵流), 지하(池荷), 송회(松檜), 오동(梧桐)이다. 호곡 남 상서[19]가 율시 한 수를 부쳤기에 이랑[20]을 통해 이를 듣고서 그 시에 삼가 차운하여 최군에게 바치다

崔上舍寓氏於松山先基築室 以四幽扁之 卽磵流池荷松檜梧桐也 南壺谷尙書有寄題一律 因李郎聞之 奉次其韻 以呈崔君詞案

듣자하니 동강에 작은 집을 지었다는데	聽說東岡闢小堂
숲과 봉우리 어우러진 곳에 흰 구름 늘 있다지	林巒映帶白雲長
푸른 동굴에서 흘러나오는 물소리에 귀가 상쾌하고	耳醒翠竇潺潺瀉
아름다운 연못에서 퍼지는 향기가 옷에 스미네	衣濕華池冉冉香
용이 칩거하는 깊은 뿌리엔 바람이 울리고	龍蟄根深風作籟
봉황 깃든 오래된 가지엔 비 내려 더욱 시원하네	鳳棲枝老雨添涼
부러워라, 그대 차지한 경치 모두 그윽하여	羡他攬結皆幽色
한가한 10묘의 뽕밭에 그치지 않네[21]	不獨閒閒十畝桑

19 남 상서(南尙書) : 남용익(南龍翼, 1628~1692)을 말한다. 자는 운경(雲卿), 호는 호곡(壺谷), 시호는 문헌(文憲)이다.

20 이랑(李郎) : 29쪽 주8 참조.

21 한가한……않네 : 《시경》 〈십묘지간(十畝之間)〉에 "십묘의 사이에, 뽕을 따는 자가 한가하고 한가하니, 장차 그대와 돌아가리라.〔十畝之間兮, 桑者閑閑兮, 行與子還兮.〕"라고 하였다.

퇴숙 종유 이 서빙고 강가의 집에 살면서 율시 1수를 지어 강가 근처의 여러 승경을 읊으니 민재수[22] 군이 그 시에 차운하였고 마침내 내가 차운하여 퇴숙에게 부쳤다. 당시에 중부가 벼슬을 그만두고 강가 집으로 나가 살면서 쉬고 계셨기에 내가 찾아뵙고 돌아왔다

退叔 宗愈 在西氷庫江舍 有一律詠江居諸勝 閔君在洙次之 遂次寄退叔 時仲父謝事 出寓江舍休養 余省拜而歸

한강 물길이 백리를 휘감아 흐르는데	百里逶迤江漢廻
사람 가까이 하는 물고기와 새는 백사장에 가득하네	近人魚鳥滿沙隈
수많은 돛단배 황혼에 아득한 물가에서 삐걱대고	千檣暝戛遙遙渚
수많은 나무는 날 개이자 굽이굽이 누대에 선명하네	萬樹晴分曲曲臺
산등성이 떠있는 구름 아래에 대궐 아득하고	山背浮雲雙闕逈
한강 남쪽 아름다운 기운은 두 능[23]에서 오네	水南佳氣二陵來
그대와 약속하노니 다시 백사장에 달 뜨거든	約君更待沙頭月
일엽편주로 물길을 따라가며 함께 술잔을 드세나	一棹乘流共擧杯

22 민재수(閔在洙) : 1668~1718. 자는 사로(師魯), 본관은 여흥(驪興)이다.

23 두 능 : 성종(成宗)의 능(陵)인 선릉(宣陵)과 중종(中宗)의 능인 정릉(靖陵)을 가리킨다. 이 두 능은 서울 강남의 봉은사(奉恩寺) 곁에 있는데, 임진왜란 때 왜병에 의해 도굴되어 시신을 제대로 확인할 수도 없었다고 한다.

매월당[24]이 읊은 수락산[25] 사계절 경치 시에 화답한 사가(四佳 서거정(徐居正))의 시에 삼가 차운하여 남자문 학명을 위해 짓다

謹次四佳酬梅月堂詠水落山四時景韻 爲南子聞 鶴鳴 作

수락산은 도의 기운 함축하고 있으니 落山含道氣
그윽한 승경 아는 사람이 드무네 幽勝少人知
물 흐르는 시냇가의 꽃은 일찍 피고 流水溪花早
짙은 그늘 골짜기에는 해가 더디네 濃陰洞日遲
서리 내린 뒤에 노을 붉고 霞標霜洗後
달 밝을 때 얼음 폭포 드리웠네 氷瀑月明時
게다가 은나라의 푸른 고사리[26] 있으니 別有殷薇綠
여기서 맑은 향기 우러르네 淸芬仰在玆

'소인(少人)'이 '세수(世誰)'로 된 곳도 있다

24 매월당(梅月堂) : 김시습(金時習, 1435~1493)의 호이다. 생육신(生六臣)의 한 사람으로, 승려가 되어 방랑 생활을 하며 절개를 지켰다. 일찍이 수락산에서 은거하였는데, 매월당은 바로 김시습이 거처하던 곳이며, 동봉(東峰)이란 다른 호도 김시습이 수락산을 좋아하여 스스로 붙인 자호이다.

25 수락산(水落山) : 지금의 서울시 노원구와 경기도 의정부시 사이에 있는 산으로, 도봉산(道峯山)과 함께 서울의 북쪽 경계를 이룬다.

26 은나라의 푸른 고사리 : 백이(伯夷)와 숙제(叔齊)가 주(周)나라 무왕(武王)이 주(紂)를 정벌하는 것을 반대해서 간하다가 듣지 않자 수양산(首陽山)으로 들어가 고사리를 캐 먹으면서 지내다가 굶어 죽었다. 《史記 卷61 伯夷列傳》본문에서는 김시습을 비유한다.

지례 당숙[27] 문숙 과 이별하며

奉別知禮堂叔 文淑

우리 종족의 돈후하고 소박한 기풍	吾宗敦素風
우리 숙부가 아름다움 지켰네	吾叔有美秉
뛰어난 명성에 사우들이 경도되었고	儁聲士友傾
굳센 모습에 의론이 바로잡혔네	矯矯風議整
보광검[28]은 칼집에 있어 베지 못하고	步光韜未剸
추풍[29]은 주저앉아 달리지 못하네	追風斂靡騁
관직 진출 어찌 그리도 늦었으며	雲逵一何淹
벼슬길은 어찌 그리도 냉랭했던가	宦跡一何冷
지금에야 비로소 고을을 맡아	今者始一麾
호남과 영남 경계의 수령 되었네	出守湖嶺境
호위하는 의장 성대한 모습인데	輿衛煒有色
부임길 멀어 더디기만 하네	靡靡征路永
응당 초나라에 노니는 심정 들고[30]	應有游楚感

27 지례 당숙(知禮堂叔) : 지례 현감(知禮縣監) 서문숙(徐文淑, 1644~1714)을 말한다. 자는 사화(士和), 본관은 대구(大丘)이다. 서문숙은 1691년(숙종17)에 지례현감으로 부임하였다.

28 보광검(步光劍) : 옛날의 보검(寶劍)이다. 한(漢)나라 조엽(趙曄)의 《오월춘추(吳越春秋)》〈구천벌오외전(勾踐伐吳外傳)〉에 "월왕이 이에 당이의 갑옷을 입고 보광검을 찼다.〔越王乃被唐夷之甲, 帶步光之劒.〕"라고 하였다.

29 추풍(追風) : 진 시황(秦始皇)의 일곱 명마(名馬) 가운데 하나이다.

풍수[31]의 경치에 점점 슬퍼지리라　　轉悲風樹景
이 고을이 비록 작다고는 하나　　是縣雖云小
땅이 비옥하고 수많은 민가 줄지어 있네　　地饒列萬井
공수와 황패[32]처럼 솜씨 넉넉하니　　恢恢龔黃手
수고로이 공문서와 씨름할 일 없네　　無足勞簿領
우정에 작은 생선을 삶는 격이니[33]　　牛鼎烹小鮮

30 초나라에……들고 : 부모가 돌아가신 뒤에 영화를 누린다는 뜻이다. 자로(子路)가 일찍이 공자(孔子)를 뵙고 말하기를 "예전에 제가 두 어버이를 섬길 때에는 항상 명아주와 콩잎만 먹는 형편이었으므로, 어버이를 위하여 100리 밖에서 쌀을 져다가 봉양하곤 했는데, 어버이가 돌아가신 뒤로 남쪽으로 초나라에 노닐 적에 따르는 수레가 100여 대요, 만종의 곡식을 쌓아 두고 요를 여러 겹으로 깔고 앉아서 진수성찬을 차려 놓고 먹으면서는 다시 명아주 콩잎을 먹으면서 어버이를 위해 쌀을 져 오고 싶어도 할 수가 없었습니다."라고 하였다. 《孔子家語 致思》

31 풍수(風樹) : 부모가 세상을 떠나 다시는 봉양할 수 없는 자식의 슬픔을 말한다. 공자(孔子)가 주(周)나라 구오자(丘吾子)에게 슬피 통곡하는 이유를 묻자, "나무가 조용하고자 하나 바람이 그치지 않고, 자식이 봉양하고자 하나 어버이가 기다려 주시지 않는다. 한번 가면 오지 않는 것은 세월이요, 다시 뵐 수 없는 것은 어버이이다."라고 대답하고는 강물에 몸을 던져 죽었다는 '풍수지탄(風樹之歎)'의 고사가 있다. 《孔子家語 致思》

32 공수(龔遂)와 황패(黃霸) : 한(漢)나라의 순리(循吏)이다. 공수는 선제(宣帝) 때 발해 태수(渤海太守)로 있으면서 도둑을 없애고 백성에게 농상(農桑)을 전하여 발해가 크게 다스려졌다. 황패는, 무제(武帝) 때에는 하남 태수승(河南太守丞)으로, 선제 때에는 영천 태수(潁川太守)로 있으면서 옥사(獄事)를 관대하게 처리하고 백성을 잘 보살폈으므로, 한대(漢代)에 치민리(治民吏)를 말할 때는 반드시 황패를 먼저 꼽았다. 《漢書 卷89 循吏傳 龔遂, 黃霸》

33 우정(牛鼎)에……격이니 : 우정은 세 발 달린 솥의 이름인데, 세 발의 장식이 소머리 모양으로 되어 있다. 작은 생선을 삶듯이 한다는 것은 《노자(老子)》에 "큰 나라를 다스리는 자는 마치 작은 생선을 삶듯이 해야 한다.〔治大國者 若烹小鮮〕" 한 데서 온

무슨 수로 아름다운 자질 펼치랴	材美何由逞
그러나 이것은 작은 경세제민이니	然此小經濟
마땅히 깊이 살펴야 하네	勉哉宜深省
벼슬길은 대부분 사람을 얽매어	吏道多縛人
걸핏하면 법에 의해 구속을 받네	動爲文法梗
다만 마땅히 하루 사이에도	只宜一日間
백성 불쌍히 여기는 마음 일마다 깨우쳐야지	恤隱隨事警
이익과 은택으로 반드시 구제하면	利澤必有濟
묵은 병폐 절로 사라지리라	宿蠹自可屛
공과 사를 엄정히 구분하고	斬斬公與私
자세히 살펴 관용과 위엄이 조화를 이루어야지	斤斤寬濟猛
지나치게 살피면 도리어 가려지고	太察還受蔽
일 만들기 좋아하면 낭패를 초래하기도	喜事或招眚
양한 시대의 여러 훌륭한 관리는	兩漢諸循良
다스림이 모두 청정하였네	其治皆淸靜
다스림을 빛내려면 경술이 있어야	飾吏須經術
사업이 비로소 찬란해지네	事烈乃炳炳
상서로운 난새가 어찌 가시나무에 앉으랴[34]	祥鸞豈止棘
아름다운 박옥은 결국 영 땅에서 드러났네[35]	美璞終顯郢

말이다. 작은 고을이 당숙의 능력에 맞지 않다는 뜻이다.

34 상서로운……앉으랴 : 후한(後漢)의 고성 영(考城令) 왕환(王渙)이 구람(仇覽)을 주부(主簿)로 임명하려다가 그의 국량이 워낙 큰 것을 보고서 "가시나무 덤불은 봉황이 깃들 곳이 못 되니, 100리의 작은 땅이 어찌 대현이 거처할 땅이리오.〔枳棘非鸞鳳所棲 百里豈大賢之路〕"라고 탄식한 고사가 있다.《後漢書 卷76 循吏列傳 仇覽》

서대문에서 전별자리 마련하니	白門列祖觴
친척의 정리 잊지 못하네	親懿意耿耿
평지와 구릉에는 짙은 구름 감돌고	原陸層陰動
가을이라 높은 고개 까마득하네	秋色渺脩嶺
가면서 끼니 챙겨 건강에 유의하고	行行加餐飯
유유자적하며 자숙하소서	優游以自靖
은근한 마음으로 촌스러운 시를 지어	慇懃寫俚語
제 마음을 말하고 부탁을 드립니다	道情且有請

35 박옥은……드러났네 : 춘추 시대 초나라 사람 변화(卞和)가 박옥을 얻어 초나라 여왕(厲王)에게 바치니 돌을 옥이라 속였다고 하면서 그의 왼쪽 발을 베었다. 그 뒤 다시 무왕(武王)에게 바치니 또 거짓말을 한다고 하면서 그의 오른쪽 발을 베었다. 문왕이 즉위한 뒤에 변화는 박옥을 안고 사흘 밤낮을 통곡하였다. 문왕이 불러서 말하기를, "천하에는 월형(刖刑)을 받은 자가 많은데 그대는 어찌 그토록 통곡하는가?" 하니, 변화가 답하기를, "제가 슬퍼하는 것은 월형을 받았기 때문이 아닙니다. 보옥(寶玉)을 돌〔石〕이라 하고 지조 있는 사람을 미친 사람이라 하니 그것이 슬퍼서 통곡한 것입니다." 하였다. 문왕이 그 박옥을 가공하게 하여 보배로운 구슬을 얻었는데, 그것을 화씨벽(和氏璧)이라 하였다. 《韓非子 和氏》

풍양에 나가 선명씨 이봉조 공 및 자동,[36] 자익 이우조 공 과 지동[37]에서 모였는데, 당시에 동보[38]가 통천(通川)의 우사(寓舍)에서 돌아와 좌중에 있었다. 자익이 먼저 율시 1수를 짓자 모두 그 시에 차운하였다

出豐壤 與善鳴氏 李公鳳朝 及子東子翼 李公羽朝 會芝洞 時同甫自通川寓舍還席上 子翼先有一律 皆次之

지친 말을 타고 나란히 시골집을 찾아	倦騎聯翩訪野居
술자리 마련하니 상쾌한 산기운 옷깃에 일어나네	對尊山翠欲生裾
맑은 가을날 술 마시고 시 읊으며 편안히 침상 맞대고	淸秋觴詠連床穩
며칠 동안 고개 너머에서 소식이 드물었네	幾日音書隔嶺疎
손님을 붙잡아 텅 빈 골짜기에 말을 메어놓고[39]	留客縶來空谷馬

36 자동(子東) : 이해조(李海朝, 1660~1711)를 말한다. 본관은 연안(延安), 자는 자동(子東), 호는 명암(鳴巖)이다.

37 지동(芝洞) : 영지동(靈芝洞)을 말한다. 1666년(현종7) 정관재 이단상이 양주(楊州) 쌍수촌(雙水村)에 내려와 지낼 때 우연히 마을 서쪽 영지동의 집터를 얻어 그곳에 집을 짓고 여생을 보낼 계획을 하였는데, 미처 완성하기도 전에 세상을 떠나고 말았다. 그 후 1676년(숙종2)에 아들 이희조가 그 자리에다 새로 집을 짓고 '영지초당(靈芝草堂)'이라 편액을 걸어 선친의 사업을 계승하였다.《靜觀齋集 續集 卷10 附錄 諸公詩, 韓國文集叢刊 130輯》

38 동보(同甫) : 이희조(李喜朝, 1655~1724)를 말한다. 본관은 연안(延安), 자는 동보(同甫), 호는 지촌(芝村)이다. 부제학 이단상(李端相)의 아들이다.

39 텅……메어놓고 :《시경》〈백구(白駒)〉에 "희고 깨끗한 망아지가 우리 마당의 풀을 먹는다 하여 발을 묶고 고삐를 매어 오늘 아침 내내 있게 하여 이른바 그분이 여기에서 소요하게 하리라.……희고 깨끗한 망아지가 저 빈 골짜기에 있다. 싱싱한 풀 한

잔치 자리에는 온 냇가 물고기 그물로 잡았네　　當筵網得滿川魚
자리를 압도할 웅건한 시짓는 솜씨 보니　　看他壓座詩鋒健
먼저 지은 아름다운 시가 비단보다 낫구나　　佳句先成錦不如

다발을 주노니 그 사람은 옥처럼 맑도다.〔皎皎白駒, 食我場苗, 縶之維之, 以永今朝, 所謂伊人, 於焉逍遙,……皎皎白駒, 在彼空谷, 生芻一束, 其人如玉.〕" 하여 어진 이를 떠나지 못하게 만류하는 뜻을 노래하였다.

중부께서 강가의 댁에 계셨는데 월성[40]에 제수되자, 회포를 읊어 율시 1수를 지었다 도 아우[41]와 삼가 차운하다

仲父在江舍 拜月城 有詠懷一律 與度弟敬次

어지러운 세상사 물에 뜬 뗏목과 같아	世故搖搖似泛槎
조용히 큰 강가를 소요하였네	從容杖屨大江涯
큰 고을에서 다시 태계[42]의 중신(重臣)을 빌리니	雄州復借台階重
만년에 어찌 영남 가는 먼 길을 견디겠는가	晩境何堪嶺路遐
자주 먼 길 떠나 자리 따뜻해질 여가가 없고[43]	征役頻年無煖席
험난한 길에서는 옛날부터 수레를 돌렸네[44]	畏途從古有回車
새로 지은 집 성시에 가까워 시름겨우니	却愁新築城闉近
언제나 깊숙한 곳에 다시 집터 잡을까	幾日深深更卜家

40 월성(月城) : 월성은 경주를 가리킨다. 서종태의 숙부인 서문중(徐文重)은 1691년(숙종17)에 경주 부윤(慶州府尹)으로 나갔다.

41 도 아우 : 서종헌(徐宗憲, 1656~1712)을 말한다. 그의 자(字)가 치도(致度)이다.

42 태계(台階) : 별 이름으로 곧 삼태성(三台星)을 가리키는데, 전하여 삼공의 지위를 말한다.

43 자리……없고 : 한곳에 안주하지 못하고 사방을 돌아다녔다는 뜻이다. 동한(東漢) 반고(班固)의 〈답빈희(答賓戲)〉에 "공자가 앉은 자리는 따스해질 틈이 없었고, 묵자의 집 굴뚝은 검어질 틈이 없었다.〔孔席不暖, 墨突不黔.〕"라고 한 데서 온 말이다.

44 험난한……돌렸네 : 왕양(王陽)이 익주 자사가 되어 관부로 가다가, 공래산 구절판에 이르러 탄식하기를 "부모님께서 주신 몸으로 어찌 이 험한 곳에 오르다가 후에 병으로 죽겠는가.〔奉先人遺體, 奈何數乘此險, 後以病去.〕"라고 하며 수레를 돌렸다는 고사가 있다. 《漢書 卷76 王尊傳》

또 경치를 읊은 시에 차운하다

又敬次卽景韻

깎아지른 벼랑이 맑은 한강을 내려다보고	絶岸臨淸漢
바람과 구름이 이 정자를 에워싸고 있네	風雲擁此亭
차가운 조수는 바다의 기운과 통하고	寒潮通海氣
엷게 쌓인 눈은 숲과 어우러져 있네	薄雪混林形
땅이 넓어 별빛이 들판까지 드리우고	地逈星垂野
밝은 모래톱에는 달이 물가에 떠 있네	沙明月在汀
소리 높여 읊으니 잠자던 해오라기 놀라	高吟驚宿鷺
푸른 산 중턱으로 날아오르네	飛截半山靑

또 삼가 차운하다
又敬次

숲에 우수수 바람 불어 텅 빈 정자를 흔들고	林風淅淅撼虛亭
차갑고 음산한 기운 눈을 내려 수성에 가득하네	釀雪寒陰滿水城
밤새도록 매화 창 앞에서 강호(江湖)를 꿈꾸다가	一夜梅窗湖海夢
부질없이 흐르는 달빛 따라 춘명문[45]으로 들어가네	謾隨流月入春明

갈수록 나이 들어 귀밑머리 희어지니	冉冉年華鬢髮侵
맑은 장수에서 병이 들어[46] 문을 굳게 닫았네	淸漳抱疾閉門深
날이 개이자 강물은 온통 달빛인 듯 하고	霽來江色渾疑月
날씨 추워진 뒤에 마을에 온통 다듬이질 소리라네	寒後村聲半是砧
흥취를 풀려고 풍운을 시에 담아내고	遣興風雲歸點綴
게으름에 익숙해 서책은 펴 보지도 않네	習慵墳籍廢硏尋
영화와 명예는 허물 벗듯 모두 버렸지만	榮名委蛻都休了
단지 임금 향한 작은 정성 남아 있네	秖自傾陽有寸忱

눈빛이 비단 창에 비쳐 차가운 기운 스며드니	雪暎窗紗冷欲侵

45 춘명문(春明門) : 중국 장안(長安)의 성문 이름으로, 도성의 성문을 뜻한다.

46 맑은……들어 : 한(漢)나라 유정(劉楨)은 병약하였는데, 그의 시 〈증오관중랑장(贈五官中郞將)〉에 이르기를, "나는 깊은 고질병에 걸린 채, 맑은 장수 가에 숨어사네.〔余嬰沈痼疾, 竄身淸漳濱.〕" 하였다. 《文選 卷23》

향 연기 안석에 자욱하고 술자리 무르익네 篆煙凝几酒尊深
풍년 기원하느라 집집마다 북소리 울리고 豐年設賽家家鼓
빠른 세월 추위 재촉하여 곳곳에선 다듬이질 하네 急景催寒處處砧
땅은 고산과 비슷하여 매화가 피기 시작하고[47] 地似孤山梅已動
사람은 섬곡에 있던 이와 같아 손님이 찾아오리[48] 人同剡曲客應尋
때때로 시골 노인과 함께 이야기 나눌만하니 時時野老堪同話
기운과 모습엔 꾸밈 없어 참으로 정성스럽네 氣貌無華儘款忱

시시(時時)가 초호(招呼)로 된 곳도 있다.

47 땅은……시작하고 : 고산(孤山)은 북송(北宋)의 임포(林逋, 967~1028)가 은거하여 살던 서호(西湖)의 고산을 말한다. 임포는 이곳에 은거하여 20년 동안 성시(城市)에 발을 들여놓지 않은 채 처자 없이 매화를 심고 학을 기르며 사니, 당시 사람들이 매처학자(梅妻鶴子)라고 칭하였다. 《宋史 卷457 林逋列傳》

48 사람은……찾아오리 : 섬곡(剡曲)은 섬계(剡溪)와 같은 말이다. 진(晉)나라 때 산음현(山陰縣)에 살던 왕휘지(王徽之)가 눈 내린 어느 날 밤에 달빛 또한 청명하자, 갑자기 섬계에 사는 친구 대규(戴逵)가 생각나서 그대로 밤에 배를 타고 밤새도록 가서 대규의 문 앞에 이르렀다가 그 집에는 들어가지 않고 다시 배를 되돌렸다. 어떤 이가 그 까닭을 물으니, 왕휘지가 대답하기를 "처음에 흥(興)이 나서 갔다가 흥이 다해서 그냥 돌아가는 것이니, 어찌 꼭 대규를 만날 필요가 있겠는가."라고 하였다. 《晉書 卷80 王羲之列傳 徽之》

또 삼가 차운하다

又敬次

인생에 의미 있는 좋은 때를 만났는데	生平有味際淸時
강호에서 영락한 신세라 큰 업적 이루기 더디네	湖海蹉跎盛業遲
분분히 가고 멈추는 세상사[49] 모두 상관없으니	流坎紛紛皆外境
일을 만나 다시 눈썹을 찌푸릴 필요 없네	不須臨事更皺眉
눈 쌓인 긴 강가에 해가 저무니	積雪長河日落時
깊은 숲에서 산책하며 발걸음 더디네	深林散策步遲遲
옅은 구름과 엷은 안개 둘러싼 온 산빛은	輕雲淡靄千山色
흡사 새로 화장하여 푸른 눈썹 손질한 듯	恰似新粧掃翠眉
은거하며 말 잊은 지 오래니	高臥忘言久
게을리 잠자며 손님 맞는 일 더디네	慵眠應客遲
지금은 여러 차례 병을 앓은 뒤라	今當多病後
늘 젊은 시절이 그립네	每憶少年時
강이 가까워 갈매기가 꿈속에 들어오고	江近鷗侵夢
산이 싸늘하여 눈빛이 시를 밝히네	山寒雪暎詩

49 가고 멈추는 세상사 : 가의(賈誼)의 〈복조부(鵩鳥賦)〉에 “흐름을 타면 가고, 구덩이를 만나면 그친다.〔乘流則逝, 得坎則止.〕”라고 하였다. 전하여 환경의 순역(順逆)에 따라 진퇴(進退)와 행지(行止)를 결정하는 것을 의미한다.

봄이 가까워 매화가 꽃망울 틔우니　新陽動梅萼
남쪽 가지[50]에서 봄이 오는 것을 볼 수 있네　看取向南枝

하늘이 맑아 여러 봉우리 드러나고　天晴群嶂出
들판이 넓어 큰 강은 더디게 흐르네　野闊大江遲
양(陽)의 기운이 한창 생겨나는 날　藹藹陽生日
한 해가 빨리도 저물어가는 때라네　駸駸歲暮時
손님이 찾아와도 어찌 세상사 물으랴　客來寧問事
몸이 곤하여 시도 짓지 않네　身倦罷吟詩
뜰의 회나무는 천년의 모습 간직하여　庭檜千年色
은은한 달빛이 가지에 걸려있네　依依月掛枝

세 칸 되는 좁은 초가집에서　草閣三椽窄
산에 한 줄기 석양 더디 지네　山曛一線遲
늘 옛날의 현인처럼 되기를 바랐지　每思希古哲
감히 당대를 오만히 대하지는 않았네　匪敢傲當時
눈 내린 매화 있는 곳은 임포의 집이고[51]　梅雪林逋宅

50 남쪽 가지 : 매화를 비유하는 시어(詩語)이다. 《백공육첩(白孔六帖)》 〈매부(梅部)〉에 "대유령의 매화는 남쪽 가지의 꽃이 떨어질 때쯤에야 북쪽 가지의 꽃이 피니, 이는 춥고 더운 날씨의 차이 때문이다.〔大庾嶺上梅, 南枝落北枝開, 寒暖之候異.〕"라고 하였고, 송나라 소식(蘇軾)의 시 〈차운소백고유촉강송이효박봉사령표(次韻蘇伯固遊蜀岡送李孝博奉使嶺表)〉에 "원컨대 남지가 시들 때에 미쳐, 일찍 북안을 따라 날아가고 싶네.〔願及南枝謝, 早隨北雁翩.〕"라고 하였다.

51 눈……집이고 : 48쪽 주47 참조.

산천의 광경은 사조의 시라네[52] 山川謝朓詩
하늘에 닿을 듯 기러기와 고니 멀리 날고 摩天鴻鵠遠
참새 떼는 빈 가지에서 지저귀네 鳥雀噪空枝

뜬구름 같은 인생 비록 덧없지만 浮生雖冉冉
백년 인생 더디게 흘러감이 기쁘네 且喜百年遲
몸을 온전히 하는 즐거움 알려 한다면 欲識全身樂
뜻에 맞는 때를 살펴야 하네 須看適意時
유유자적하다 그대로 은자가 되어 優游仍作隱
회포 쏟아내 부질없이 시를 짓네 陶寫漫成詩
눈이 쌓여 온 숲의 나뭇가지 누웠는데 積雪千林偃
떠받치고 있는 늙은 가지 보이네 擎來見老枝

자취 감추려 십년 동안 계획했으니 斂跡十年計
전원생활 너무 늦은 것이 안타깝네 求田恨較遲
지금 고향의 한 골짜기로 돌아왔으니 歸來今一壑

52 산천의……시라네 : 한가로이 산수를 읊으며 지내는 자신을 누대를 짓고 산을 감상한 사조(謝朓)에 빗대어 한 말이다. 사조는 남조(南朝) 제(齊)나라의 시인으로, 자는 현휘(玄暉)이다. 일찍이 선성 태수(宣城太守)로 있을 적에 산 남쪽에 높은 누대를 짓고 앞 산의 경치를 감상하였으므로, 후대에 이 누대를 사공루(謝公樓), 사루(謝樓)라하고 그 산 이름을 사공산(謝公山)이라고 부르게 되었다는 고사가 있다. 참고로 당나라 이백(李白)의 시 〈제동계공유거(題東溪公幽居)〉에 "집은 청산에 가까우니 사조와 같고, 문에는 푸른 버들 드리웠으니 도잠과 흡사하네.〔宅近青山同謝朓, 門垂碧柳似陶潛.〕"라고 하였다. 《南齊書 卷47 謝朓列傳》《全唐詩 卷184 題東谿公幽居》

느긋하고 편안함이 절로 많은 때라네	優佚自多時
강가에는 원래 손님 없으니	江漢元無客
시의 절반은 구름과 노을 읊은 것이네	雲霞半在詩
볼지어다, 날아가다 지친 새가	須看倦飛鳥
깊숙한 가지를 택하여 머문 것을	棲宿擇深枝

지평 현감 김숙[53] 하석 이 중양일에 용문산을 유람하고 지어 부친 시에 삼가 차운하다

謹次砥平明府金叔 夏錫 重陽日遊龍門山有作寄來韻

치적은 공수나 황패[54]와 우열을 다투는데　政績龔黃伯仲間
관청 누각에서 시 읊조리며 늘 한가롭네　官樓吟嘯每多閒
겹겹 봉우리로 둘러싸인 용문산은 신선세계이니　龍門萬疊神仙境
전부 선성태수 사조의 산으로 삼았네[55]　盡作宣城謝朓山

역리가 가져온 시는 취해서 쓴 것인데　驛使詩來醉墨斜
청신한 시어는 명가라 할 만하네　淸新句語足名家
관직은 선위에 걸맞아 몸은 더욱 편안하고[56]　官稱仙尉身偏逸
모임은 용산과 같고 시절 또한 좋네[57]　會似龍山節又嘉
부석[58]은 저물녘에 달빛 비치는 절에 이르렀고　鳧舃晩臨祇樹月

53 김숙(金叔) : 김하석(金夏錫)을 말한다. 김하석은 1690년(숙종16) 5월에 지평 현감에 제수되었다.

54 공수나 황패 : 40쪽 주32 참조.

55 전부……삼았네 : 51쪽 주52 참조.

56 관직은……편안하고 : 선위(仙尉)는 남창 현령(南昌縣令)을 지냈던 한(漢)나라 매복(梅福)이 뒤에 신선이 되었다는 전설에서 기인된 말로, 지방관을 뜻한다. 김학숙이 지평 현감으로 재직하고 있었기 때문에 말한 것이다. 《漢書 卷67 梅福傳》

57 모임은……좋네 : 진(晉)나라 맹가(孟嘉)가 중구일(重九日)에 환온(桓溫)이 베푼 용산(龍山)의 주연(酒宴)에 참석했다가 술에 흠뻑 취한 나머지 바람에 모자가 날아가는 것도 깨닫지 못했다는 고사가 있다. 《世說新語 識鑑》

채색 붓에서 가을이라 적성 노을[59]이 진동하네　綵毫秋動赤城霞
공을 만류해 따뜻한 내년 봄을 기다려　挽公佇待明春暖
함께 온 숲에 흐드러지게 핀 꽃을 감상하리　共賞千林爛熳花

신령한 산을 꿈꾸다가 행장 꾸려 길 떠나니　夢想靈山遂束裝
골짜기 넝쿨과 바위의 계수나무 모두 무성하네　洞蘿巖桂共蒼蒼
한가한 틈에 경치 구경한 것은 구로와 같고[60]　乘閒眺賞同歐老
일을 그만두고 마음껏 노닐던 맹양을 경계하네[61]　廢事遨遊戒孟陽

58 부석(鳧舃) : 부석은 일반적으로 지방관을 가리킨다. 후한(後漢) 때 하동(河東) 사람 왕교(王喬)가 섭현(葉縣)의 수령으로 있으면서 자주 도성(都城)에 드나들었는데, 올 때에 수레나 말도 보이지 않고 오직 두 마리의 집오리만 날아오는 것을 이상하게 여겨 그물로 잡은 결과 그물 속에 신발 한 짝만 있더라는 고사에서 나온 말이다.《後漢書 方術 王喬傳》

59 적성(赤城) 노을 : 적성은 중국 천태산(天台山) 남쪽에 있는 산 이름으로, 토석의 색깔이 붉어 항상 노을이 낀 것 같으며, 산의 모양이 성첩과 같은데, 주로 선경(仙境)을 비유한다. 진(晉)나라 손작(孫綽)의 〈천태산부(天台山賦)〉에 "적성에 붉은 노을이 일어 표치를 세우고, 폭포는 날아 흘러서 길을 나누었도다.〔赤城霞起而建標, 瀑布飛流以界道.〕"

60 한가한……같고 : 지방관으로 있으면서 유람을 했다는 뜻이다. 구로(歐老)는 북송(北宋)의 구양수(歐陽修)로, 저주 지사(滁州知事)로 있을 때, 저주가 강호를 끼고 있는 절경인 데다 정사(政事)가 한가로웠으므로 취옹정(醉翁亭)이라는 정자를 지어 놓고 백성과 함께 즐기며 〈취옹정기(醉翁亭記)〉를 지었던 고사가 있다.

61 일을……경계하네 : 맹양(孟陽)은 당나라 관리였던 반맹양(潘孟陽)을 말한다. 그가 염철(鹽鐵)을 전운(轉運)하는 일을 맡았을 때 이르는 곳마다 연일 머물면서 노래하고 즐겼는데, 훗날 정경(鄭敬)이 강회(江淮)를 선위(宣慰)할 적에 헌종(憲宗)이 이르기를, "경은 이번 행차에서 반맹양처럼 재물을 탕진하며 진탕 마시고 산사(山寺)에서 노닐지는 말아야 할 것이다." 하였다.《新唐書 卷160 潘孟陽列傳》

온 골짜기의 가을 구름 멀리에서 자리로 다가오고 萬壑秋陰來座逈
제천[62]의 도기에 옷 가득 상쾌한 기운 감도네 諸天道氣滿衣涼
강호에는 마침 낚시 드리운 나그네 있어 江湖政有垂綸客
진경을 찾느라 절로 바쁜 모습을 도리어 비웃네 却笑尋眞也自忙

62 제천(諸天) : 불교 사원(寺院)이나 암자의 별칭이다.

중부가 동짓날 회포를 읊은 시에 삼가 차운하다
敬次仲父至日感懷韻

천지가 끊임없이 만물을 낳는 이치 점점 짙어지니 生生一理藹然深
쌓인 음기 속에서 양기가 새로 생김을 보고 기뻐하네[63] 喜見新陽闖積陰
들이키고 내쉬는 것이 서로 근원이 됨은 바로 이때이니 噓噏互根唯此會
형통함과 곤액의 바뀜을 어찌 알기 어려우랴 亨屯迭代豈難諶
붙들어 부축하니 이미 나라의 정치와 관계된 줄 알겠고 扶將已識關邦政
함양은 나의 마음에서 징험하는 것이 참으로 마땅하지 涵養端宜驗我心
소로가 홀로 밝은 묘리를 보았으니[64] 邵老獨觀昭曠妙

63 천지가……기뻐하네 : 동지(冬至) 때를 말한다. 《주역》 〈복괘(復卦) 상(象)〉에 "우레가 땅 가운데 있음이 복(復)이니, 선왕(先王)이 이를 보고서 동짓날에는 관문을 닫는다.〔雷在地中, 復, 先王以, 至日閉關.〕" 하였는데, 정자(程子)의 전(傳)에 "우레가 땅속에 있음은 양(陽)이 처음 회복되는 때이다. 양이 처음 아래에서 생겨 매우 미미하니, 안정된 뒤에 자랄 수 있는 것이다. 선왕은 천도에 순응하여 동짓날 양이 처음 생길 때를 당하면 안정하여 양을 기른다. 그러므로 관문을 닫는 것이다." 하였다. '생생'은 만물이 끊임없이 생겨나는 것을 말하는데, 《주역》 〈계사전 상(繫辭傳上)〉에 "낳고 낳음을 역이라 이른다.〔生生之謂易.〕"라고 하였다.

64 소로(邵老)가……보았으니 : 송대의 유학자인 소옹(邵雍)을 높여 부른 말이다. 소옹(邵雍)이 《황극경세서(皇極經世書)》를 지어 《주역》의 역리(易理)를 응용하여 수리(數理)로써 천지만물의 생성변화를 관찰하여 설명하였기 때문에 말한 것이다.

현주와 희음[65]을 참으로 믿을 만하구나 信哉玄酒與希音

'유(唯)'가 어떤 본(本)에는 '간(看)'으로 되어있다.

강가에 눈이 날려 도롱이 입은 어부와 짝하니 江潭風雪伴漁蓑
동지가 다시 병을 앓는 와중에 지나가네 長至還從病裏過
과거에 조정에서 붓을 잡았던 일 추억하니 仍憶省中曾弭筆
늘 반열 따르며 함께 패옥을 울렸지 每隨班下共鳴珂
도성의 해와 달이 지금 비록 멀리 있지만 秦京日月今雖遠
조정의 훌륭한 벼슬아치는 점점 많아지리 漢闕衣冠轉自多
그저 양의 기운 따라 임금의 덕 진보하기를 바라니 只冀隨陽君德進
만수무강을 축원하고자 하나 어찌할 수 있으랴 欲伸岡祝可如何

소춘[66]의 새로운 율관[67]이 대한 앞에 있으니 小春新律大寒前

65 현주(玄酒)와 희음(希音) : 현주는 첫새벽에 떠온 정화수(井華水)로 옛날 술이 없을 때에 제사에 이것을 올렸다. 희음(希音)은 보통사람은 귀로 듣지 못하는 심오한 의미가 담겨 있는 위대한 소리로, 여기서는 꾸밈이 없는 진솔한 소리를 이른다. 강절(康節) 소옹(邵雍)이 동지(冬至)를 두고 읊은 시에 "현주는 맛이 담박하고 대음은 소리가 드물다.〔玄酒味方淡, 大音聲正希.〕"라고 하였다.

66 소춘(小春) : 음력 10월을 말하는데, 여기에서는 동지를 가리킨다. 당(唐)나라 서견(徐堅)의 《초학기(初學記)》에 "10월은 날씨가 따뜻하여 봄날과 같기 때문에 소춘(小春)이라고 한다. 그리고 10월은 양월(陽月)이 되기 때문에 소양춘(小陽春)이라고 한다.〔十月天時暖似春, 故曰小春, 十月爲陽月, 故又名小陽春.〕"라고 한 구절이 있다.

67 율관(律管) : 대나무나 금속으로 만든 음(音)의 높낮이를 정하는 데 쓰는 표준 용기로, 계절의 변화를 측정하기도 한다. 옛날에 기후를 살피는 방법에 따르면, 방 하나를 삼중(三重)으로 밀폐하고 방 안에 나무 탁자 12개를 각각 방위에 따라 안쪽은 낮고 바깥쪽은 높게 비치한 다음, 이상 12개의 율관(律管)을 12개의 탁자 위에 각각

하나의 기운이 밝게 소생하여 점점 확장되네　一氣昭蘇漸覺延
관문 닫고[68] 오히려 태평한 운세 열리기를 기다리고　方閉尙期開泰運
따스해지기도 전에 따뜻한 봄날을 기다리네　未暄將待艶陽年
쉼 없는 천기에 사람이 어찌 관여할 수 있으랴　天機袞袞人何與
사물의 이치는 밝아서 감응이 절로 분명하네　物理昭昭感自徧
다만 서운관[69] 관원이 나를 기억하여　秪有書雲相記識
문득 조정에서 반포한 달력을 받았네　忽擎蓂曆日邊宣

위의 시는 치도(致度)가 지은 시[70]이다.

안치하고 갈대 재〔葭灰〕를 각 율관의 내단(內端)에 채워 놓고 절기를 기다려 살피면 매양 한 절기가 이를 때마다 해당 율관의 재가 날아 움직이게 된다.《율려신서(律呂新書)》

68 관문 닫고 : 56쪽 주63 참조.

69 서운관(書雲觀) : 조선 시대에 예조(禮曹)에 속하여 천문, 재상(災祥), 역일(曆日), 추택(推擇) 따위의 일을 맡아보던 관아. 태조 원년(1392)에 설치하였는데, 세조 12년(1466)에 관상감(觀象監)으로 이름을 고쳤다. 이름을 고친 후에도 관상감을 서운관이라 일컫기도 하였다.

70 치도(致度)가 지은 시 : 원문에는 '度韻'이라고 되어 있는데, 운자(韻字)에는 도(度)가 없으므로, 자(字)가 치도(致度)인 서종헌(徐宗憲, 1656~1712)을 말하는 것으로 보인다.

또 삼가 차운하다

又敬次

노년의 세월은 잠시도 아까워　暮年光景愛須臾
한가로이 마음대로 지내니 즐거움이 나에게 있네　一任婆娑樂在吾
높은 곳에 발을 디뎌 세속에 물들지 않고　立脚高時塵不染
마음 깊이 맞는 곳은 붓으로 표현하기 어렵네　會心深處筆難摸
거문고와 책, 술과 시는 일 아닌 것이 없고　琴書觴詠無非事
눈과 달, 바람과 꽃은 모두 즐길 만하네　雪月風花儘可娛
서묘[71]와 문균[72]은 모두 자잘한 일이니　誓墓問勻俱屑屑
지금부터 자신을 잊는 것이 좋은 계책이지　自今忘我是良圖

구름은 뭉쳤다 흩어지며 잠깐 사이에 변하는데　卷舒雲態變須臾
자유로운 물가 갈매기 참으로 내 모습과 같네　自在沙鷗政似吾
동이 술은 서수[73]를 불러 마시길 원하고　尊酒欲招犀首飮

71 서묘(誓墓) : 벼슬을 내놓고 고향으로 돌아가 은둔함을 의미한다. 육유(陸游)의 〈상서걸사(上書乞祠)〉에 "서묘하는 것이 어찌 한갓 조상이 그리워서겠는가. 세상이 곳곳마다 위기로다.〔誓墓那因一懷祖, 人間處處是危機.〕"라고 하였다.

72 문균(問勻) : '문균(問勻)'은 '문대균(問大勻)'의 줄임말이다. '대균(大勻)'을 하늘은 뜻하므로, '문균'은 '하늘에 묻는다'는 의미로, 굴원의 '천문편(天問篇)'을 말하는 것으로 보인다. 천문편은 굴원이 조정에서 쫓겨나 산택(山澤)을 방황할 때, 우주의 모든 일들에 대해 의문을 제기하면서 하늘에 묻는 내용으로 지은 글로서, 모두 억울한 마음을 표현한 것이다.

산천은 호두[74]를 시켜 그려낼 만하네　山川堪遣虎頭摸
아득한 천지에서 누구와 짝을 할까나　乾坤莽蕩將誰伴
강호에서 한가로이 사는 것이 즐거움이네　湖海寬閒有此娛
황강[75]에서의 초췌한 모습이 없으니　不作黃岡憔悴態
몽파가 어찌 옛 용도를 비웃으랴[76]　夢婆那笑舊龍圖
조금만 더 세상에 머물기를 늘 생각하니[77]　每思住世少須臾
요순 같은 임금 다스리는 시대를 혹시 내가 보려나　尊主勛華倘在吾

73 서수(犀首) : 하는 일 없이 술 마시는 사람을 가리킨다. 서수(犀首)는 전국 시대 위(魏)나라의 변사(辯士) 공손연(公孫衍)의 관명(官名)이다. 당시 초(楚)나라의 변사였던 진진(陳軫)이 일찍이 위나라에 들러 서수를 만나려고 했으나 서수가 만나주지 않으므로, "내가 공의 일을 위해서 왔는데 공이 나를 만나주지 않으니, 내가 곧 떠나고 나면 후일은 기대할 수 없으리라."라고 하였다. 서수가 그제야 그를 만나주니, 진진이 "공은 어찌하여 술 마시기만 좋아하는가?〔公何好飮也〕" 하자, 서수가 말하기를 "일이 없기 때문이다.〔無事也〕"라고 하였다. 《史記 卷70 張儀列傳》

74 호두(虎頭) : 동진(東晉)의 유명한 화가인 고개지(顧愷之)의 호이다.

75 황강(黃岡) : 중국 호북성(湖北省) 동쪽에 있는 황주(黃州)의 별칭이다. 송(宋)나라 신종(神宗) 때 소동파(蘇東坡)가 귀양을 갔던 곳이다.

76 몽파(夢婆)가……비웃으랴 : 몽파는 춘몽파(春夢婆)를 가리킨다. 소식(蘇軾)이 남방인 창화(昌化)로 좌천되었을 때 한 노파를 만났는데, 그녀가 소식에게 이르기를 "소 내한(蘇內翰)이 옛날에는 부귀하더니, 이제 일장춘몽이 되었구려." 하였다. 이로 인해 그 마을 사람들이 그 노파를 춘몽파(春夢婆)라고 불렀다는 고사에서 온 말이다. 《東坡全集 東坡先生年譜》용도(龍圖)는 송(宋)나라 소식(蘇軾)을 가리키는데, 그가 용도각 학사(龍圖閣學士)를 역임했기에 이렇게 부른 것이다.

77 조금만……생각하니 : 원문의 '少須臾'는 '조금만 더 수명이 연장되어 태평 세상이 오는 것을 볼 수 있기를 바라다'라는 말이다. 《한서(漢書)》〈가산전(賈山傳)〉에 "조금만 더 수명이 연장되어 죽지 않아서 덕화(德化)가 완성되는 것을 볼 수 있기를 바란다.〔願少須臾毋死, 思見德化之成也.〕"라고 하였다.

덧없는 영화는 젊은이들 차지하도록 이미 허락하고	已許浮榮兒輩得
명예와 절조는 후인들이 찾도록 우선 남겨두네	且留名節後人摸
백척루의 원룡은 여전히 호기가 있었고[78]	元龍百尺猶豪氣
천금 하사받은 소부는 만년의 즐거움 누렸네[79]	疏傅千金合晚娛
눈앞에는 호수와 산이 서로 비쳐 일렁이니	眼底湖山相映發
도리어 오륙(吳陸)이 새로운 그림 펼친 듯[80]	却疑吳陸展新圖

'당(倘)'이 어떤 본(本)에는 '서(庶)'로 되어 있다.

78 백척루의……있었고 : 원룡(元龍)은 삼국 시대 위(魏)나라 진등(陳登)의 자이다. 국사(國士)의 이름을 지니고 있던 허사(許汜)가 유비(劉備)와 이야기를 나누던 중에 "진원룡(陳元龍)은 호해지사(湖海之士)로서 아직도 호기가 없어지지 않았더라. 나를 손님으로 대하려는 뜻도 없이 오랫동안 아무 말도 하지 않더니, 자기는 큰 침상 위에 드러눕고 나는 그 아래 침상에 눕게 하더라."라고 불평을 하자, 유비가 "구전문사(求田問舍)나 하는 당신에게는 그 정도라도 대접을 잘해 준 것이다."라고 진등을 옹호하면서 "만약 소인 대접을 했더라면 자기는 백척루(百尺樓) 위에 올라가 눕고 당신은 땅바닥에 눕도록 했을 것이다. 어찌 위아래 침상의 차이만 두었겠는가."라고 대답한 고사가 있다. 《三國志 卷7 魏書 陳登傳》

79 천금……누렸네 : 소부는 한나라 선제(宣帝) 때에 태자의 태부(太傅)로 있던 소광(疏廣)이다. 그는 태자의 소부(少傅)로 있던 조카 소수(疏受)에게 이르기를 "만족함을 알면 욕되지 않고 그칠 줄 알면 위태롭지 않다.〔知足不辱, 知止不殆.〕" 하고는 고향으로 돌아가, 황제와 태자가 하사한 수십 근의 황금을 팔아 날마다 주연을 베풀어 다 써버렸다. 자제들이 집안 어른을 통하여 넌지시 "자손들을 위해 재산을 마련하라."고 말하자, 소광은 "어질면서 재물이 많으면 그 뜻을 손상하고, 어리석으면서 재물이 많으면 그 허물을 더할 뿐이다.〔賢而多財則損其志, 愚而多財則益其過.〕" 하고는 끝내 따르지 않았다. 《漢書 卷71 疏廣傳》

80 오륙(吳陸)이……펼친 듯 : '오륙'은 오(吳) 지역의 육탐미(陸探微)를 말한다. 육탐미는 남송(南宋) 오(吳) 지방 출신의 유명한 화가로, 산수초목(山水草木)의 그림에 능하였다.

아침에 난간 앞 수많은 봉우리의 푸른 산기운	千峰嵐翠檻前朝
부르지 않아도 맞이하기에 바쁘네	應接紛紛不待邀
눈 걷히자 상쾌한 기운 더함이 가장 좋아	最是雪晴添爽氣
꿈결에 남은 술기운 쉬이 싹 가시네	夢中殘酒易全消
십년 전 영광스러웠던 일 늘 떠오르니	光榮每憶十年前
소가가 강연에서 모신 것[81]과 몹시 비슷하네	深似疏家侍講筵
지금 성은을 입어 한 귀퉁이 골짜기로 와서는	一壑今來銜聖渥
때때로 맑은 꿈에서 함께 임금을 알현하네	有時淸夢並朝天
우주의 큰 변화 속에서 덧없는 궁달	窮達悠悠大化中
주렴에 어지러이 날리는 꽃과 이치 서로 통하네	落花簾溷理相通
외물을 차지한 것이 적지 않음을 아니	自知取物亦非淺
대부의 반열에 올라 젊은이들 영감이라 부르네	官得大夫兒喚翁

모두 보내온 글에 답한 것이다.

81 소가(疏家)가……것 : 61쪽 주79 참조.

강가에 살며 회포를 서술한 시에 삼가 차운하다 40운

敬次江居述懷韻 四十韻

맑은 한강 천 굽이로 흐르는데 清漢流千曲
수많은 봉우리 물가 양쪽을 둘렀네 群巒繞兩涯
기운은 수려한 경치에 응하여 모이고 氣應靈秀會
땅은 저자에서 먼 거리에 있네 境自市闤遐
마을은 모두 생업 넉넉하고 閭井皆饒業
누정은 화려함을 다투네 亭臺競鬪奢
섬은 자라가 떠받치는 섬[82]인 듯하고 洲疑戴鰲島
배는 흡사 두우성(斗牛星)을 범한 뗏목 같네[83] 艇似犯牛槎
감수[84]도 응당 많이 양보할테고 鑑水應多讓

82 자라가 떠받치는 섬 : 자라 등 위에 얹혀서 바다에 떠 있다는 봉래(蓬萊), 방장(方丈), 영주(瀛州) 등 삼신산(三神山)에 비유한 것이다. 옛날 발해(渤海) 동쪽에 신선이 사는 다섯 개의 산이 조류(潮流)에 밀려 표류하자, 천제(天帝)가 큰 자라 열다섯 마리로 하여금 머리로 그 산들을 떠받치게 하였는데, 용백국(龍伯國)의 거인(巨人)이 낚시질하여 여섯 마리를 잡아가는 바람에 지금은 아홉 마리가 세 개의 선산(仙山)을 머리에 이고 있다는 전설이 있다. 《列子 湯問》

83 두우성(斗牛星)을……같네 : 두우성은 북두성(北斗星)과 견우성(牽牛星)을 말한다. 장건(張騫)이 대하(大夏)에 사신으로 가는 길에 황하(黃河)의 근원을 찾아서 떼를 타고 달포를 지나 한 곳에 이르러 베를 짜는 한 여자와 소를 끌고 물을 먹이는 한 남자를 만났다. 뒤에 돌아와서 엄군평(嚴君平)에게 그 사실을 물으니, 엄군평이 말하기를 "아무 해 아무 날 객성이 두우성(斗牛星)을 범하더니 그대가 은하에 올랐었군."이라고 했다는 고사에서 온 말이다. 《博物志 卷3》

전호[85]와 비교해도 한층 더하리 錢湖較更加
물결은 흰 비단을 펼친 듯하고 波光看拖練
깎아지른 비탈은 갈래갈래 나뉘네 陂利任分瓜
환해[86]에서 마음 한창 지쳐 宦海心方倦
멀리 운림[87]에 자취 두고자 하였네 雲林跡欲賖
드디어 조용한 강가의 집 좋아하여 遂耽江舍靜
떠들썩한 세속을 멀리 떠나왔네 遠謝世氛譁
새로운 어사 모임 맺기 좋아하여[88] 好結新漁社
예전의 붉은 수레 길이 걸어두었네[89] 長懸舊赤車

84 감수(鑑水) : 중국 회계(會稽)에 있는 강물 이름이다.

85 전호(錢湖) : 중국 절강성(浙江省) 항주(杭州)에 있는 유명한 호수로, 전당(錢塘)이라고 하는데 항주의 서쪽에 있다고 해서 서호(西湖)라고도 불린다.

86 환해(宦海) : 벼슬길의 험난함을 바다의 풍파에 비유한 말이다. 당(唐)나라 때 안진경(顔眞卿)이 18, 9세쯤 되었을 적에 한 도사(道士)가 그의 집에 들러 북산군(北山君)이라 자칭하면서 그에게 이르기를 "자네의 청간(淸簡)하다는 이름이 이미 금대(金臺)에 기록되어 있어, 장차 속세를 초탈하여 선관(仙官)이 되어 올라가게 될 것이니, 스스로 명환(名宦)의 바다에 빠져서는 안 된다."고 했다는 데서 온 말이다.

87 운림(雲林) : 은자가 은거해 사는 곳이나 절을 말한다. 당나라 왕유(王維)의 〈도원행(桃源行)〉에 "당시에 깊은 산속 간 줄로만 알았나니, 맑은 시내 몇 번 건너 운림에 도달했나.〔當時只記入山深, 靑溪幾度到雲林.〕"라고 하였다.

88 새로운……좋아하여 : 어사(漁社)는 고기잡이하는 어부들과 이웃이 되어 벗하는 것이다. 송(宋)나라 주필대(周必大)의 〈발이차산삽계어사도(跋李次山霅溪漁社圖)〉에 "당(唐)나라 원결(元結)은 자가 차산(次山)이다. 번천(樊川) 가에 살면서 어부들과 이웃이 되어 종다래끼를 어깨에 메고 뱃노래를 부르며 자호(自號)를 오수(聱叟)라 했다. 지금 하양(河陽) 이군(李君)은 이름이 원명(元名)이고 자는 원자(元字)인데 삽계(霅溪) 가에 집을 짓고 살면서 자호를 어사(漁社)라 하니, 원결을 잘 배우는 사람이라 하겠다." 하였다.

편안하고 즐겁게 고요한 생활 즐기고	恬愉甘寂寞
깨끗한 정취로 분잡하고 화려함 물리치네	瀟洒掃紛華
흐르는 물은 늘 동쪽에서 쏟아지고	逝水常東注
뜬 구름이 북쪽을 가로막네	浮雲有北遮
고결한 풍모 녹야당을 뒤따르고[90]	高風追綠野
만년의 절개는 국화와 짝하네	晩節伴黃花
아련의 계책[91] 배우기를 원하고	欲學阿連計
대완의 집안[92]과 이웃이 되었네	來隣大阮家
처음에는 바람이 계수나무 꺾는 계절 만났는데	始當風折桂

89 예전의……걸어두었네 : 벼슬에서 물러났다는 의미이다. '적거(赤車)'는 고관대작(高官大爵)이 타던 수레를 말한다. 사마상여(司馬相如)가 서촉을 떠나 장안(長安)으로 향할 때에 성도(成都) 북쪽의 승선교(昇仙橋)를 지나면서, "고관대작의 수레를 타지 않고서는 이 다리를 건너지 않겠다.〔不乘赤車駟馬, 不過汝下.〕"라고 다리 기둥에 글을 써 붙였던 고사가 있다.

90 고결한……뒤따르고 : 녹야당(綠野堂)은 당나라의 중서령 배도(裴度)의 별장이다. 그가 벼슬에서 물러나 낙양(洛陽) 남쪽의 오교(午橋)에 꽃나무 만 그루를 심고서 그 중앙에 여름에 더위를 식힐 누대와 겨울에 따뜻하게 지낼 집을 짓고는 녹야당이라 이름을 붙인 뒤에 백거이(白居易), 유우석(劉禹錫) 등 문인들과 모여 시주(詩酒)로 소일하였다.《新唐書 卷173 裴度列傳》

91 아련(阿連)의 계책 : 아련은 남조(南朝) 송(宋)나라의 시인 사영운(謝靈運, 385~433)의 종제(從弟) 사혜련(謝惠連, 407~433)을 이른다. 사영운과 사혜련,하장유(何長瑜), 순옹(荀雍), 양선지(羊璿之)가 늘 함께 어울리며 문장을 품평하고 명산대천을 유람하였기 때문에 당시에 사우(四友)라고 칭하였다.

92 대완(大阮)의 집안 : 대완은 진(晉)나라 명사인 완적(阮籍)이다. 완적(阮籍)의 조카 완함(阮咸)이 완적과 함께 죽림칠현(竹林七賢)에 속했으므로 당시에 대완(大阮)과 소완(小阮)이라 불리었다.《晉書 阮咸傳》

이어 눈으로 차를 끓이는 것을 보았네　仍見雪煎茶
가르침 받들어 자주 골수에 새기고　承訓頻緘骨
문장 이야기 덕분에 상쾌해지네　談文賴爽牙
화려한 누각에서 신기루를 보고　綵樓瞻蜃氣
교실에서 용사에 놀라네[93]　鮫室訝龍紗
들판이 넓어 멀리 첩첩 봉우리 보이고　野闊遙峰矗
잔잔한 강가에는 오래된 나무 늘어섰네　汀平老樹丫
마음으로는 말을 잃고 얻는 것[94]을 잊고　心忘得失馬
귀로는 와각(蝸角)의 전쟁[95] 듣지 않네　耳息戰爭蝸
자유로운 생활에 정신 더욱 왕성해지고　偃蹇神逾王
소요하니 흥취 더욱 좋아지네　消搖興轉嘉

93 교실(鮫室)에서 용사에 놀라네 : 교실은 전설상의 인어(人魚)인 교인(鮫人)이 거주하는 집을 말한다. 《술이기(述異記)》 권하에 "남쪽 바닷속에 교인이 사는 집이 있는데, 고기와 같이 물에서 살고 베를 짜는 일을 그만두지 않는다.〔南海中有鮫人室, 水居如魚, 不廢機織. 其眼泣則出珠.〕"라고 하였다. 용사는 전설상의 교인(鮫人)이 짠 얇고 가벼운 비단이다. 《술이기(述異記)》에 "남해에서 교초가 나오는데, 천실(泉室)에서 은밀히 짠다. 그 베를 일명 용사(龍紗)라고도 하는데, 값이 매우 비싸다. 그 베로 옷을 지어 입으면 물에 들어가도 젖지 않는다."라고 하였다. 화려한 글솜씨를 비유하는 말이다.

94 말을……것 : '새옹지마(塞翁之馬)'의 의미로, 인생의 길흉화복을 예측할 수 없음을 말한다. 변새(邊塞) 가까이에 사는 한 노인이 말을 잃어버려도 복이 될 수가 있고, 말을 얻어도 화가 될 수가 있다고 했다는 말이 전한다. 《淮南子 人間訓》

95 와각(蝸角)의 전쟁 : 와각은 달팽이의 뿔을 말하는데, 옛날에 달팽이의 왼쪽 뿔 위엔 촉씨(觸氏)라는 나라가 있고 오른쪽 뿔 위에는 만씨(蠻氏)라는 나라가 있어, 그들이 땅을 가지고 서로 다투어 수만 명의 사망자가 나왔다는 데서 온 말로, 전하여 인간 세상의 사소한 일로 서로 다투는 데에 비유한다. 《莊子 則陽》

문성[96]에는 기상이 넘치고	文星干氣象
채필[97]에 연하가 진동하네	綵筆動煙霞
누대에 올라 몇 번이나 바람맞으며 바라보았나	臺幾凌風眺
수많은 배가 달빛 안고 어우러져 있네	舟多帶月拏
어룡은 커다란 못에 몸을 감추고	魚龍藏大澤
황새와 따오기는 깊은 갈대숲에 숨어있네	鸛鶩隱深葭
천길 되는 절벽은 온통 바위요	石色千尋壁
십리 모래밭에 조수의 흔적 있네	潮痕十里沙
깎아지른 바위는 비에 젖어 미끄럽고	斷磯沾雨滑
그윽한 오솔길은 숲 옆으로 나있네	幽逕傍林斜
술기운 올라 갓이 비뚤어지고	酒縱冠仍側
시 호방하여 손을 가만히 두지 못하네	詩豪手不叉
곤궁과 시름을 글로 어찌 드러내랴	窮愁書豈著
만랑[98]은 도가 길이 어긋났네	漫浪道長差

96 문성(文星) : 별 이름으로, 문창성(文昌星) 또는 문곡성(文曲星)이라고도 한다. 문재(文才)를 주관한다고 알려진 별이다. 후에 글재주가 뛰어난 사람을 가리키는 말로 쓰였다.

97 채필(綵筆) : 오색필(五色筆)과 같은 말로, 문재(文才)를 뜻하는 말이다. 남조(南朝) 양(梁)의 문학가 강엄(江淹)이 만년에 꿈속에서 오색필을 곽박(郭璞)이라는 미장부(美丈夫)에게 돌려준 뒤로부터 미문(美文)이 나오지 않았다는 고사에서 유래한 것이다.《南史 卷59 江淹列傳》

98 만랑(漫浪) : 세속에 얽매이지 않고 형해(形骸) 밖을 방랑하는 문사(文士)를 뜻하는 말이다. 당(唐)나라 안진경(顔眞卿)의 〈용주도독겸어사중승본관경략사원군표묘비명(容州都督兼御史中丞本管經略使元君表墓碑銘)〉에서 "원결(元結)이 양수(瀼水) 가에 살면서 자칭 낭사(浪士)라 하고 〈낭설(浪說)〉 7편을 지었다가, 뒤에 낭관(郎官)이

반악은 귀밑머리 하얗게 세었고[99]	潘岳霜侵鬢
종원은 때가 손톱에 가득하였네[100]	宗元垢滿爬
멀리 상령의 지초(芝草)[101]를 생각하니	遠思商嶺草
갈홍의 단사[102]를 어찌 얻을 수 있을까	那得葛洪砂
성대한 업적 여전히 힘쓸 수 있는데	盛業猶堪勉
막다른 길이라고 어찌 스스로 탄식하는가[103]	窮途詎自嗟
표범이 가죽을 남기듯 이름 남겨야 하니	名留皮認豹
하찮은 벼슬은 그야말로 사족[104]이네	宦拙足添蛇

되자 당시 사람들이 '낭자(浪者)도 부질없이〔漫〕 벼슬을 하는가?' 하고는 '만랑(漫浪)'이라 불렀다" 한다.

99 반악(潘岳)은……세었고 : 진(晉)나라 문장가로, 반악은 32세에 벌써 백발로 변했다는 고사가 있다. 《文選 秋興賦 序》

100 종원(宗元)은……가득하였네 : 종원은 당나라의 문장가 유종원(柳宗元)을 말한다. 유종원은 〈기허경조맹용서(寄許京兆孟容書)〉에서 자신의 궁핍한 처기를 말하며 "음식을 먹을 때마다 맵거나 짠 맛이 적당한지 그 맛을 모르고 목욕하고 세수하고 양치질을 하는 것도 매번 몇 개월을 넘겨 한 번 피부를 긁으면 때가 손톱에 그득할 정도입니다.〔是以當食不知辛鹹節適, 洗沐盥漱動逾歲時, 一搔皮膚, 塵垢滿爪.〕"라고 하였다.

101 상령(商嶺)의 지초(芝草) : 상령은 상산사호(商山四皓)가 은거했던 상산(商山)의 별칭이다. 지초는 자지(紫芝)로, 상산사호가 지초를 캐며〈자지가(紫芝歌)〉를 불렀는데, 흔히 은자(隱者)의 노래를 뜻한다. 잡다한 세속을 떠나 깊은 산골에서 유유자적하는 홍취를 비유한 것이다.

102 갈홍(葛洪)의 단사 : 갈홍은 진(晉)나라의 선인(仙人)인데, 교지(交趾)의 구루(句漏) 지방에 선약(仙藥)의 재료가 되는 단사가 생산된다는 말을 듣고 자청하여 구루의 현령이 되었다. 《晉書 卷72 葛洪列傳》

103 막다른……탄식하는가 : 삼국 시대 위(魏)나라 완적(阮籍)이 시대를 한탄하며 답답한 마음을 풀기 위해 혼자 수레를 몰고 다니다가 막다른 길에 다다르면 문득 통곡을 하고 돌아왔다는 궁도곡(窮途哭)의 고사가 전한다. 《晉書 卷49 阮籍列傳》

타산지석으로 옥을 다듬어야 하고　　他石宜攻玉
외로운 쑥대 다행히 마에 의지하네[105]　　孤蓬幸倚痲
상장은 산악과 바다를 끝까지 유람하였고[106]　　尙游窮嶽海
진시황은 낭야대에 올라 먼 곳을 보았네[107]　　秦眺渺瑯琊
지금 나는 모래가 백로와 살기로 맹세했으니　　今我盟沙鷺
남과 비교해 우물 안 개구리 될까 부끄럽네　　視他愧井蛙
그물 피해 높이 나는 기러기를 부러워하고　　避羅慕鴻鵠
포참하느라 충하에 주석을 다네[108]　　抱槧注蟲蝦

104 사족(蛇足) : 화사첨족(畫蛇添足)의 준말로 쓸모없는 군더더기라는 뜻이다. 《戰國策 齊策 2》

105 외로운……의지하네 : 《순자(荀子)》 권학(勸學)에 "쑥이 삼밭에 나면 붙들어 세우지 않아도 절로 곧아진다.〔蓬生痲間, 不扶自直.〕"고 한 데서 나온 말로, 사람이 유익한 벗이나 친지의 영향을 받아 바르게 되는 것을 뜻한다.

106 상장(向長)은……유람하였고 : 후한(後漢) 때의 은사(隱士)인 상장은 일찍이 《노자(老子)》와 《주역(周易)》에 모두 정통했는데, 젊어서부터 벼슬하지 않고 은거하면서 일찍이 말하기를 "아들과 딸의 혼사를 마치고 나면 집안일은 끊어 버리고 다시 상관하지 않겠다.〔男女嫁娶旣畢, 敕斷家事勿相關.〕" 하더니, 광무제(光武帝) 연간에 아들과 딸의 혼사를 마치고는 과연 친구들과 함께 오악(五嶽) 등의 명산을 두루 유람하고 끝내 신선이 되러 갔다고 한다. 《後漢書 卷83 逸民列傳 向長》

107 진시황은……보았네 : 진시황이 산동성(山東省) 낭야산에 누대(樓臺)를 세워 동해를 바라보았고, 자신의 공을 기려 비명(碑銘)을 세웠다. 《史記 秦始皇紀》

108 포참(抱槧)하느라……다네 : 포참은 연분(鉛粉)과 목간(木簡)을 손에 쥔다는 '악연포참(握鉛抱槧)'의 준말로, 열심히 베껴 쓰고 교감(校勘)하는 일에 종사한다는 말이다. '충하'는 '충어(蟲魚)'와 같은 뜻으로, 문자의 자질구레한 일에 종사하는 것을 의미한다. 한유(韓愈)의 〈독황보식공안원지시서기후(讀皇甫湜公安園池詩書其後)〉 시에, "《이아》의 충어에 주석이나 다는 건, 결코 뛰어난 사람이 아니로다.〔爾雅注蟲魚, 定非磊落人.〕"라고 하였다.

세상길은 이판[109]처럼 험난하고　　世路危泥坂
첨예한 말은 막야[110]처럼 예리하네　　尖言利鏌鋣
그윽한 난초는 온통 다 시들었고　　幽蘭渾委絶
가시 넝쿨은 빽빽이 가지 뻗었네　　叢棘漫杈枒
깊은 숲 속의 사슴과 함께 짝이 되니　　共伴豐林鹿
어찌 상원[111]의 까마귀를 따를까　　寧隨上苑鴉
세월이 저물어 가는데　　流光行晏矣
이 즐거움은 끝이 없네　　此樂可涯耶
집안 보호해 뿌리 더욱 북돋우고　　家保根彌庇
명성 온전하니 옥에 누가 흠집을 내랴　　名完玉孰瑕
천년 전의 소 태부[112]도　　千秋疏太傅
고매한 자취 자랑하기 어려우리　　高躅想難誇

109　이판(泥坂) : 청니판(青泥坂)으로, 감숙성(甘肅省)에 있는 고개인데, 높은 절벽을 끼고 비와 구름이 많아 사람들이 진흙 때문에 애를 먹는다고 한다. 이백(李白)의 〈촉도난(蜀道難)〉에 "청니령은 어쩜 그리 꾸불꾸불한가. 백 발자국에 아홉 번을 꺾이면서 바위 뿌리 감도네.〔青泥何盤盤, 百步九折縈巖巒.〕" 하였다.

110　막야(鏌鋣) : 춘추(春秋) 시대 오(吳)나라의 간장(干將)이 만든 명검이다.

111　상원(上苑) : 본래 한(漢)나라 때의 궁궐의 정원인 상림원(上林苑)을 말하는데, 흔히 궁궐의 정원을 뜻하는 말로 쓰인다.

112　소 태부(疏太傅) : 61쪽 주79 참조.

치도[113]가 병을 앓아 만나보지 못하였기에 부질없이 시를 읊어 보내어 함께 배를 타고 눈 구경을 가자고 하다

致度有疾不相見 謾吟寄之 欲與泛舟玩雪

만년에 처량하게 함께 강가에 있는데	暮年蕭散共江關
같이 병치레 하느라 만나기 어려워 여전히 근심하네	同病猶愁會合難
문장이 작은 재주임을 잘 알고	已厭文章爲技小
다만 강호에 몸 붙일 곳 많음을 안다네	只知湖海着身寬
담담한 구름에 가려 온 산이 어둑해지고	雲容澹澹千山暝
층층 눈빛에 온 고을이 싸늘하네	雪色層層萬井寒
모래톱에 배를 매어두고 새로 익은 술을 꺼내	輕纜繫沙新酒綠
그대를 불러 억지로 일으켜 기쁜 마음 쏟아내리	招君强起罄深歡

113 치도(致度) : 45쪽 주41 참조.

이득보[114] 영감 덕성 이 나와서 치도[115]의 강가 집에서 모여 서로 술을 마시고 시를 읊다가 헤어질 때에 짓다

李令得甫 德成 出會致度江舍 相與觴詠 臨別呼韻

밤새 이어진 고아한 의론에 심오한 뜻 들으니	高論連宵聽奧微
늘그막에 취향 같기로는 그대 만한 이 없네	晩途同調似君稀
백층의 파도 속에서 노를 멈출 것을 생각하고	百層浪裏思休柁
천 길의 벼랑 끝에서 옷자락 떨치려 하네[116]	千仞岡頭欲振衣
저물녘 탑상의 바둑 소리 바람 타고 들려오고	暮榻棊聲風外落
큰 강의 돛 그림자 달빛 속에 돌아가네	大江帆影月中歸
시를 읊조리자 씩씩한 생각 흘러 넘쳐	吟來壯思淋漓發
흘러가는 한가로운 구름이 붓을 휘감아 나네	冉冉閒雲繞筆飛

114 이득보(李得甫) : 이덕성(李德成, 1655~1704)을 말한다. 본관은 전주(全州), 자는 득보(得甫), 호는 반곡(盤谷)이다.

115 치도(致度) : 45쪽 주41 참조.

116 천……하네 : 속세를 초탈한 듯 장쾌한 기분이 드는 것을 뜻한다. 진(晉)나라 좌사(左思)의 영사(詠史) 8수 가운데 "천 길 산 위에서 옷 먼지 털어 내고, 만 리 장강 흐름에 발을 씻노라.〔振衣千仞岡, 濯足萬里流.〕"라는 구절에서 유래하였다.

풍양에 나가 동보[117]를 만나서 묵은 매화가 피었는데 듬성듬성해진 것을 갑자기 알았다. 이어 지난해에 즐겁게 시를 읊으며 감상하던 일이 떠올랐다. 이때에 시대 정황이 어지러워 남 호곡[118]은 북쪽으로 유배를 갔고, 김 종성[119] 어른은 거처를 옮겨 호남에 우거하려고 하여 이전의 놀이를 지금 다시 할 수가 없었다. 서로 탄식하며 돌아오면서 율시 1수를 짓다

出豐壤 見同甫 舊梅發而頓覺疎殘 仍憶前年吟賞之樂 時時象紛紛 而南壺谷謫北塞 金鍾城丈將移寓湖南 舊遊今不可再得矣 相與感歎 歸而成一律

영지동[120] 속의 한 떨기 매화	一朶靈芝洞裏梅
예전에 두 노인[121]을 따라 취한 채 읊조리다 돌아왔네	曾隨二老醉吟廻
꽃의 모습은 쇠하여 해마다 달라지고	花容衰謝年年變
사람의 일은 변하여 날마다 재촉하네	人事推遷日日催
유령[122]으로 가거든 봄이 온 뒤 필테고	庾嶺行尋春後發

117 동보(同甫) : 43쪽 주38 참조.

118 남 호곡(南壺谷) : 남용익(南龍翼, 1628~1692)을 말한다. 자는 운경(雲卿)이며, 호가 호곡이다.

119 김 종성(金鍾城) : 종성 부사(鐘城府使)를 역임한 김익렴(金益廉)을 말한다. 본관은 광산(光山), 자는 원명(遠明), 호는 적곡(赤谷)이다.

120 영지동(靈芝洞) : 경기도 양주현 풍양(豐壤)에 있던 마을이다.

121 두 노인 : 남용익과 김익렴을 말한다.

122 유령(庾嶺) : 중국의 남쪽 변방에 있는 대유령(大庾嶺)으로, 매화가 많다고 하여

새원[123]에서는 응당 피리 소리 속에서 피리라 塞垣應聽笛中開
그대와 나는 암담하고 슬퍼 기쁜 일 없으니 共君悵黯無歡緖
언제쯤 저 하늘가에서 역참의 심부름꾼 오려나 幾日天涯驛使來

매령(梅嶺)이라고도 부른다. 50쪽 주50 참조.

123 새원(塞垣) 본래 한(漢)나라가 선비(鮮卑)의 침범을 막기 위해 설치한 변새를 지칭한 것이었는데, 후세에 이르러 장성(長城)이나 변새의 관문을 지칭하는 데 사용하였다.

동보의 감회시에 차운하다

又次同甫感懷韻

흰 구름 떠 있는 집에 고산의 나그네[124] 찾아오니　孤山客到白雲家

노닐던 자취 떠올라 생각 끝이 없네　感憶游踪意未涯

북방은 아득해 동사[125]와 멀리 떨어져 있으니　北塞迢迢東社遠

-1자 빠짐- 술잔 들어 근심스레 옛날의 이름난 꽃 마주하네

▨尊愁對舊名花

124 고산(孤山)의 나그네 : 자신을 말한다. 48쪽 주47 참조.

125 동사(東社) : 남용익(南龍翼)을 비롯한 벗들과 함께 한 서울 동촌(東村)에서의 시모임을 말하는 것으로 보인다.

퇴숙[126]의 무리가 매화를 읊으며 '영(迎)'을 운자로 얻었는데, 지은 시가 십수 편을 넘어 드디어 화운하다

退叔輩詠梅 得迎字 諸篇過十數 遂和之

나무 가지 끝에 봄이 있으니 어찌 군이 맞이하랴	春在枝頭豈待迎
씻은 듯한 고운 자태 점점 아리따워지네	鉛華洵洗轉輕盈
집안에 운치 가득해 온통 생기가 돌고	韻傾一室渾生色
고운 자태 온갖 꽃 압도하여 맹주가 될 만하네	秀奪千花可主盟
달빛이 은은히 비추니 분칠한 하안의 얼굴[127]인 듯	映月垂垂何粉綴
피어오르는 안개는 가녀의 맑은 향냄새[128]인 듯	縈煙冉冉賈香淸
흡사 저 왕사의 풍류[129] 같아 가슴이 시원하니	似他王謝風襟爽
한 조각 고량진미도 마음을 물들이지 못하네	片點脂膏不染情

126 퇴숙(退叔) : 서종유(徐宗愈)이다.

127 분칠한 하안(何晏)의 얼굴 : 삼국 시대(三國時代) 위(魏)의 하안(何晏)이 얼굴에 분 바르기를 좋아하여 언제나 분을 가지고 다녔다고 한다. 《三國志 魏志 卷9 何晏傳》

128 가녀(賈女)의 맑은 향냄새 : 가녀는 가충(賈充)의 딸 가오(賈午)를 말한다. 진(晉)나라 도장(道場) 사람 한수(韓壽)의 용모가 빼어났는데, 가충의 아전이 되었다. 가오가 한수를 보고 좋아하여 저녁에 한수를 불러 들여 기향(奇香)을 주었는데, 이 향은 서월(西越)에서 조공한 것으로 사람이 한 번 품으면 한 달이 지나도 향기가 없어지지 않는 것이었다. 황제가 가충에게만 준 것을 그 딸이 훔쳐서 한수에게 주었으니, 가충이 이 일을 알고 한수를 사위로 삼았다. 《晉書 卷40 賈充列傳》

129 왕사(王謝)의 풍류 : 왕사는 진(晉)나라 때의 명족(名族)으로 풍류가 뛰어났던 인물들인 왕도(王導)와 사안(謝安)을 가리킨다. 두보(杜甫)의 〈장유(壯遊)〉에 "왕사의 풍류는 멀어졌고 합려의 무덤엔 풀이 우거졌다.〔王謝風流遠, 闔閭丘墓荒.〕" 하였다.

창 앞에 하늘하늘 고운 자태 드러내어　　裊娜窗前態自生
연약하고 짧은 가지 이리 저리 뻗어있네　　短枝纖弱更縱橫
옥수[130]를 조각한 듯 정신이 상쾌하고　　雕來玉樹精神爽
빙호[131]에 담은 듯 마음속이 시원하네　　儲得氷壺肺胃淸
향기 없어도 여전히 세상에서 빼어나고　　雖使無香猶絶世
혹여 말을 하면 진정 경국지색이리라　　倘能解語定傾城
화려한 집에서 시인들이 여는 술자리에서　　華堂韻客行觴地
아름답게 웃음지으며 맞이하는 듯　　恰似含葩一笑迎

130 옥수(玉樹) : 재주가 뛰어난 사람을 가리킨다. 삼국 시대 위(魏)나라 명제(明帝) 때 하후현(夏侯玄)과 황후의 동생 모증(毛曾)이 함께 자리에 있는 것을 보고는 사람들이 "억새풀이 옥나무 옆에 기대어 있는 것과 같다.〔蒹葭倚玉樹〕"라고 평했다는 고사가 있다.《世說新語 容止》

131 빙호(氷壺) : 얼음을 담은 항아리라는 뜻으로, 아주 깨끗하고 맑은 마음을 말한다. 송나라 등적(鄧迪)이 주자(朱子)의 스승인 연평(延平) 이동(李侗)의 인품을 말하면서 "마치 빙호추월(氷壺秋月)과 같아 티 없이 맑고 깨끗하니 우리들이 미칠 수 없다."라고 하였다.《宋史 卷428 李侗列傳》

삼가 계부의 시에 차운하다

敬次季父韻

선대의 유풍 이으려 계속 노력하여　永勉先風紹

한 조정에서 만년의 절개 온전히 지켰네　同朝晩節全

강호의 생활은 평탄하고　江湖唯坦路

시와 술로 남은 생애를 보내네　文酒是餘年

집에는 바라보고 의지할 곳[132] 있으며　家有瞻依地

하늘 같은 성상의 은혜에 깊이 감사하네　恩知感戴天

이연의 계책[133] 생각해야 하니　當思貽燕計

어찌 평천의 경계[134]를 배우랴　肯學戒平泉

132 바라보고 의지할 곳 : 원문의 '첨의(瞻依)'는 부모나 스승에 대한 경의를 나타내는 말이다. 《시경》 소아(小雅) 소반(小弁)의 "눈에 뜨이느니 아버님이요, 마음에 그리느니 어머님일세.〔靡瞻匪父, 靡依匪母.〕"라는 말에서 유래하였다.

133 이연(貽燕)의 계책 : 후손에게 끼쳐주는 계책이라는 뜻이다. 《시경》 〈문왕유성(文王有聲)〉에 "풍수에도 기풀이 있으니 무왕이 어찌 일하지 않으시리오. 후손에게 계책을 남겨주사 공경하는 아들을 편안하게 하시니 무왕은 훌륭한 군주시도다.〔豊水有芑, 武王豈不仕. 詒厥孫謀, 以燕翼子, 武王烝哉.〕"라고 하였다.

134 평천(平泉)의 경계 : 평천은 당(唐)나라 때의 재상 이덕유(李德裕)의 별장인 평천장(平泉莊)을 말한다. 이덕유는〈평천산거계자손기(平泉山居戒子孫記)〉에서 "후대에 이 평천을 파는 자는 내 자손이 아니며, 평천의 나무 하나 돌 하나를 남에게 주는 자는 훌륭한 자제가 아니다."라며 자손을 경계하는 글을 남겼다. 《事文類聚 續集 卷9 居處部 園池》

홍시숙[135] 택보 의 아내 김 숙인에 대한 만사 임신년(1692, 숙종18)

洪施叔 澤普 內閤金淑人挽 壬申

서걱서걱 엷은 서리 내리는데	淅淅微霜集
맑은 한강은 유유히 흐르네	悠悠淸漢長
배를 띄워 상여를 싣자	方舟載廣柳
명정 깃발 펄럭이네	素旐翩以揚
아름다운 김 숙인	婉婉金淑人
저 여주의 언덕에 장사지내네	葬彼黃驪岡
여주의 언덕은 좋은 곳이라	驪岡寔嘉兆
가래나무 울창하게 자라났네	梓樹鬱芒芒
어려서는 정승 집안의 딸이었고[136]	幼爲相家女
정승 집안의 자제에게 시집을 왔네[137]	嫁得相家郎
행동거지는 모두 법도에 맞았고	動履俱法訓
혁혁하여 성대한 광영이 있었네	燀赫有盛光
이미 도온[138]의 기예를 갖추었고	旣有道韞藝

135 홍시숙(洪施叔) : 홍택보(洪澤普, 1653~?)를 말한다. 본관은 남양(南陽)이며, 시숙은 그의 자이다.

136 어려서는……딸이었고 : 김 숙인의 부친 김수흥(金壽興)이 영의정을 지냈기 때문에 말한 것이다.

137 정승……갔네 : 홍택보의 부친 홍명하(洪命夏)가 영의정을 지냈기 때문에 말한 것이다.

유순한 법도는 규방에서 빛났네　柔則光帷房
남편이 벼슬에 오르고 또 현달하니　夫子仕且顯
백년 인생이 편안할 듯하였네　百年庶樂康
보무[139]가 갑자기 빛을 잃자　寶婺遽淪彩
침상과 대자리 서늘해졌네　凄凄床簟涼
너무도 슬퍼 사람들 눈물 흘리니　至哀人俱涕
양가에는 모친이 살아계시네　兩家有高堂
조물주의 조화 어지러이 어긋나니　大化莽糾錯
선행에 대한 보답은 대부분 없네　善報多茫茫
늘 규문의 복을 살펴보면　每見閨門祉
절반만 얻고 다 얻지는 못하네　得半無全昌
숙인은 중년에 가까우니　淑人近中身
나이로는 일찍 죽은 것이 아니라네　得年不爲殤
영특한 아들 둘을 두었으니　英英二美子
난초의 싹이 향기를 풍기는 듯　蘭芽茁以芳
여러 고을에서 좋은 대접 받았고　數郡食列鼎
남편으로 인해 숙인의 칭호 받았네　從夫被命章
누린 것이 이미 많으니　所享亦旣多
고분의 아픔[140]을 위로할 수 있네　可慰叩盆傷

138 도온(道韞) : 진(晉)나라 때 사안(謝安)의 질녀로서 뛰어난 여류 문인인 사도온(謝道韞)을 말한다. 사도온에 대하여 어떤 이가 평하기를 "정신이 초일하고 명랑하여 임하의 풍기가 있다.〔神情散朗, 故有林下風氣.〕"라고 하였다. 《晉書 卷96》

139 보무(寶婺) : 여수(女宿)인 무녀성(婺女星)으로 왕후나 귀부인을 상징하는데, 여기서는 김 숙인을 가리킨다

가슴 아프구나, 평구[141]의 길가에 傷哉平丘路
혼령이 한창 배회하고 있으리라 精靈定佪翔

140 고분(叩盆)의 아픔 : 동이를 두드린다는 말로, 아내의 죽음을 뜻한다. 장자(莊子)의 아내가 죽었을 때 혜자(惠子)가 조문을 가서 보니, 장자가 두 다리를 뻗치고 동이를 두드리며 노래를 부르고 있었다는 데서 온 말이다. 《莊子 至樂》

141 평구(平丘) : 평구역이 있던 지역으로, 현재 남양주시 삼패동이다.

이중운[142] 흥조 에 대한 만사 2수

李仲雲 興朝 挽 二首

낙산[143]의 연못 정자 고요한데　駱山池館閴
뜰 홰나무에 남은 경사 있네　餘慶看庭槐
한 해 전에 들보가 막 무너졌고[144]　隔歲樑纔壞
같은 언덕에 또 옥을 묻었네[145]　同阡玉又埋
난초 향기 원래 몸에 가득했고　芳蘭元竟體
훌륭한 글재주 절로 가슴에 가득찼네　奇藻自盈懷
집안에서 세 차례 상복 입었으니　堂室垂三繐
슬프도다, 선한 자에게 보답 없음이　傷哉善報乖

청산은 힘이 있어　青山能有力

142 이중운(李仲雲) : 이흥조(李興朝, 1661~?)를 말한다. 본관 연안(延安)이며, 그의 자가 중운이다.

143 낙산(駱山) : 서울 종로구와 성북구에 걸쳐 있는 산으로, 산모양이 낙타의 등과 같다고 하여 타락산·낙타산(駱駝山)이라고도 불린다.

144 들보가 막 무너졌고 : 부음(訃音)을 듣게 되었다는 말이다. 공자(孔子)가 "태산이 무너지는구나. 대들보가 쓰러지는구나. 철인이 시드는구나.〔太山其頹乎, 梁木其壞乎, 哲人其萎乎.〕"라고 노래를 부른 뒤 일 주일 만에 죽었던 고사에서 유래한 것이다. 《禮記 檀弓上》

145 옥을 묻었네 : 재주가 있는 사람을 묻는다는 뜻이다. 진(晉)나라 유량(庾亮)이 땅에 묻힐 즈음에 하충(何充)이 "옥수를 땅속에 묻으니, 사람의 슬픈 정을 어찌 억제할 수 있으리오.〔埋玉樹箸土中, 使人情何能已已.〕" 하였다. 《世說新語 傷逝》

나쁜 귀신과 일을 도모하네	夔鬼與爲謀
늘 세력 있는 집안으로 들어가	每向大家裏
번번이 재주 있는 사람들 데리고 가네	輒收才子流
미미한 인간은 날마다 바뀌고	眇然人日替
쓸쓸한 세상이 걱정스럽네	索矣世堪憂
운수가 이와 같으니	運氣乃如許
아득하여 누구에게 허물을 돌릴까	茫茫竟孰尤

이숙 계장[146] 인엽 씨와 함께 나가 빙호정사에서 중부를 뵈었다. 다음날 이숙이 율시 한 수를 지었기에 드디어 차운하여 보내다 7월

與李叔季章 寅燁 氏並出 省拜仲父氷湖亭舍 翌日 李叔有一律 遂次却寄 七月

교외의 사립문 바라보니 백리도 안 되는데[147]	瞻望郊扉不宿舂
구름과 노을이 아득히 천 겹으로 감돌아 비추네	雲霞映帶渺千重
고산에 손님 찾아오니 나는 학이 보이고[148]	孤山客到看飛鶴
한강의 물결은 맑아 용이 깃들어 산다네	洛水波淸有臥龍
노년의 길 온통 자유로워 너무 기쁘고	深喜晚途渾自放
아름다운 경치 구경하느라 늘 함께 어울리네	每隨佳境好相從
고개 돌리면 곳곳마다 낚시하던 곳이니	回頭處處垂綸地
물고기와 새는 여전히 옛 모습을 알아보네	魚鳥依然識舊容

146 이숙 계장(李叔季章) : 이인엽(李寅燁, 1656~1710)을 말한다. 본관은 경주(慶州), 호는 회와(晦窩)이며, 계장은 그의 자이다.

147 백리도 안 되는데 : 원문의 '숙용(宿舂)'은 백 리라는 뜻으로, 《장자》 〈소요유(逍遙遊)〉에 "백 리를 가는 자는 전날 밤에 양식을 찧어서 준비해야 하고, 천 리를 가는 자는 3개월 전부터 양식을 모아야 한다."라는 말이 있다.

148 고산(孤山)에……보이고 : 48쪽 주47 참조.

계장씨[149]가 부모님을 뵙기 위해 간성으로 갔는데, 당시에 백종숙[150]이 이 고을을 다스리고 있었다. 떠날 때에 율시 1수를 주어 보여주기에 그 시에 차운하여 작별하다

季章氏爲省覲 有杆城之行 時伯從叔宰是郡也 瀕行有一律相示 次其韻以別

수부의 관직[151] 그만두자마자	繡斧官纔罷
유람의 흥취 절로 맑아지네	芒鞋興自淸
가는 길에 삼일포[152]에 들르고	行尋三日浦
그대로 중향성[153]을 바라보리라	仍眺衆香城
응당 시 많이 지을 것이고	點綴詩應富
흥건히 취해 술잔 얼마나 기울이려나	淋漓酒幾傾
세간의 풍파 이처럼 아득하니	風波莽如許
혼자인 나는 마음을 가눌 수가 없네	離索不堪情

149 계장씨(季章氏) : 84쪽 주146 참조.

150 백종숙(伯從叔) : 이인엽의 큰 형 이인소(李寅熽, 1637~1698)를 말한다. 본관은 경주(慶州). 자는 자명(子明), 호는 노포(老圃)이다.

151 수부(繡斧)의 관직 : '수부'는 수의(繡衣)와 도끼로, 임금의 명을 받든 어사(御使)나 사신(使臣)을 비유한다. 이인엽은 이 무렵 전라우도 암행어사(全羅右道暗行御史)를 역임하였다.

152 삼일포(三日浦) : 강원도 고성군에 있는 호수로, 관동팔경의 하나인데, 신라 때에 영랑(永郎), 술랑(述郎), 남석랑(南石郎), 안상랑(安祥郎) 등 네 화랑이 이곳에 왔다가 사흘을 머물렀던 데서 유래된 명칭이다. 《新增東國輿地勝覽 卷45 江原道 高城郡》

153 중향성(衆香城) : 금강산의 마하연(摩訶衍) 뒤를 병풍처럼 에워싸고 있는 하얀 바위 봉우리의 명칭이다. 달빛이 비치는 풍경이 특히 아름답다고 한다.

송산[154]에서 남 대감 어른[155]의 묘에 곡을 하고 느낌이 있어
松山哭南台丈墓有感

겹겹 벼랑의 흰 구름에 고매한 풍모 생각하니	白雲層壁想高風
주렴과 안석은 그대로인데 대문 앞은 텅 비었네	簾几依然門巷空
말에서 내려 홀로 가을 풀 자란 묘소 찾으니	下馬獨尋秋草塚
오늘의 판향은 남풍을 위한 것이라네[156]	瓣香今日爲南豐

154 송산(松山) : 경기도 양주의 산 이름이다.

155 남 대감 어른 : 남용익(南龍翼, 1628~1692)을 말한다. 본관은 의령(宜寧), 자는 운경(雲卿), 호는 호곡(壺谷), 시호는 문헌(文憲)이다.

156 판향(瓣香)은……것이라네 : 판향은 모양새가 오이씨 비슷하게 생긴 향으로, 선승(禪僧)이 다른 사람을 축원할 적에 피우던 것인데, 다른 사람을 흠앙한다는 뜻으로 쓰는 용어이다. 남풍은 송나라의 학자이자 문장가인 증공(曾鞏)의 호이다. 진사도(陳師道)의 시에 "평생토록 한 번 판향 올리었거니, 공경스레 증남풍을 위한 것이네.〔平生一瓣香, 敬爲曾南豐.〕" 하였다. 본문에서는 자신이 남용익을 위해 판향을 올린다는 의미이다.

호로[157]의 옛 자취를 몹시 슬퍼하다가 적옹[158]이 탈 없이 건강한 것이 기뻐 드디어 시 2수를 지어 적옹에게 드리면서 구구한 마음을 말하다

深愴壺老舊踪 而喜赤翁無恙康健 遂以二詩奉赤翁 以申區區

가을 깊은 한강에 한 마리 용 사라졌는데[159]	秋深洛水一龍亡
공께서는 늙어서도 건강하니 오히려 기쁘네	尙喜明公老體康
공의 집을 바라보며 간절히 축원하노니	瞻望門墻祈祝切
노영광(魯靈光)[160]처럼 백년의 장수 누리기를	百年長似魯靈光

강한의 풍류[161] 두 노인 똑같으니	江漢風流二老同

157 호로(壺老) : 36쪽 주19 참조.

158 적옹(赤翁) : 73쪽 주119 참조.

159 한……사라졌는데 : 현인의 죽음을 의미하는데, 본문에서는 남용익의 죽음을 말한다. 소식(蘇軾)의 〈제구양문충공문(祭歐陽文忠公文)〉에서 구양수(歐陽脩)의 죽음에 대해 "비유하자면 깊은 산, 큰 못에 용이 죽고 범이 떠나면 온갖 변괴가 나와 미꾸라지와 두렁허리가 춤추고 여우와 살쾡이가 울부짖는 것과 같다.〔譬如深山大澤, 龍亡而虎逝, 則變怪雜出, 舞鰌鱓而號狐狸.〕" 하였다. 《古文眞寶後集 卷8》

160 노영광(魯靈光) : 한(漢)나라 노공왕(魯恭王)이 건립한 영광전(靈光殿)을 말하는데, 여러 차례나 전란을 겪었어도 이 궁전만은 완전하게 보존되었다는 내용이, 한나라 왕연수(王延壽)의 〈노영광전부(魯靈光殿賦)〉 서문에 나온다.

161 강한(江漢)의 풍류 : 강한은 곧 장강(長江)과 한수(漢水)의 부근 지역인 무창(武昌)을 가리킨다. 진대(晉代)의 재상(宰相) 유량(庾亮)이 일찍이 정서장군(征西將軍)이 되어 무창(武昌)에 있을 때 장강(長江) 가에 누각을 세우고 이를 남루(南樓)라 하였는데, 어느 가을날 밤에 달이 막 떠오르고 천기(天氣)가 아주 쾌청하자, 유량이 남루에

흡사 구름이 용 따르듯[162] 몇 차례나 어울렸던가　幾回追逐似雲龍
수성[163]은 한창 동강[164]의 위에서 비추고　壽星方照東岡上
경월[165]은 먼저 북쪽 변방에서 저버렸네　卿月先淪北塞中
덧없는 세상의 슬픔과 기쁨은 원래 번갈아 바뀌니　浮世悲歡元迭代
만년의 시와 술은 다시 누구와 함께할까　晩途文酒更誰從
영장에게 지금은 상대가 없으리니[166]　也應郢匠今無質

올라가서 그의 좌리(佐吏)인 은호(殷浩), 왕호지(王胡之) 등과 함께 시를 읊조리며 고상한 풍류를 만끽했던 고사에서 온 말로, 전하여 강한의 풍류란 곧 관장(官長)이 요속(僚屬)들과 주연(酒宴)을 열고 시를 읊조리며 풍류를 즐기는 것을 의미한다. 두보(杜甫)의 〈강릉절도사양성군왕신루성왕청엄시어판관부칠자구동작(江陵節度使陽城郡王新樓成王請嚴侍御判官賦七字句同作)〉 시에 의하면 "퇴청한 여가에는 막료들을 맞아 즐기니, 강한의 풍류가 만고에 길이 전하리로다.〔自公多暇延參佐, 江漢風流萬古情.〕"라고 하였다. 《杜少陵詩集 卷21》

162 구름이 용 따르듯 : 《주역》〈건괘(乾卦) 문언(文言)〉에 "구름은 용을 따르고 바람은 범을 따르듯 성인이 나타나면 만물이 우러러본다.〔雲從龍, 風從虎, 聖人作而萬物覩.〕"라고 한 데서 유래하였다.

163 수성(壽星) : 별 이름으로 노인성(老人星), 남극성(南極星), 남극노인성(南極老人星)이라고도 하는데, 본문에서는 김익렴을 비유한다. 수성은 추분(秋分) 절기에 남쪽 하늘에 나타나는데, 별이 나타나면 천하가 태평하고, 나타나지 않으면 병란(兵亂)이 일어난다고 하며, 또 옛사람들이 이 별을 장수(長壽)의 상징으로 삼아 수성이라 일컫기도 하였다.

164 동강(東岡) : 은거지를 뜻한다. 후한(後漢)의 주섭(周燮)이 벼슬길에 나아가지 않자 그의 종족이 "선대(先代)로부터 훈총(勳寵)이 줄을 이었는데, 그대만 어찌 유독 동강을 지키는가?"라고 하였다는 데서 유래하였다. 《後漢書 卷53 周燮列傳》

165 경월(卿月) : 재신(宰臣) 급의 고위 관료로, 본문에서는 남용익을 말한다. 《서경》〈홍범(洪範)〉에, "임금은 해를 살펴야 하고, 귀족과 관리들은 달을 살펴야 하며, 낮은 관리들은 날을 살펴야 합니다."라고 하였다.

166 영장(郢匠)에게……없으리니 : 훌륭한 문사(文士)가 죽었으므로 자기의 시문을

산하를 바라봄에 준충의 감정이 드네[167] 觸目河山感濬沖

수정해 줄 사람이 없다는 뜻이다. 《장자(莊子)》서무귀(徐无鬼)에 "영(郢) 땅에 유명한 공인이 있었는데, 그곳에 사는 사람이 코끝에 백토가루를 엷게 바르고는 이 공인을 시켜서 깎아내게 하였더니 그는 자귀를 돌려 바람을 일으켜서 코는 조금도 상하지 않고 백토만 깨끗이 깎아 내었다. 송(宋)나라 원군(元君)이 그 이야기를 듣고 공인을 불러 '어디 시험 삼아 내게도 해 보여 주게.'라고 하니, '제가 이전에는 그렇게 할 수 있었지만 지금은 그 기술의 근원이 되는 상대〔質〕가 죽은 지 오래 되었습니다.'"라고 하였다.

167 산하를……드네 : 준충(濬沖)은 진(晉)나라 때 왕융(王戎)의 자(字)이다. 왕융이 일찍이 황공주로를 지나다가 뒤에 따라오는 손에게 말하기를 "내가 옛날에 혜강(嵇康)・완적(阮籍)과 함께 이곳에서 술을 실컷 마시곤 했었고 죽림의 놀이에도 또한 그 끝자리에 참여하였는데, 혜강・완적이 죽고 난 이후로 문득 시속에 얽매여서 오늘날에는 황공주로가 비록 가까이 있기는 하나 산하처럼 멀게 여겨진다.〔吾昔與嵇叔夜阮嗣宗共酣飮於此壚, 竹林之遊, 亦預其末, 自嵇生夭阮公亡以來, 便爲時所羈紲, 今日視此雖近, 邈若山河.〕"라고 한 데서 온 말이다. 《世說新語 傷逝》

이린 세윤 에게 아들이 있는데 이름이 응징이고, 나이가 15세이다. 시문을 짓고 글씨를 잘 써서 제법 재목이 될 만한 가망이 있기에 절구 1수를 써주어 노력하기를 바라는 마음을 부치다

李鄰 世胤 有子名鷹徵 年十五 能作詩文善書 殊有成材之望 書贈一絶以寓祈勉之意

옛부터 초야에서 인재가 태어나니	從古菰蒲産異才
어린 나이에 훌륭한 글재주 기특하구나	幼年詞采爾奇哉
훗날 가을 날개 길러 가을 매 같아지면	他年養翮同秋隼
한 번 높은 하늘을 가르며 만 리를 날리라	一劈雲霄萬里開

조상보[168] 의징 영감이 진주 목사가 되어 떠나는 길에 이별의 시를 구하기에 양산에 있다가 빨리 써서 그에게 보내 전별하다

趙令祥甫 儀徵 爲晉州 瀕行求別語 在楊山走草 寄之以別

병에 걸려 시골에 누워　被疾臥田間
날마다 정운[169]을 읊조리며 그리워했네　停雲日吟望
문득 들으니 조상보가　忽聞趙祥甫
진주 목사로 부임한다네　一麾守晉陽
우리들 중에 벼슬아치 많으니　吾曹多吏綬
부임지는 습한 바닷가 아니면 변방이지　匪瘴卽塞方
진주는 큰 바다의 모퉁이라　晉乃大海隅
옛부터 접연향[170]이라 불리었지　舊稱跕鳶鄕

168 조상보(趙祥甫) : 조의징(趙儀徵, 1649~?)을 말한다. 본관은 한양(漢陽), 상보는 그의 자이다.

169 정운(停雲) : 벗을 그리는 시이다. 진(晉)나라 도잠(陶潛)의 시 〈정운〉에 "멈춘 구름은 뭉게뭉게 일고, 때맞춰 내리는 비는 자욱하여라. 팔방이 다 같이 어둑하고, 육지가 강이 되었네.〔停雲靄靄, 時雨濛濛. 八表同昏, 平陸成江.〕" 하였는데, 그 자서(自序)에 "〈정운〉은 친우(親友)를 그리워하는 시이다."라고 하였다.

170 접연향(跕鳶鄕) : '접연'은 바닷가의 장기(瘴氣)가 심하여 창공을 나는 솔개도 떨어진다는 뜻이다. 《후한서(後漢書)》 〈마원전(馬援傳)〉에 "내가 낭박과 서리 사이에 있을 적에, 아래로는 홍수가 지고 위로는 안개가 끼어 독기가 무겁게 찌는데, 우러러 나는 솔개를 보니 추락하여 물속으로 빠졌다.〔當吾在浪泊西里閒, 虜未滅之時, 下潦上霧, 毒氣重蒸, 仰視飛鳶跕跕墮水中.〕"라고 보인다. 이는 장기가 심하여 솔개도 높은

신명이 만일 그대를 돕는다면 神明苟扶相
부임해서도 건강하겠지 莅者亦能康
이름난 고을로 부모 극진히 봉양하니 名城奉魚軒
가는 길 성대하게 빛나리 行矣煒有光
땅이 널찍한 큰 고을인데 槃槃地力雄
하물며 흉년이 겹쳤다고 況聞荐灾荒
경술은 관리의 직임 빛낼 수 있으니 經術可飾吏
공수와 황패[171]처럼 되기를 힘쓰게나 勉哉爲龔黃
이리저리 굽어진 험한 길도 千盤峻坂路
평탄한 길 되기를 바라네 惟祈似康莊
백리의 남기와 안개도 百里嵐霧色
걷히어 청량해지리라 亦變爲淸涼
가을 구름 높은 산에 가득하니 秋陰滿脩嶺
멀리 이별하는 심정 아득하구나 渺渺別懷長

곳을 날아 넘기 어려워 추락한 것으로, 뒤에는 대부분 험조(險阻)를 가리키는 말로 쓰였다.

171 공수(龔遂)와 황패(黃霸) : 40쪽 주32 참조.

퇴숙 아우가 배종하여 강릉으로 가서[172] 기행시 두 수를 보내왔는데, 제법 진보가 있어 그 중 한 수에 차운하여 도로 부쳐서 회포를 풀다

退叔弟陪往江陵 以紀行二詩來 殊有進 次其一却 寄以抒懷思

기름진 강릉 고을　　膴膴臨瀛郡
동해 바닷가 아득하리　　渺渺滓海岸
높은 고개 서쪽으로 하늘과 접하고　　脩嶺西際天
동쪽으로는 포구가 들쭉날쭉하리　　迤東浦溆亂
큰 파도는 날마다 높이 일고　　大波日百丈
파도 속에는 물고기와 용이 숨어 있으리　　簸蕩魚龍竄
아침 해 섬돌에서 뜨고　　曉旭當階生
신기루는 바람 따라 흩어지리　　蜃氣隨風散
봉도[173]의 경치와 비슷하고　　怳惚蓬島色
부상[174]의 가지가 어른거리는 듯　　依微扶桑幹
높구나, 광활한 지역이여　　礬哉宏曠區
그대의 구경거리를 얻었네　　包攬爾所翫

172 퇴숙……가서 : 당시 퇴숙(退叔 서종유(徐宗愈))의 부친 서문중(徐文重)이 강릉 부사(江陵府使)로 부임하여 모시고 간 것이다.

173 봉도(蓬島) : 63쪽 주82 참조.

174 부상(扶桑) : 동해에 있다고 전해지는 전설상의 나무로, 그 아래에서 해가 떠오른다 하여 해가 뜨는 동쪽 바다를 말한다.

비단 선분[175]이 높을 뿐만이 아니라	匪直仙分高
진실로 속세의 속박을 벗어나기 때문이네	諒由塵累逭
다만 나는 한 골짜기에 누워	顧余臥一壑
초가집은 담을 두르지 않아 춥네	茀舍寒不墁
심정[176]은 날마다 동요하여	心旌日搖搖
바닷가 해안으로 가고 싶네	願從海之畔
냇가와 교량을 어찌 넘기가 어려우랴	川梁豈難越
숙용[177]이라 끼니 걱정 필요 없는데	宿舂非憂爨
그대로 있다가 결국 스스로 그만두었으니	因之遂自輟
빙탄[178]처럼 울적한 마음이라네	鬱鬱懷氷炭
봉투를 열어 그대의 시를 얻으니	開械得爾詩
좋은 시구 책상에 환하네	珠璣璨在案
바닷가 산은 신령하고 빼어나니	海嶽靈秀物
온통 시로 담아내리라	點綴收一半
결국에는 내가 한번 바지를 걷고[179]	終余一褰裳

175 선분(仙分) : 신선 세계를 구경할 수 있는 인연을 말한다.

176 심정(心旌) : 안정되지 않은 마음을 깃발에 형용한 것으로, 《전국책(戰國策)》 〈초책(楚策) 1〉에 "마음이 흔들려 마치 높이 매달아 놓은 깃발과 같아, 끝내 정착할 곳이 없다.〔心搖搖如懸旌, 而無所終薄.〕" 하였다.

177 숙용(宿舂) : 84쪽 주147 참조.

178 빙탄(氷炭) : 가슴속에서 격렬하게 일어나는 온갖 갈등과 번뇌를 비유한 말이다. 《장자(莊子)》 〈인간세(人間世)〉에 "기쁨과 두려움 등의 감정이 가슴속에서 싸우는데, 이는 원래 인간의 오장 속에 얼음과 숯이 한 데 엉겨 있기 때문이다.〔喜懼戰于胸中, 固已結氷炭于五臟矣.〕"라고 한 데서 나온 말이다.

179 바지를 걷고 : 원문의 '건상(褰裳)'은 아래옷의 옷자락을 걷어 올린다는 말로, 남

아침부터 저녁까지 함께 노닐리라 相携窮朝盰

을 따른다는 뜻으로 쓰인다. 《시경》 〈건상(褰裳)〉에 "그대가 나를 사모한다면 치마까지 걷고 진수를 건너겠다.〔子惠思我, 褰裳涉溱.〕"라고 하였다.

박명숙[180] 아우 학령 가 선산에서 서울로 돌아왔다가 곧바로 돌아간다고 하기에 급히 시 한수를 지어 전별하다

朴弟鳴叔 鶴齡 自善山歸洛 旋告歸 走成一詩以別

큰 고개 하늘 너머 아득하고	大嶺渺際天
가파른 고개에 바위는 우둘투둘	峻坂石齒齒
머나먼 길 구불구불하니	脩路政逶遲
그대의 발걸음 더디기만 하네	爾行政靡靡
10월이라 기후가 변하여	孟冬物候變
넓은 육지에는 찬바람 일어나네	廣陸緖風起
더구나 환부[181]가 횡행한다 들었으니	況聞萑苻橫
돌아가는 길에 산과 물 건너기 조심하기를	在途愼跋履
이어 내 아우를 경계하노니	仍之戒吾弟
그대의 자질 높고도 아름답네	爾質雋且美
학문의 축적에 자신의 몸 내맡기고	委己務績學
명망있는 집안의 자제 모습 잃지 말기를	毋墜世家子
훗날에는 강남의 재목이	他日江南材
울창한 기재[182]로 자라리라	鬱鬱見杞梓

180 박명숙(朴鳴叔) : 박학령(朴鶴齡, 1669~?)을 말한다. 본관은 밀양(密陽)이고, 명숙은 그의 자이다.

181 환부(萑苻) : 출몰하는 도적 떼를 말한다. 춘추 시대 정(鄭)나라의 도적들이 환부라는 늪지대에서 많이 나온 데에서 비롯된 말이다. 《春秋左氏傳 昭公 20年》

영특한 너희 세 사람은	英英爾三人
내가 늘 만나며 기뻐하고 슬퍼하는데	余每對悲喜
그대만 멀리 떨어져	子獨在遠方
돌아보며 구이[183]를 그리워하네	睠焉思具爾
이 말은 진심에서 나온 것이니	斯言出衷素
내말 비루하게 여기지 말고 노력하라	勉哉莫余鄙

182 기재(杞梓) : 초 땅에서 생산되는 먹구슬나무와 가래나무로, 대표적인 좋은 목재인데, 후대에는 뛰어난 인재를 상징하는 말로 쓰였다. 《國語 楚語上》

183 구이(具爾) : 여러 형제들을 가리킨다. 《시경》 〈행위(行葦)〉에 "가깝고 가까운 형제들을 멀리하지 않고 모두 가까이한다.〔戚戚兄弟, 莫遠具爾.〕"라고 하였다.

강릉 관아에서 율시 두 수를 내려 보내 주셔서[184] 삼가 차운하였다. 본부에서 대규모 군사훈련이 있어서 간성 군수와 고성 군수 등이 모두 와서 모였다. 경포대에서 술자리를 마련하고 다시 배를 띄웠으니, 참으로 타향에서의 성대한 모임이었다

自江陵衙 有下示二律 敬次以覆 本府有大操 杆城高城諸太守皆來會 仍觴于鏡浦臺 復泛舟 誠異鄕盛集也

영동에는 이름난 고을 바둑판처럼 펼쳐졌는데	嶺東棊布儘名州
바닷가 누각 옆에 있는 강릉 고을이 최고라네	最是臨瀛傍海樓
구월에 여러 공들이 신발을 날려 모이고[185]	九月群公飛舃會
천년 전 신선[186]처럼 뱃놀이 즐기네	千年仙侶並舟遊
술잔 앞에 삼신산의 정경이 어렴풋이 비치고	尊前晻映三山色
붓 아래에는 만 리의 가을 경치 가득히 펼쳐지네	筆底蕭森萬里秋
응당 나라 사람들이 성대한 일로 전하리니	應見邦人傳盛事
훗날에 아름다운 시가 문미에 가득하리라	異時紗墨滿楣頭

큰 고을 병사 훈련하는 곳에	大府調兵地
높은 누대에서 잔치 벌어졌네	層臺列宴時

184 강릉……주셔서 : 당시 작자의 숙부 서문중(徐文重)이 강릉 부사(江陵府使)로 재직하고 있었다.

185 신발을 날려 모이고 : 54쪽 주58 참조.

186 천년 전 신선 : 85쪽 주152 참조.

가을 구름은 화극[187]을 흔들고 秋雲搖畫戟
바다 빛은 맑은 시를 적시네 海色濕淸詩
외딴 지방에서 패자의 자취 징험하고[188] 伯跡徵偏國
옛 사당에서 선비의 풍모에 감동하네[189] 儒風感舊祠
한해 저물 무렵에 아득한 생각 일어 悠悠歲暮意
서쪽 바라보며 각기 시를 짓네 西望各成詞

187 화극(畫戟) : 화려하게 색칠한 목창(木槍)으로, 관부(官府)의 문을 지킬 때 병졸들이 쥐고 호위하는 것이다.

188 외딴……징험하고 : 명주 군왕(溟州郡王)에 봉해진 김주원(金周元)을 말하는 것으로 보인다. 명주(溟州)는 강릉의 고호이다. 김주원은 신라 태종무열왕의 6세손으로 37대 선덕왕 때 각간(角干)으로 있었는데, 선덕왕이 후사가 없이 죽자 군신 회의에서 김주원을 국왕으로 추대키로 했다. 그러나 그는 경주 왕실에서 북쪽 20리 밖에 거주하고 있었기 때문에 군신 회의가 열리는 날 때마침 내리는 폭우로 경주 알천(閼川)이 불어나 하천을 건너지 못했다. 이에 군신들이 천명으로 여기고 상대등(上大等) 김경신(金敬信)을 왕으로 추대하니, 이가 곧 원성왕이다. 그 후 원성왕은 김주원에게 왕위에 오를 것을 권했으나, 끝내 사양하고 모향(母鄕)인 명주에 은거했다. 그러자 원성왕은 그의 겸손함에 더욱 감복하여 명주군왕으로 봉하였다. 이에 김주원은 명주성을 쌓고 영동(嶺東) 일대를 통치했으며 그에 따라 후손들은 강릉을 본관으로 삼았다. 《三國遺事 卷2 元聖大王條》

189 옛……감동하네 : 강원도 강릉(江陵)에 있는 율곡(栗谷) 이이(李珥)를 제향한 송담서원(松潭書院)을 말하는 것으로 보인다. 1624년에 강릉 부사 윤안성(尹安性)과 유생들이 석천서원(石川書院)이란 이름으로 건립하였고, 그 후 1659년에 송담서원으로 사액(賜額)을 받았다.

아침에 일어나니 큰 눈이 내려 입으로 짧은 시 한 수를 읊어 편지와 함께 동보[190]에게 부치다

朝起大雪 口吟一小詩 因書寄同甫

쓸쓸한 빈 산에 한 자 눈 쌓이니	空山愀愀雪一尺
호랑이와 표범도 자취 감추고 바람은 나무에 부네	虎豹遁跡風號木
백리 밝은 눈빛에 푸른빛 사라지고	百里晃朗蒼翠空
밤사이 산하의 경치는 다 변해 버렸네	一夜幻盡河山色
촌부는 책을 끼고서 늦잠에서 일어나고	野夫擁書朝慵起
텅빈 집엔 돈이 없어 네 벽만 덩그렇네	虛室囊空悄四壁
거닐며 초은편[191]을 소리 내어 읊으니	消搖高詠招隱篇
그리운 사람은 저 멀리 물 북쪽에 있네	所懷宛宛在水北
그대와 한 해 저무는 때에 누구와 돌아갈까	與子歲晏誰與歸
먼 옛날 남악의 유람[192]을 돌이켜 생각하네	緬憶千秋游南嶽

190 동보(同甫) : 43쪽 주38 참조.

191 초은편(招隱篇) : 한(漢)나라의 회남왕(淮南王) 유안(劉安)이 지은 시편(詩篇)인 〈초은사(招隱士)〉를 말한다. 이 시는 관직에서 물러나 산림에 은거해 지내면서 자신의 몸을 깨끗이 하는 것을 노래하였다.

192 남악(南嶽)의 유람 : 1167년(건도3) 11월 주자(朱子)가 남헌(南軒) 장식(張栻)과 남악 형산(衡山)에 오른 일이 있는데, 그 일을 말하는 것으로 보인다. 〈남악시(南岳詩)〉에 "탁주 석 잔에 호탕한 흥이 발동하여 낭낭히 시 읊으며 축융봉을 내려오네.〔濁酒三盃豪興發, 朗吟飛下祝融峯.〕"라고 하였다.

밤에 누워 속마음을 담아 입으로 읊다

抒感夜臥口占

텅 빈산에서 밤에 홀로 외로움 느끼다가	空山獨夜感形單
누워서 바람이 마른 숲을 울리는 소리를 듣네	臥聽風號萬木乾
담박한 대갱[193]을 어찌 볼 수 있으랴	那見大羹能有淡
늘 금귤이 너무 시어 근심하네[194]	每愁金橘太多酸
작은 마을에는 눈이 쌓였는데 마침 불도 없고	小村積雪時無火
세모라서 음기가 서려 걸핏하면 춥다네	殘歲凝陰動作寒
그저 밤마다 훤초[195]를 꿈꾸니	秖是連宵萱草夢
누가 남해[196]처럼 어버이 음식 살피리오	南陔誰復視親餐

193 대갱(大羹) : 조미하지 않고 희생의 고기를 통째로 푹 삶은 국물을 이른다. 《예기(禮記)》 〈교특생(郊特生)〉에 "대갱을 조미하지 않는 것은 그 바탕〔質〕을 귀히 여기기 때문이다." 하였다.

194 금귤이……근심하네 : 송(宋)나라 팽연재(彭淵材)가 일찍이 말하기를 "내 다섯 가지 한스러운 것이 있으니, 첫째는 준치의 가시가 많은 것이요, 둘째는 감귤이 신맛을 띤 것이요, 셋째는 순채의 성질이 냉한 것이요, 넷째는 해당화의 향기가 없는 것이요, 다섯째는 증자고가 시를 잘하지 못한 것이다.〔有五恨, 一鰣魚多骨, 二金橘帶酸, 三蓴菜性冷, 四海棠無香, 五曾子固不能詩.〕"라고 했던 데서 온 말이다.

195 훤초(萱草) : 일명 망우초(忘憂草)라고도 하는 원추리를 말한다. 《시경(詩經)》 〈위풍(衛風) 백혜(伯兮)〉에 "어찌하면 원추리를 얻어서, 저 당의 북쪽에 심을꼬.〔焉得萱草, 言樹之背.〕"라고 하였는데, 옛날에 모친이 북당에 거처했던 데서, 전하여 북당의 원추리는 모친의 비유로 쓰인다.

196 남해(南陔) : 《시경》 〈소아(小雅)〉의 편명이다. 서(序)에 의하면 "남해는 효자가 부모를 봉양할 일로써 서로 경계한 노래이다.〔南陔 孝子相戒以養也〕"라고 하였다.

제목만 전하고 가사가 없어졌으므로 진(晉)나라 속석(束晳)이 보완하여 만들었는데, "남쪽 밭두둑 따라 난초를 캐네. 어버이 생각할 적마다 마음이 왜 이리 설레는지.〔循彼南陔, 言采其蘭. 眷戀庭闈, 心不遑安.〕"라고 하였다.

송도심[197] 광연 영공의 범허정 시에 차운하다
次宋道深 光淵 令公泛虛亭韻

강한의 풍류[198]가 이 정자에 있으니 江漢風流有是亭
북쪽을 바라보니 뜬구름에 대궐이 가려졌네 浮雲北望隔春明
바다 위 높이 올라가니 허공은 아무런 빛깔이 없고 高凌沆瀣虛無色
푸른 물결 굽어보니 동탕치는 소리 들리네 俯聽滄波震蕩聲
골짜기로 돌아가 쉬니 아직 건강하여 다행스럽고 一壑歸休猶幸健
백년 인생길 이곳이 평안하네 百年行路此爲平
한가로이 지내며 초연한 흥취를 얻어 婆娑政得超然趣
외물을 바라보니 하나하나 가벼워라 外物看他箇箇輕

197 송도심(宋道深) : 송광연(宋光淵, 1638~1695)을 말한다. 본관은 여산(礪山), 호는 범허정(泛虛亭)이며, 도심은 그의 자이다.

198 강한(江漢)의 풍류 : 87쪽 주161 참조.

늦봄에 포천에서 형제들을 따라 돌아오는 길에 도봉산에 들러 서원을 찾아 함께 수석 사이에 머물다가 시를 짓다

계유년(1693, 숙종19)

暮春 自抱川隨諸兄弟歸來 歷入道峰尋院相 與盤旋於水石間 吟成 癸酉

골짜기 덩굴과 바위의 계수나무는 봄빛을 뽐내는데	洞蘿巖桂媚春姿
바위와 시냇물 찾아 느릿느릿 걸어가네	踏石尋流步步遲
서당에서 들리는 글 읽는 소리 기쁘게 들으며	喜聽黌堂絃誦動
예전 내가 어릴 때를 생각하네	依然思我少年時

달밤에 시를 읊어 동실에서 글 읽는 여러 사람에게 보이다

月夜吟 示東室讀書諸子

지난해 이곳에서 함께 매화시를 읊었는데	昔歲吟梅共此堂
매화는 지금 피어 향기 더욱 짙어지네	梅花今發轉芬芳
제군의 시 수준이 더욱 진보했을 터이니	諸君詩力應添進
매화와 견주어 몇 자나 성장했나	較與梅花幾尺長

포천의 선영 아래에서 여러 종인(宗人)을 따라 6대조 참의 부군의 신주를 매안[199] 하는 예를 행하고 돌아오는 길에 감회를 기록하다

在抱川墓下 隨諸宗行六代祖考參議府君神主埋安之禮 歸來志感

우리 선조 길이 성대한 은택 드리워	吾祖垂庥盛澤長
지금까지 벼슬하는 자손들 이어졌네	至今沾被有冠裳
예법 엄격하여 갑자기 신주를 묻지만	禮嚴遽見行祧瘞
세대가 멀다고 어찌 제사를 그만두랴	世遠那堪廢禴嘗
삼대의 무덤이 함께 울창한 모습이고	三代丘原同鬱鬱
생전의 모습이 눈에 가득 선하네	百年儀範怳洋洋
후손들 이날에 선조를 추모하려는 마음	雲仍是日追先感
바라건대 노력하여 빛나는 가업 잇기를	願勉承承緖業光

199 매안(埋安) : 제사 지내는 대수(代數)가 지난 신주(神主)를 무덤 앞에 묻는 것으로 예안(瘞安)이라고도 한다.

퇴숙[200] 아우가 강릉에서 기행시 몇 편을 보내주기에 차운하여 어린 딸을 잃은 슬픔을 위로하다

退叔弟自江陵示紀行詩數篇 次韻以慰其殤戚

사람의 생명은 하늘로부터 받았으니	人生稟于天
정해진 수명에는 길고 짧음이 있지	定命有短長
하나의 기운도 굽힐 때와 펼 때가 있고	一氣見詘信
추위와 더위 바뀌고 비 내리고 그치는 것과 동일하네	同寒暑雨暘
그래서 이치에 통달한 사람은	所以達理人
넓은 마음으로 장수와 요절을 동일하게 여기네	曠然齊彭殤
빼어난 이는 요절하기 더욱 쉬우니	秀者尤易閼
혜초는 서리를 견디지 못하는 것과 같네	如蕙不能霜
슬프구나, 그대의 어린 딸	傷哉爾幼女
귀엽고 아직 나이도 적었네	婉婉口猶黃
죽었다는 소식 그대는 듣지 못했는데	其死爾不聞
벌써 화강[201]에다 묻었네	倏已藏華岡
혼령은 아득히 멀어졌는데	魂氣邈離絶
바닷가 산은 아득히 푸르구나	海嶽渺蒼蒼
우리에게도 사랑스러운 이이였으니	情鍾在我輩

200 퇴숙(退叔) : 76쪽 주126 참조.

201 화강(華岡) : 작자 집안의 선영(仙塋)이 있는 포천의 화봉산(華峰山)을 말하는 것으로 보인다.

응당 그대 눈에는 피눈물 가득하리 應爾血盈眶
생각해보니 그대는 한창 나이에 念子當盛年
채색 옷 한창 휘황찬란하네 綵服政輝光
아마도 곰 꿈과 뱀 꿈[202]을 꾸어 庶幾熊虺夢
많은 자식들 벼슬자리에 오르리라 侁侁列冠裳
시원스레 마음의 속박을 끊어야하니 蕩然割纏繞
슬픔 막는 데는 이것이 좋은 방법이네 塞悲此法良
바라건대 옛날의 동문오[203]를 배워 願學古東門
인지상정의 얽매임에서 초탈하게나 超脫情累常
새끼 잃고 창자 끊어진 원숭이가 勿視斷腸猿
홀로 날뛰며 방황하던 일 본받지 말게나[204] 自擲以彷徨

202 곰……꿈 : 자식을 낳는 꿈을 꾼다는 의미이다. 《시경》 〈사간(斯干)〉에 "대인이 점을 치니, 곰 꿈은 남자를 낳을 상서이고, 뱀 꿈은 여자를 낳을 상서이다.〔大人占之, 維熊維羆, 男子之祥, 維虺維蛇, 女子之祥.〕"라고 하였다.

203 동문오(東門吳) : 춘추 시대 위(魏)나라 사람으로, 그의 자식이 죽었는데도 슬퍼하지 않으므로, 그의 가신(家臣)이 묻기를 "공(公)은 천하에 둘도 없이 자식을 사랑했는데, 지금 자식이 죽었음에도 근심하지 않는 것은 무슨 까닭입니까?" 하니, 동문오가 대답하기를 "나는 항상 자식이 없었기에 자식이 없을 때는 근심하지 않았는데, 지금 자식이 죽었으니 이는 곧 지난번 자식이 없을 때와 똑같은 것인데 내가 왜 근심하겠는가."고 했다는 고사에서 온 말이다. 《列子 力命》

204 새끼……말게나 : 진(晉)나라 환온(桓溫)이 군사를 거느리고 장강(長江)을 거슬러 올라가 촉(蜀)의 이세(李勢)를 공격할 당시, 삼협(三峽)에 이르렀을 때 어떤 군사가 원숭이 새끼 한 마리를 잡았다. 그 어미가 슬피 울며 강기슭으로 백여 리를 따라오다가 배 위로 뛰어올라 와서는 그만 죽고 말았는데, 배를 갈라 보니 창자가 마디마디 끊겨져 있었다 한다. 《世說新語 黜免》

또 차운하여 회포를 부치다

又次韻寄懷

양자의 집에는 풀이 무성하였고[205]	草蘙揚子宅
적공의 문 앞에는 참새 그물 펼쳤네[206]	羅設翟公門
친척들 오랫동안 왕래 없었으니	親懿久乖曠
저 화수의 동산[207]에 감개하네	感彼花樹園
봄빛에 온갖 초목 피어나	陽景滋百卉

205 양자(揚子)의……무성하였고 : 양자는 서한(西漢)의 문장가 양웅(揚雄)을 말한다. 양웅이 그의 5대조(代祖)인 양계(揚季) 때부터 자신에 이르기까지 민산(岷山) 남쪽 비현(郫縣)으로 이주하여 전답 한 뙈기와 집 한 채로 근근이 생업을 꾸리며 살았던 데서 유래한 말로, 빈한한 문사(文士)의 생활을 뜻한다. 《漢書 卷87 揚雄傳》

206 적공(翟公)의……펼쳤네 : 찾아오는 사람이 없어 집안이 썰렁함을 뜻한다. 한(漢)나라 적공(翟公)이 정위(廷尉)로 있을 때는 빈객이 문에 가득하더니 관직에서 축출되자 문밖에 참새 그물을 펼 만큼 썰렁하였는데, 그 후 그가 다시 정위가 됨에 사람들이 몰려들었다. 이에 적공이 문에 큰 글씨로 적기를, "한 번 죽고 한 번 삶에서 벗의 우정을 알 수 있고 한 번 빈한하고 한 번 부유함에서 벗의 태도를 알 수 있고 한 번 귀하고 한 번 천함에서 벗의 우정이 드러난다." 하였다. 《史記 卷120 汲鄭列傳》

207 화수(花樹)의 동산 : 화수는 종족(宗族)의 모임을 말한다. 당(唐)나라 때 위씨(韋氏) 일가들은 종회법(宗會法)이 있어 원근의 친족들이 자주 한 자리에 모여서 골육(骨肉)의 정을 도탑게 하였는데, 잠삼(岑參)의 〈위원외화수가(韋員外花樹歌)〉 시에 "그대의 집 형제들 당할 수 없으니, 여러 경상(卿相)과 어사와 상서랑이 즐비하네. 조회에서 돌아와서는 늘 꽃나무 아래 모이니, 꽃이 옥 항아리에 떨어져 봄 술이 향기롭네.〔君家兄弟不可當, 列卿御使尙書郞, 朝回花底恒會客, 花撲玉缸春酒香.〕" 하여 이 사실을 읊었다. 이후로 종족의 모임을 '화수회(花樹會)'라고 칭하게 되었다.

무성하게 우리 울타리에 가득하네	蘼蘼盈我藩
고개 들어 동쪽 바다 바라보니	矯然望東海
이별의 근심 날마다 짙어지네	離憂日繽繁
봄풀은 초록빛으로 무성한데	春草萋以綠
언제나 왕손이 돌아오려나[208]	幾時歸王孫
나는 속세를 떠나 은둔하리니	我欲超輕擧
상평처럼 자식 혼인 기다릴 필요 없네[209]	不待尙平婚
강릉은 빼어난 기운 모인 땅이고	臨瀛靈秀會
풍속까지 순박하다고 들었네	況聞風謠惇
어찌 무릉촌으로 삼을만한	豈無一隩區
그윽한 곳이 없으랴[210]	可作武陵村

208 봄풀은……돌아오려나 : 《초사(楚辭)》의 초은사(招隱士)에 "왕손은 유람 길 떠나셔서 아직도 아니 오시는데, 봄풀은 싹이 돋아 어느새 무성해졌구나.〔王孫遊兮不歸, 春草生兮萋萋.〕"라는 명구(名句)가 있으므로 이렇게 표현한 것이다.

209 상평(尙平)처럼……없네 : 자식의 혼사를 기다릴 것 없이 유람을 떠나고 싶다는 뜻이다. 상평은 후한(後漢) 때의 은사로 자가 자평(子平)인 상장(尙長)을 말하는데, 상장은 벼슬하지 않고 은거하면서 《노자》와 《주역》에 정통하였고, 늙어서 자녀들의 남혼여가(男婚女嫁)를 마치고 나서는 집안 일을 전혀 관여하지 않고 오악(五嶽)의 명산들을 두루 유람하였던 고사가 있다. 《後漢書 卷八十四》

210 어찌……없으랴 : 무릉촌은 무릉도원을 의미하는데, 본문에서는 강릉을 비유한 말이다. 무릉도원은 옛날 선경(仙境)의 이름으로, 도잠(陶潛)의 〈도화원기(桃花源記)〉에 나온다. 동진(東晉) 태원(太元) 연간에 무릉의 한 어부가 시내를 따라 한없이 올라가다가 갑자기 도화림(桃花林)이 찬란한 선경을 만났는데 그곳에는 선대(先代)에 진(秦)나라 때의 난리를 피해 처자(妻子)를 거느리고 들어와 대대로 살고 있는 사람들이 있었다. 어부는 그들로부터 극진한 대접을 받고, 수일 후에 그곳을 떠났는데 다시 배를 얻어 타고 수일 전에 갔던 길을 되돌아왔으나 그 후로는 다시 그 도화림을 찾을

그대와 천추토록 살면서 與爾仕千秋

세상의 변화를 모르고 싶네 不識世亨屯

수 없었다고 한다.《陶淵明集 卷六》

서산으로 가는 사인 조자직[211]과 이별하며 7월

奉別趙舍人子直赴瑞山 七月

하동[212] 깊은 곳 푸른 넝쿨 뒤덮인 곳에	霞洞深深鎖碧蘿
성군에게 선발된 옛 관각(館閣)의 관리있네	聖君選吏舊鑾坡
산림에서는 도리어 삼도몽[213]을 꾸었고	林關却有三刀夢
충청 고을에서는 자주 〈오고가〉[214] 노래하리	湖郡頻騰五袴歌

재주 굽혀 자질구레한 일 하지만 그래도 재주를 펼 수 있고

211 조자직(趙子直) : 조상우(趙相愚, 1640~1718)를 말한다. 본관은 풍양(豐壤), 호는 동강(東岡)이며, 자직은 그의 자이다. 1693년 (숙종19) 7월에 좌천되어 서산 군수(瑞山郡守)로 나갔다.

212 하동(霞洞) : 자하동(紫霞洞)의 준말로, 신선이 사는 곳을 뜻한다.

213 삼도몽(三刀夢) : 지방관으로 나감을 뜻한다. 진(晉)나라 때 왕준(王濬)이 어느 날, 칼 석 자루가 들보 위에 걸려 있고 또 잠시 후에 칼 한 자루가 더해지는 꿈을 꾸었다. 매우 불길하게 여겼는데 이의(李毅)가 축하하면서 해몽하기를, 칼 석 자루〔三刀〕는 '주(州)' 자를 의미하고 한 자루가 더해진 것은 '익(益)' 자를 의미하니 익주 자사(益州刺史)가 될 것이라고 하였다. 과연 얼마 후에 왕준이 익주 자사가 되었다. 《晉書 卷42 王濬列傳》

214 오고가(五袴歌) : 선정(善政)을 찬미하는 백성의 노래라는 말이다. 오고는 다섯 벌의 바지라는 뜻이다. 동한(東漢)의 염범(廉范)이 촉군 태수(蜀郡太守)로 부임하여, 금화(禁火)와 야간 통행금지 등 옛 법규를 개혁하며 선정을 펼치자, 백성들이 "우리 염숙도여 왜 이리 늦게 오셨는가. 불을 금하지 않으시어 백성이 편하게 되었나니, 평생에 저고리 하나도 없다가 지금은 바지가 다섯 벌이라네.〔廉叔度, 來何暮, 不禁火, 民安作, 平生無襦今五袴.〕"라는 찬가를 지어 불렀다고 한다. 숙도(叔度)는 염범의 자(字)이다. 《後漢書 卷31 廉范列傳》

	才枉米鹽猶展試
땅에는 연장[215] 없어 한가로이 지낼 만하네	地無煙瘴可婆娑
양수[216] 찾아오는 사람 적어 견디지 못하겠으니	不堪瀼水經過少
가을 맞아 이별하는 마음 점점 어떠하겠는가	別意臨秋轉若何

'전시(展試)'는 어떤 본에는 '지극(枳棘)'으로 되어 있다. '재왕(才枉)'한 구절은 다른 본에는 '서쪽으로는 가을 정취가 광활한 바다 휘감고, 동쪽으로는 저녁구름이 봉성을 잔뜩 가리네.〔秋色西環鯨海闊, 暮雲東隔鳳城多〕'라고 하였다.

215 연장(煙瘴) : 깊은 산속에서 증발하는 습기와 안개의 독기(毒氣)로 인하여 온습(溫濕)한 지역에서 생기는 장병(瘴病)을 이른다.

216 양수(瀼水) : 두보(杜甫, 712~770)가 기주(夔州)에 있을 때 살았던 곳으로, 고향을 뜻한다. 두보는 사천성 기주에 있는 양수의 산천을 좋아하여 그곳의 동쪽과 서쪽으로 세 번이나 거처를 옮겨 가며 살았다고 한다.《杜甫全詩集 自瀼西荊扉且移居東屯茅屋四首》

부질없이 왕원미[217]의 한거잡회 시에 차운하다 2수

漫次王元美閒居襍懷 二首

텅 빈 누각에서 옷자락 헤치자 생각 아득한데	虛閣披襟思渺然
큰 강의 구름 그림자 술동이 앞에 떨어지네	大江雲影落尊前
못의 용은 고요히 깊은 곳에 칩거해 있고	潭龍寂寞深中蟄
모래톱의 갈매기는 서성거리다 따뜻한 곳에 잠들었네	洲鴈遲徊暖處眠
발길 닿는대로 유유히 떠돌며 절경을 생각하고	散跡浮遊思絕境
오래도록 쓸쓸한 심정에 여생이 두렵네	長懷寥落怕殘年
날마다 어부와 나무꾼을 불러 벗으로 삼으니	招呼日對漁樵伴
누가 술을 싣고 초현으로 찾아올까[218]	載酒何人問草玄

밤늦도록 앉아 있으니 경물이 처량한데	雲物凄清坐夜闌
달에서 들려오는 피리 소리 환이[219]를 만난 듯	月中聞笛似逢桓
산 그림자 수면에 거꾸로 비쳐 점점 움직이고	峰陰倒水依依轉

217 왕원미(王元美) : 명(明)나라 때의 문인 왕세정(王世貞, 1526~1590)으로, 자는 원미, 호는 봉주(鳳州)이다. 시문에 능하여 이반룡(李攀龍)과 함께 이왕(李王)으로 병칭된다.

218 누가……찾아올까 : 30쪽 주13 참조.

219 환이(桓伊) : 진(晉)나라 사람으로 피리를 잘 불었는데, 그가 청계(淸溪)를 지날 적에 서로 알지 못하던 왕휘지(王徽之)가 사람을 시켜 그에게 피리 한 곡(曲)을 불어 달라고 요청하자, 문득 수레에서 내려 호상(胡牀)에 걸터앉아 세 곡조를 연달아 불어 주고 갔다고 한다. 《晉書 卷81 桓宣列傳》

들판은 마을을 에워싸 곳곳마다 넓네　野色圍村面面寬
한 골짜기에 그저 도홍경[220]처럼 은거하고　一壑聊成弘景隱
십년 전에 만용의 관직[221] 지냈었다네　十年曾過曼容官
한가로이 지내며 스스로 바쁜 일 끊고　閒居自絶營營事
잠에서 깨니 해가 처마 위로 몇 길이나 높이 떴네　睡起簷曦上數竿

220 도홍경(陶弘景) : 남조(南朝) 양(梁)나라 학자로, 유・불・도 삼교(三敎)에 능통했으며, 양나라 무제(武帝)의 신임이 두터웠다. 뒤에 구곡산(句曲山)에 숨어 '화양은거(華陽隱居)'라 자호하였고, 85세에 병도 없이 죽었는데 혹 신선이 되어 갔다고 전한다. 《南史 卷76 隱逸下》

221 만용(曼容)의 관직 : 높지 않은 벼슬자리를 말한다. 만용은 한(漢)나라 애제(哀帝) 때의 고사(高士)인 병단(邴丹)의 자(字)이다. 병단은 항상 뜻을 기르고 덕을 닦는 것에 치중하여 벼슬살이를 할 때에 600섬 이상의 자리에는 결코 있으려 하지 않았으며, 왕망(王莽)이 집권하자 곧바로 사직하고 고향으로 내려갔으므로, 그 청렴한 명망이 그의 숙부인 병한(邴漢)보다 더 높았다고 한다. 《漢書 卷72 王貢兩龔鮑傳》

용강 현령으로 부임하는 조 성랑[222] 덕이 대수 와 이별하며
別趙省郎德而 大壽 之任龍岡

내채와 반여가 화려하게 빛나고[223]	萊綵潘輿煒有華
너울거리는 신발 그림자[224] 변방을 비추네	翩翩舃影映關河
고을이 현이라 불리지만 이름난 도회지와 같고	地雖稱縣名都似
인물은 관각에 오르기 합당한데[225]어찌 수령되었나	人合登瀛外吏何
성루는 푸른 바다 마주하여 아득하고	城壘自臨滄海迥
대동강에 근접해 바람과 안개 많으리	風煙近接浿江多
정향에 유배된 사람[226] 위로하려 내 말을 전하니	定鄉慰謫傳吾語

222 조 성랑(趙省郎) : 조대수(趙大壽, 1655~1721)를 말한다. 본관은 풍양(豐壤), 호는 지와(止窩), 덕이는 그의 자이다. 조대수가 1693년에 용강 현령으로 부임하였는데, '성랑(省郎)'이라고 한 것은 그가 이전에 예조 좌랑을 역임하였기 때문이다.

223 내채(萊綵)와……빛나고 : 조대수가 모친을 모시고 수령으로 부임했다는 뜻이다. 내채는 노래자(老萊子)가 입은 색동옷으로, 노래자가 나이 70에 부모님을 즐겁게 해 드리기 위해 항상 오색의 채색옷을 입고 어린아이처럼 춤을 추었다. 《初學記 卷17 孝子傳》 반여(潘輿)는 반악(潘岳)의 수레라는 뜻인데, 반악이 지은 〈한거부(閑居賦)〉에 "대부인(大夫人)이 수레를 타고 멀리 나가 왕도(王都)를 유람하고 가까이 집 주변의 동산을 두루 노닌다."라고 하여 고을 수령으로 모친을 봉양한다는 의미이다.

224 신발 그림자 : 원문은 '석영(舃影)'으로 지방 수령을 의미한다. 54쪽 주58 참조.

225 관각에 오르기 합당한데 : 원문의 '등영(登瀛)'은 등영주(登瀛洲)의 준말로, 선비가 영예를 얻는 것을 신선이 산다는 전설상의 산인 영주에 오르는 것에다 비긴 것이다. 당 태종(唐太宗)이 태자로 있을 때 방현령(房玄齡)과 두여회(杜如晦) 등 18인을 학사(學士)로 삼아 정사를 자문하자, 사람들이 그들을 부러워하여 '영주에 올랐다'고 말했다 한다. 《新唐書 卷102 褚亮列傳》

〈뇌수〉[227] 읊지 말고 병조리 잘하게　莫賦牢愁好養痾

'자(自)'가 어떤 본에는 '좌(左)'로 되어 있다.

오랫동안 낭관에 머물러[228] 촌초의 마음[229] 깊었는데　寸草情深潛漢郎
원님 되어 서쪽으로 나가 용강에 눕게 되었네　一麾西出臥龍岡
가난한 백성도 태반이 주머니에 돈 넘쳐나고　貧民太半千錢橐
작은 잔치자리에 늘상 열 무리 기생이 있으리　小宴尋常十隊粧
눈 쌓인 길은 저 멀리 용만(龍灣)[230]과 이어지고　積雪路連灣塞遠
저물녘 하늘의 구름은 멀리 봉성[231]을 가로막았네　暮雲天隔鳳城長

226 정향(定鄉)에 유배된 사람 : 정향은 정혜원(定惠院)으로, 호북성 황주(黃州)에 있는 절 이름인데, 송나라 소식(蘇軾)이 황주로 쫓겨나서 우거하던 곳이다. 본문에서는 용강현령으로 나가는 조대수를 황주로 쫓겨난 소동파에 비유하였다.

227 뇌수(牢愁) : 반뇌수(畔牢愁)를 말한다. 반뇌수는 한나라 양웅(揚雄)이 《초사(楚辭)》의 시체(詩體)를 본떠 지은 명작의 이름으로, 이별한 뒤에 시름에 잠긴 채 무료해서 지은 시라는 뜻이다.

228 오랫동안 낭관에 머물러 : 원문은 '잠한랑(潛漢郎)'으로, 불운하여 오래도록 낮은 벼슬에 머물러 있는 것을 말한다. 한(漢)나라 안사(顏駟)는 문제(文帝) 때 말직인 낭관이 되었으나 늙어 백발이 되도록 승진하지 못하였다. 어느 날 무제(武帝)가 그를 발견하고, "노인은 언제 낭관이 되었는가? 왜 그리도 늙었는가?" 하니, "신은 문제 때 낭관이 되었으나, 문제께서는 문(文)을 좋아하셨는데 신은 무(武)를 좋아했으며, 경제(景帝)께서는 잘생긴 사람을 좋아하셨는데 신은 모양이 추하였으며, 폐하께서는 젊은이를 좋아하시는데 신은 이미 늙었습니다. 그 때문에 삼대가 지나도록 지우(知遇)를 입지 못하였습니다." 하였다. 《古今事文類聚 前集 卷44 顏駟不遇》

229 촌초(寸草)의 마음 : 34쪽 주16 참조.

230 용만(龍灣) : 평안도 의주(義州)의 옛 이름이다.

231 봉성(鳳城) : '단봉성(丹鳳城)'의 줄임말로, 대궐을 가리킨다.

응당 백마강 가에 있는 집에서는	唯應白馬江邊宅
물고기와 새 아련하고 길은 황폐해지리	魚鳥依依逕欲荒

얼음을 깨고 물고기를 잡으며 치도[232]의 시에 차운하다
打氷網魚 次致度韻

얼음 복판에 그물 던지고 나무망치로 두들기며 소리치니	網張氷腹木椎號
특별한 재주 있는 어부는 배를 쓰지 않네	特技漁人不用舠
물고기 건져 올리니 대부분 펄떡펄떡	收取玉鱗多潑潑
소가는 때를 기다린 술이 있어 기뻐하였네[233]	蘇家喜有待時醪
호산에서 눈을 맞으니 갑절이나 상쾌한데	逢雪湖山倍覺清
큰 강에는 얼음 얼어 뱃길 끊어졌네	大江氷合斷舟行
온 고을은 이제부터 위기 끝났으니	一村自此危機盡
땅에 가득한 풍파를 발로 밟고 서 있네	滿地風波脚踏平

232 치도(致度) : 45쪽 주41 참조.

233 소가(蘇家)는……기뻐하였네 : '소가'는 송나라 소식(蘇軾)을 말한다. 소식의 〈후적벽부(後赤壁賦)〉에 "당신이 언제 찾을지 몰라서 내가 말 술을 감춰 둔 지 오래이다.〔我有斗酒, 藏之久矣, 以待子不時之需.〕"라고 말한 아내의 말이 나온다. 《古文眞寶後集 卷8》

강에서 우연히 절구 한 수를 지어 아이들에게 보여 경계로 삼다. 이는 한 때에 우연히 한 말이 아니다

江居 偶書一絶 示兒輩爲戒 此非一時偶發之言

배를 타고 강가에서 놀아서는 안 되니	操舟愼莫戲江間
지척 사이도 늘 염여[234]처럼 보아야 하네	咫尺常須灩澦看
세상의 풍파는 곳곳마다 존재하니	世上風波隨處在
일생동안 위험을 무릅쓰다가 다시 편안함을 구하네	一生臨履更求安

234 염여(灩澦) : 염예퇴(灩澦堆)를 말한다. 사천성(四川省) 봉절현(奉節縣) 서남쪽으로 양자강(揚子江) 구당협(瞿塘峽)의 어귀에 큰 암석이 우뚝 서 있는 곳을 염예퇴(灩澦堆)라 이르는데, 이 부근은 본래 격류가 극심하여 배가 다니기 매우 어려운 곳으로 유명하다.

나중보[235] 석좌 의 모친에 대한 만사 갑술년(1694, 숙종20)

羅仲輔 碩佐 母夫人挽 甲戌

옛적 동쪽 고을 축수하는 자리에 참석했으니 記曾東縣預稱觴

명문가에서 만년의 복 번창하여 늘 부러워했지 每艷高門晩祉昌

한 시대에 강학하던 가학 전해질 것이고[236] 一世宜傳紗幔業

팔순 나이에 늘 빛나는 채의[237]를 보셨네 八旬常覩綵衣光

이름난 공경[238]이 가르쳐 부인의 법도 성대하고 名卿訓啓柔儀盛

훌륭한 목사[239]의 명성은 엄숙한 집안 다스림에 바탕하였네

賢牧聲資梱治莊

지금에 해 기운들[240] 다시 무엇이 또 한스러우랴만 離昃今來奚復憾

235 나중보(羅仲輔) : 나석좌(羅碩佐, 1652~1698)를 말한다. 본관은 안정(安定), 자는 중보(仲輔), 호는 상우당(尙友堂)이다.

236 강학하던……것이고 : 부견(苻堅)의 태상(太常)인 위영(韋逞)의 모친 송씨(宋氏)가 《주관(周官)》에 밝아 그 집에 강당(講堂)을 세우고 '붉은 비단 장막〔絳紗幔〕' 너머로 생원(生員)들에게 전수한 고사에서 온 말이다. 곧 나석좌 모친의 박학함이 아들인 나석좌에게 전해졌다는 의미이다. 《晉書 卷96 列女傳 韋逞母宋氏列傳》

237 채의(綵衣) : 116쪽 주223 참조.

238 이름난 공경(名卿) : 예조 판서를 지낸 부인의 친정아버지 김남중(金南重)을 말한다.

239 훌륭한 목사(牧使) : 부인의 남편인 해주 목사(海州牧使) 나성두(羅星斗)를 말한다.

240 해 기운들 : 죽음을 뜻하는 말이다. 《주역》〈이괘(離卦) 구삼(九三)〉에 "기운 해가 걸려 있음이니, 질장구를 두드리며 노래하지 않으면 대질을 탄식하는 것이니 흉하리라.〔日昃之離, 不鼓缶而歌則大耋之嗟, 凶.〕"라고 하였다.

글 지으며 이련[241]을 위하여 몹시 슬퍼하네　　　緘辭悲爲二連長

241 이련(二連) : 중국 고대에 효성으로 이름난 형제인 소련(小連)과 대련(大連)을 이른다. 《예기》 〈잡기 하(雜記下)〉에 "소련과 대련이 거상(居喪)을 잘하여 3일을 태만하지 않았으며 3개월을 게으르지 않았으며 1년을 슬퍼하였으며 3년을 근심하였으니, 동이(東夷)의 자식이다.〔少連大連, 善居喪, 三日不怠, 三月不解, 期悲哀, 三年憂, 東夷之子也.〕"라고 보인다.

학성[242]으로 부임하는 승지 이진오[243]를 전송하며

送李承旨進吾赴鶴城

번화하고 웅장한 고을 큰 고개 모퉁이에 있는데	雄府槃槃大嶺隅
봄바람 불 때 오마[244]타고 부임길을 나서네	春風五馬啓征途
허공 비치는 바다의 신선 섬은 현포[245]인가 의아하고	涵空仙島疑玄圃
바다에 접한 이름난 모래톱은 흡사 감호[246]인 듯	接海名洲似鑑湖
좋은 고을 배회하니 두터운 은혜인 줄 알 터이고	善地徊翔知厚渥
노년에 휴식을 취하는 것도 좋은 계책이지	暮年休偃亦良圖
지금 생각하면 온통 꿈과 같으니	秖今感憶渾如夢
예전 친구 응당 태반은 없겠지	舊識唯應半有無

242 학성(鶴城) : 안변(安邊)의 고호(古號)이다.

243 이진오(李進吾) : 이돈(李墪, 1642~1713)을 말한다. 본관은 전주(全州), 호는 문천(文泉)이며, 진오(進吾)는 그의 자이다. 학성은 안변(安邊)의 옛 이름으로, 이 때(1694, 숙종20)에 이돈이 안변 부사(安邊府使)로 나갔다.

244 오마(五馬) : 지방 수령을 이르는 말로, 한(漢)나라 때 태수(太守)가 다섯 필의 말을 탔던 고사에서 유래하였다. 두보(杜甫)의 시에 "인생 중에 고귀한 다섯 필 말의 신분이 되었으니, 부디 백발에 침노당하지 마시오.〔人生五馬貴, 莫受二毛侵.〕"라는 구절이 보인다. 《杜少陵詩集 卷6 送賈閣老出汝州》

245 현포(玄圃) : 전설 속에 나오는 곤륜산(崑崙山) 꼭대기에 있다고 하는 신선이 사는 곳인데, 그 속에는 기화요초와 기석(奇石)이 있다고 한다.

246 감호(鑑湖) : 회계산(會稽山) 근처에 있는 호수의 이름으로, 일명 경호(鏡湖)라고도 한다. 당 현종(唐玄宗) 때에 비서감(秘書監) 하지장(賀知章)이 경호의 도사(道士)로 나가게 해 줄 것을 청하자, 현종이 특명으로 경호의 한 굽이를 하사해 준 고사가 있다. 《新唐書 卷196 隱逸列傳 賀知章》

이동보[247] 군 형제가 태부인을 모시고 축수하는 자리를 마련하고 또 외조모 이 우상[248] 서화공의 부인을 자리에 함께 모셨기에 시를 부쳐 축하하다

李君同甫兄弟　奉太夫人設壽席　又奉其外王母李右相西華公夫人同筵奉寄賀之

남극성[249] 밝고 태양은 빛을 멈추었는데	南極星明日駐光
훤위[250]에 봄빛 가득한데 축수하는 자리 열렸네	萱闈春滿祝釐觴
마을 선비들 아름다움 읊어 시가 곡조를 이루고	里紳述美詩成曲
뜰의 자제들 나란히 빛나 줄지어 춤을 추네	庭玉聯輝舞作行
춘수[251]는 한창 천년의 빛을 머금었고	椿樹政含千歲色
영지(靈芝)는 응당 온 잔치자리에 향기 바치리라	瑞芝應薦一筵香
더구나 집안에서 인간세상의 성사를 보니	門闌況覩人間盛

247 이동보(李同甫) : 43쪽 주38 참조.

248 이 우상(李右相) : 이행원(李行遠, 1592~1648)을 말한다. 본관은 전의(全義), 자는 사치(士致)이며, 그의 호가 서화이다.

249 남극성(南極星) : 88쪽 주163 참조.

250 훤위(萱闈) : 훤당(萱堂)과 같은 말로, 모친의 거처를 뜻한다. 북당(北堂)이라고도 한다. 《시경》 〈백혜(伯兮)〉의 "어떡하면 훤초를 얻어서 북당에 심어 볼까. 떠난 사람 생각에 내 마음만 병드누나.〔焉得萱草, 言樹之背. 願言思伯, 使我心痗.〕"라는 말에서 나온 것이다.

251 춘수(椿樹) : 참죽나무로 장수를 상징한다. 《장자》 〈소요유(逍遙遊)〉에 "상고(上古)에 대춘(大椿)이라는 나무가 있었는데, 이 나무는 팔천 세(歲)를 봄으로 삼고 팔천 세를 가을로 삼는다."라는 말이 있다.

백발의 노인이 북당의 높은 곳에 앉아 있네　　　鶴髮高堂有北堂

강릉 관아에서 선달 그믐날에 택당[252]의 시에 차운하여 지은 시 2수와 갑술년(1694, 숙종20) 설날 아침에 감회를 읊은 율시 1수를 보내오셨기에 드디어 삼가 차운하다

自江陵衙下 示除夕次澤堂韻二首 甲戌元朝感懷一律 遂敬次

화려한 집에 촛불을 밝히고 또 음식을 차려　　華堂秉燭更羅羞
남은 밤이 점점 지나감을 함께 안타까워하네　　共惜殘宵冉冉遒
젊은 시절 실컷 즐기던 일 온통 꿈만 같고　　少日縱歡渾似夢
노년에 세월 생각하니 절로 근심 생겨나네　　衰年撫景自生憂
청춘에는 선추[253]의 자루를 움직이려 했건만　　青春欲動璇樞柄
노년에는 물시계 소리에 새삼 놀라네　　白髮偏驚寶漏籌
관동 지역은 아득히 멀어 모이기가 힘드니　　東嶺迢迢團會隔
언제쯤 신선 신발 신고 고향으로 돌아오려나[254]　　幾時仙舃返菟裘

위는 선달그믐을 읊은 시이다.

단사와 지초가 반찬으로 올라오니　　丹砂芝草薦盤羞
회갑의 해가 돌아와 온갖 복이 모였네　　花甲年廻百祿遒

252 택당(澤堂) : 이식(李植, 1584~1647)으로, 본관은 덕수(德水), 자는 여고(汝固)이고, 그의 호가 택당이다.

253 선추(璇樞) : 선기옥형(璿璣玉衡)을 말한다. 아름다운 주옥으로 꾸민 천문 측량기로,《서경(書經)》〈순전(舜典)〉에, "선기옥형으로 살피시어 이로써 칠정(七政)을 가지런히 하시다.〔在璿璣玉衡, 齊七政.〕"라고 하였다.

254 언제쯤……돌아오려나 : 54쪽 주58 참조. 언제쯤 수령 벼슬을 그만두고 고향으로 돌아오겠는가 하는 뜻이다.

젊어서는 당세의 과업 경륜하는 것을 시험했는데	少試經綸當世業
여전히 옛사람처럼 나아가나 물러가나 근심 품었네	猶懷進退古人憂
겸허한 마음으로 이미 상나라 강의 노[255]를 사양하고	沖情已謝商川楫
장수하여 장차 해옥주[256]를 더하리라	遐袠行添海屋籌
이효[257]의 작은 정성에 기쁜 마음 더하니	移孝微忱增喜感
그저 가르침 받들어 기구[258]에 힘쓰기를 기약하네	只期承訓勉箕裘

위는 회갑을 축하한 시이다.

장수하여 겁회를 보기를 늘 빌었는데[259]	椿壽常祈閱劫灰
일찌감치 문성과 괴성 비춘 점성술 징험했네[260]	早徵星命照文魁

255 상나라 강의 노 : 재상 자리를 말한다. 은(殷)나라 고종(高宗)이 부열(傅說)에게 "큰 시내를 건너면 너를 배와 노로 삼고 큰 가뭄을 만나면 너를 장맛비로 삼으리라.〔若濟巨川, 用汝作舟楫, 若歲大旱, 用汝作霖雨.〕" 한 데서 온 말이다. 《書經 說命上》

256 해옥주(海屋籌) : 해옥주첨(海屋籌添)의 준말로, 장수를 기원하는 말이다. 해옥은 바다 위 선인(仙人)이 사는 곳인데, 이곳으로 선학(仙鶴)이 해마다 산가지 하나씩을 물어 온다는 전설에서 유래하였다. 《東坡志林 三老語》

257 이효(移孝) : 효를 옮긴다는 뜻으로, 본문에서는 부친 대신 숙부인 강릉 부사(江陵府使) 서문중(徐文重)에게 효도한다는 뜻이다.

258 기구(箕裘) : 키와 가죽옷이라는 뜻으로 가업을 비유하는 말이다. 《예기》〈학기(學記)〉에 "훌륭한 대장장이의 아들은 아비의 일을 본받아 가죽옷 만드는 것을 익히게 마련이고, 활을 잘 만드는 궁장의 아들은 아비의 일을 본받아 키 만드는 것을 익히게 마련이다.〔良冶之子, 必學爲裘, 良弓之子, 必學爲箕.〕"라고 한 말에서 유래하였다.

259 장수하여……빌었는데 : 장수를 빌었다는 의미이다. 124쪽 주251 참조. 겁회(劫灰)는 겁화(劫火)의 재앙이라는 뜻의 불교 용어이다. 하나의 세계가 끝날 즈음에 겁화가 일어나서 온 세상을 다 불태운다고 하는데, 한 무제(漢武帝) 때 곤명지(昆明池) 밑바닥에서 나온 검은 재에 대하여, 인도 승려 축법란(竺法蘭)이 "바로 그것이 겁화를 당한 재이다."라고 대답한 고사가 전한다. 《高僧傳 卷1 竺法蘭》

땅을 거니는 몸[261]은 또 신선처럼 아득하고　地行身且神仙逈
산악이 신령 내린[262] 갑술년이 지금 돌아왔네　嶽降年今甲戌回
간기[263]가 몸에 있으니 훌륭한 노인에 걸맞고　間氣在躬宜耉俊
지극한 조화가 얼굴빛에 가득해 어린아이와 같네　至和充色似嬰孩
지금부터 백세까지 장수 기원하는 잔 올리는 곳에　從玆百歲稱觴地
희화를 멈추어 재촉 않고 천천히 가게 하고 싶네[264]　願駐羲鞭緩不催

위는 갑술년 새해 아침을 읊은 시이다.

260 일찌감치……징험했네 : 문성(文星)과 괴성(魁星)은 모두 문재(文才)를 주관하는 별로, 작자의 숙부 서문중(徐文重)이 문과(文科)에 장원을 했기 때문에 말한 것이다.

261 땅을 거니는 몸 : 《능엄경(楞嚴經)》에 나오는 신선인 '지행선(地行仙)'으로, 장수하면서 한가하게 사는 노인을 뜻한다.

262 산악이 신령 내린 : 《시경》 대아(大雅) 숭고(崧高)에 "산악에서 신령스러운 기운을 내려 보내, 보후(甫侯)와 신후(申侯)를 태어나게 하였다.〔維嶽降神, 生甫及申.〕"라는 말이 나온다.

263 간기(間氣) : 세상에 드문 영걸이 태어남을 뜻한다. 맹자가 "오백 년 만에 반드시 왕자(王者)가 태어나는데 그 사이에 반드시 세상에 이름난 인물이 있다.〔五百年必有王者興, 其間有名世者.〕" 하였다. 《孟子 公孫丑上》

264 희화(羲和)를……싶네 : 세월이 천천히 흐르게 하고 싶다는 뜻이다. '희화'는 해〔日〕가 탄 수레를 몰고 다니는 인물로, 이백(李白)의 〈장가행(長歌行)〉에, "큰 힘으로 하늘 땅이 돌아가는데 희화의 채찍 멎을 때가 없다네.〔大力運天地, 羲和無停鞭.〕" 하였다.

강계 부사로 부임하는 조자직[265] 영공과 이별하며

別趙令公子直赴江界

자하동[266] 산 속에 춘주[267]를 두고	紫霞山中置春酒
강주[268]로 가는 늙은 도호부사[269]를 송별하네	送別江州老都護
강주는 머나먼 천 리 길이고	江州迢迢一千里
자사는 영예로운 직책이나 수자리 살이와 비슷하네	刺史雖榮似征戍
공은 예전에 경연 자리에서 엄숙한 모습이었고	公昔雍容金華席
높은 관을 쓰고 패옥 울리며 한창 높이 올랐네	峩冠玉佩政高騖
늘그막에 양주의 동산[270]에서 유유자적하다가	晩來偃蹇楊東山
한번 나와서 호해 사이를 떠돌았네[271]	一出政流湖海間

265 조자직(趙子直) : 112쪽 주211 참조.

266 자하동(紫霞洞) : 본래 신선이 사는 곳을 뜻하는데, 조귀명(趙龜命)의 《동계집(東谿集)》 권3 〈자하동지(紫霞洞誌)〉를 참고하면 조상우가 거처하고 죽은 뒤에 그가 묻힌 풍양(豐壤 현재의 경기도 남양주)의 동명(洞名)으로 보인다.

267 춘주(春酒) : 춘추에 대한 설은 여러 가지가 있는데, 일설에는 춘(春) 자체에 술이라는 뜻이 있다는 설도 있고, 일설에는 봄에 빚기 때문에 춘주라고 부른다는 설도 있다. 그러나 대체로 11월이나 섣달에 담아 정월 새봄에 마시므로 춘주라고 한다는 설이 통용되고 있다. 여기서는 조상우가 강계 부사로 부임한 때가 봄이라는 뜻이다.

268 강주(江州) : 조상우의 부임지인 평안도 강계를 말한다.

269 나이든 도호부사(都護府使) : 조상우를 말한다. 강계는 도호부사가 다스리는 지역이기 때문에 말한 것이다.

270 양주(楊州)의 동산(東山) : 동산은 은거지를 의미한다. 진(晉)나라 사안(謝安)이 회계(會稽) 땅 동산에 은거하면서 계속되는 조정의 부름에도 응하지 않고 20여 년 동안 한가로이 지낸 고사가 전한다. 《晉書 卷79 謝安列傳》

하루아침에 변방의 관리로 발탁되어　一朝擢秩爲邊吏
가죽 군복에 검을 차고 변방으로 나가네　杖劍韎韋出塞關
서쪽 변방 관문이 비록 중요하지만　西門鎖鑰雖得重
조정에서 그를 잘못 등용한 것이 아닌가　無乃朝廷枉其用
영만[272]의 사이에 하나의 도회지있으니　嶺灣之間一都會
백성은 성질 사납고 무용(武勇)에 익숙하네　其民獷狭習材勇
변방으로 이어진 산천은 북평[273]과 비슷하고　控塞山川似北平
오랑캐 방비하는 정장[274]은 서롱[275]과 똑같네　備虜亭障同西隴
오랑캐 산의 신령한 풀은 백성에게 옷 입히기 이롭고　胡山靈苗利衣被
온갖 재화는 흐르는 물처럼 서쪽으로 치달리네　千貨西馳如流水
빙벽[276]으로 자신을 지켜 위엄 있으니　氷蘗自將有威風
어찌 변방의 다툼이 나라의 치욕 될까 걱정하랴　豈虞邊釁爲國恥

271 호해 사이를 떠돌았네 : 조상우가 서산 군수(瑞山郡守)와 홍주 목사(洪州牧使) 등의 지방관을 지낸 일을 말한다.

272 영만(嶺灣) : 평안도 적유령(狄踰嶺)과 용만(龍灣 의주(義州))을 말하는 것으로 보인다.

273 북평(北平) : 중국의 북쪽 변경을 말한다.

274 정장(亭障) : 중국 변새(邊塞)의 요해처에 담장을 치고 정각(亭閣)을 설치하여 사람을 두어 지키게 하던 곳을 말한다.

275 서롱(西隴) : 중국의 농서(隴西) 지방으로, 지금의 감숙성(甘肅省) 일대이다

276 빙벽(氷蘗) : 맑은 얼음물을 마시고 쓰디 쓴 소태나무를 씹는다는 뜻으로, 굳게 절조를 지키면서 청백하게 사는 것을 비유할 때 흔히 쓰는 표현이다. 당(唐)나라 백거이(白居易)의 "3년 동안 자사로 있으면서, 맑은 얼음물을 마시고 쓰디쓴 소태를 씹었노라.〔三年爲刺史 飮氷復食蘗〕"라는 시구에서 유래한 것이다.《白樂天詩集 卷1 三年爲刺史》

가벼운 옷에 느슨한 띠[277]로 매일 고아한 노래 부르니 輕裘緩帶日雅歌
침소에는 많은 미인들 늘어섰네 燕寢百隊列翠娥
때때로 기병 불러 크게 사냥을 하면 時呼獵騎大打圍
거친 평원 피로 물들어 온갖 짐승 잡으리 平蕪灑血千禽多
우뚝이 솟은 높은 수항정[278]에서 受降亭高倚崔嵬
옛날의 영토 개척 아득히 상상하리 遠想千古疆宇開
아스라한 바람과 구름은 큰 사막과 접하고 風雲莽蕩接大漠
쓸쓸한 북방의 기운 만 리 밖에서 오네 朔氣蕭蕭萬里來
가서 노력하여 나라의 장성이 되어 行矣努力作長城
우리가 무용(武勇)이 없다는 비난 말끔히 씻어주게 一洗吾曹無武評
멀리 하서의 필 학사[279]를 따르고 遠追河西畢學士
금성의 조 영평[280]에게 부끄럽지 않으리 不愧金城趙營平

277 가벼운……띠 : 진(晉)나라 양호(羊祜)가 정남 대장군(征南大將軍)으로 대군을 거느릴 적에, 갑옷 대신에 가벼운 옷을 입고 허리띠를 느슨하게 하고 다녔으며〔輕裘緩帶〕 시위(侍衛) 군사도 10여 명을 넘지 않았다는 고사가 있다. 《晉書 卷34 羊祜列傳》

278 수항정(受降亭) : 평안도 만포(滿浦)에 있는 정자로, 오랑캐들로부터 항복을 받는다는 뜻으로 이름을 지은 정자이다. 1531년(중종26)에 만포 첨사(滿浦僉使)로 있던 장언량(張彦良)이 세웠다.

279 하서(河西)의 필 학사(畢學士) : 당(唐)나라 때의 한림학사(翰林學士) 필함(畢諴)을 가리킨다. 당나라 선종(宣宗) 때 당항(黨項)이 하서(河西) 지방을 어지럽히자, 필함이 이들을 격파할 계책을 조목조목 진달하였다. 이에 선종이 매우 기뻐하면서 "내가 장차 장수가 될 만한 사람을 뽑으려 하였는데, 염파와 이목(李牧)이 나의 궁중 안에 있었구나. 경은 짐을 위해서 나가라." 하고는, 필함을 빈녕 절도사(邠寧節度使)로 삼은 고사에서 나온 말이다. 《新唐書 卷183 畢諴列傳》

280 금성(金城)의 조 영평(趙營平) : 전한 선제(宣帝) 때의 명장인 조충국(趙充國)을 가리킨다. 그가 영평후(營平侯)에 봉해졌기 때문에 이렇게 칭한 것이다. 서강(西羌)

묘향산의 푸른빛은 가는 말을 비추고	妙香積翠照行驂
머나먼 변방에는 봄빛이 짙으리라	關河渺渺春色深
청컨대 그대는 적유령[281]을 깎아 없애버리고	請君剗却狄踰嶺
다만 땅에 살호림[282]이 있게 하게	但令地有殺胡林
내가 술에 취해 노래지어 출새가[283]를 부르고	我醉作歌歌出塞
별까지 검광 닿는 오구[284]를 그대 위해 풀어주네	吳鉤衝星爲君解
계수나무와 흰 구름뿐인 텅 빈 골짜기에서 근심하니	白雲叢桂愀空谷
누구와 함께 양서[285] 지역에서 살까나	誰與共住瀼西界

인 선령(先零)이 배반하자, 조충국은 금성(金城)에 이르러 적을 격파할 계책을 그림으로 그려 올렸으며 황중(湟中)에 둔전(屯田)을 경영하여 군량을 확보한 결과 선령을 크게 무찔렀다. 《漢書 卷69 趙充國傳》

281 적유령(狄踰嶺) : 평안북도 희천군 동창면과 강계군 화강면 사이에 있는 고개 이름이다.

282 살호림(殺胡林) : 지금의 하북성(河北省) 난성현(欒城縣)의 서북쪽에 있는 지명으로, 당나라 천추태후(千秋太后) 때 이곳에서 돌궐(突厥)을 습격하여 오랑캐를 많이 죽였으므로 이렇게 이름하였다. 《續通典》

283 출새가(出塞歌) : 한 문제(漢武帝) 때 이연년(李延年)이 호곡(胡曲)을 기초로 하여 만든 횡취곡(橫吹曲)의 이름인데, 군중의 음악으로 말 위에서 연주하는 것이라 한다.

284 오구(吳鉤) : 춘추 시대 오(吳)나라에서 생산된 명검(名劍) 이름으로, 전하여 명검을 뜻한다. 여기에서는 이별의 선물이라는 의미인데, 두보(杜甫)의 〈후출새(後出塞)〉에 "소년이 이별할 때 내게 준 것이 있어, 웃음 머금고 오구를 바라보노라.〔少年別有贈, 含笑看吳鉤.〕"라고 한 데서 온 말이다. 《杜少陵詩集 卷4》

285 양서(瀼西) : 113쪽 주216 참조.

연경으로 가는 부제학 오관지[286] 도일 와 이별하며

別吳副學貫之 道一 赴燕

사신 행차 해마다 옥하(玉河)[287]로 달려가는데	冠蓋年年走玉河
지금 사명을 받았으니 가장 자랑할 만하네	即今銜命最堪誇
육괴가 다시 바로잡혀[288] 나라의 경사 칭송하고	六騩重整稱邦慶
사모를 나란히 달려[289] 나라를 빛내는 모습 보리라	四牡齊馳見國華
요동 땅의 지형은 성이 띠를 두른 듯하고	遼塞地形城似帶
삭방은 가을에도 눈이 꽃처럼 날리네	朔垣秋氣雪爲花
홀로 애를 써서[290] 다시 먼 사막 길을 가니	賢勞再踏風沙遠

286 오관지(吳貫之) : 오도일(吳道一, 1645~1703)을 말한다. 본관은 해주(海州), 자는 관지(貫之), 호는 서파(西坡)이다. 1694년(숙종20)에 숙종이 인현왕후를 복위시켜 왕비 책봉의 예를 거행한 사실을 청나라에 알리기 위하여 진주 겸 주청사 사행을 보냈는데, 이때에 오도일이 주청 부사(奏請副使)에 임명되어 청나라에 다녀왔다.

287 옥하(玉河) : 명(明)나라 연경(燕京) 시내에 있었던 하천 이름으로, 일명 '금수하(金水河)'라고도 한다. 참고로 옥하 부근에 명나라에 간 우리나라 사신(使臣)이 머물렀던 옥하관(玉河館)이 있었다. 그 아래에 있는 다리가 옥하교(玉河橋)이다.

288 육괴(六騩)가 다시 바로잡혀 : 인현왕후가 복위된 일을 말한다. '육괴'는 왕비의 수레를 가리키는데,《진서(晉書)》 권19 〈예지 상(禮志上)〉에 "황후는 운모(雲母)를 유화(油畫)한 안거(安車)를 타고 여섯 필의 가리마가 끌었다."라고 하였다.

289 사모(四牡)를 나란히 달려 : 왕명을 받들고 가는 사신을 말한다.〈사모〉는《시경》〈소아(小雅)〉의 편명으로, 그 시에 "네 필의 말이 끝없이 달려가니, 큰길이 구불구불하도다. 어찌 돌아가길 생각지 않으라만, 왕사를 소홀히 할 수 없기에, 내 마음 슬퍼하노라.〔四牡騑騑, 周道倭遲. 豈不懷歸? 王事靡盬, 我心傷悲.〕"라고 한 데서 온 말이다.

290 홀로 애를 써서 : '현로(賢勞)'는 홀로 수고를 도맡아 하는 것을 말한다.《시경(詩

그저 신명이 사신 행차를 보호하기를 바라네　　　　只祝神明護漢槎

經)》〈북산(北山)〉에 "넓은 하늘 아래, 임금의 땅이 아님이 없으며, 땅을 따라 물가에 이르기까지, 왕의 신민이 아님이 없거늘, 대부가 일이 고르지 않아, 나를 현능(賢能)하다 하여 홀로 종사하게 하네.〔溥天之下 莫非王土, 率土之濱, 莫非王臣, 大夫不均, 我從事獨賢.〕"라고 한 데서 유래하였다.

김 종성[291] 적곡 어른에 대한 만사 8월

金鍾城赤谷丈挽 八月

공은 타고난 글 솜씨로 빛나는 글을 이루어	公文天畀炳成章
절반은 산수를, 절반은 순상[292]을 꾸몄네	半餙湖山半舜裳
백옥 같은 모습이 사람을 비추어 봉황의 깃털을 보는듯하였고	白玉照人瞻鳳羽
벼슬길은 온통 구절양장이었네	靑雲滿地有羊腸
노년의 청복은 정수와 같았고[293]	暮年淸福同廷秀
한밤의 슬픈 노래는 몽양과 같았네[294]	中夜悲歌似夢陽

291 김 종성(金鍾城) : 73쪽 주119 참조.

292 순상(舜裳) : 훌륭한 임금의 정치를 말한다. 《주역》〈계사전 하(繫辭傳下)〉에 "황제와 요와 순이 의상을 늘어뜨리고 있으매 천하가 다스려졌다.〔黃帝堯舜垂衣裳而天下治〕" 하였다.

293 노년의……같았고 : 청복(淸福)은 권력이나 재물에 얽매이지 않고 스스로 처한 환경에 만족하며 유유히 살아가는 것을 가리키는데, 주로 벼슬에서 물러나 초야에 은거할 수 있는 행운을 말한다. 정수(廷秀)는 남송(南宋)의 시인 양만리(楊萬里, 1127~1206)의 자이다. 양만리에 대해 "70세도 안 되어 벼슬에서 물러나 남계(南溪) 가로 와서 쉬었는데, 겨우 비바람을 가릴 수 있는 낡은 집 한 채 뿐이었다.……총명하고 강건하게 16년 동안 청한(淸閑)한 복을 누렸다.〔年未七十, 退休南溪之上, 老屋一區, 僅庇風雨……聰明强健, 享淸閑之福十有六年.〕"라는 말이 전한다. 《鶴林玉露 卷14》

294 한밤의……같았네 : 임금을 잊지 못하는 시를 지었다는 뜻이다. 몽양(夢陽)은 명나라 시인인 이몽양(李夢陽)을 말한다. 명 효종(明孝宗)이 이몽양을 총애하여 간신들의 공격으로부터 보호해 주며 "너희들이 몽양을 쳐 죽이려 한다마는, 내가 어찌 곧은 신하를 죽여 너희들의 마음을 쾌하게 하겠는가." 하였다. 이에 이몽양이 "쫓겨난 10년

교재[295]가 하루아침에 함께 죽었다는 소식에 놀랐으니 喬梓一朝驚並隕
두 빈소가 화려한 집에 설치됨을 차마 볼 수 있으랴 忍看雙繐掩華堂

십년 동안 양곡에서 모시고 어울렸으니 十年楊谷奉周旋
공과 호옹[296]은 모두 인간세상의 신선이었지 公與壺翁並地仙
담소하는 가운데 시문이 넘쳐났고 篇翰淋漓談笑裏
술자리 앞에서 풍류가 빛났지 風流照暎几觴前
종묘에 영호[297]가 울리기를 여전히 기약하였고 尙期淸廟登韺濩
영광전처럼 상전벽해 겪기를[298] 축원하였네 方祝靈光閱海田

세월 양원과 비슷하니, 한밤중에 슬프게 노래하며 효종을 위해 우노라.〔十年放逐同梁苑, 中夜悲歌泣孝宗.〕"라고 하였다. 《明史 卷286 文苑列傳2 李夢陽》

295 교재(喬梓) : 부자(父子)를 뜻하는 말이다. 주(周)나라 때 백금(伯禽)이 숙부인 강숙(康叔)과 함께 아버지 주공(周公)을 세 번 찾아뵈었는데 세 번 모두 주공에게 매를 맞았다. 강숙이 놀라서 백금에게 말하기를 "상자(商子)라는 사람이 있는데 현인(賢人)이다. 가서 만나 보자." 하였다. 상자를 만나 그 까닭을 물으니, 상자가 말하기를 "남산(南山) 남쪽에 나무가 있으니, 그 이름이 교(喬)이다. 그대들은 가서 보라." 하였다. 이에 두 사람이 가서 보니 과연 교라는 나무가 높이 서 있었다. 이에 돌아와 상자에게 말하니, 상자가 말하기를 "교는 부도(父道)이다. 남산의 북쪽에 재(梓)라는 나무가 있으니, 그대들은 다시 가서 보라." 하였다. 두 사람이 가서 보니 과연 재라는 나무는 낮게 고개를 숙이고 있었다. 이에 돌아와 상자에게 말하니, 상자가 말하기를 "재는 자도(子道)이다." 하였다. 《尙書大全 卷4》

296 호옹(壺翁) : 남용익(南龍翼)을 말한다. 호가 호곡(壺谷)이기 때문에 '호옹'이라고 한 것이다.

297 영호(韺濩) : '영(韺)'은 육영(六韺)으로, 제곡(帝嚳) 혹은 전욱(顓頊)이 지은 음악이고, '호(濩)'는 은(殷)나라 탕(湯) 임금이 지은 음악이다.

298 영광전(靈光殿)처럼 상전벽해(桑田碧海) 겪기를 : 87쪽 주160 참조.

도도히 흘러가는 물결처럼 모두 세상 떠나니 逝水滔滔淪謝盡
동쪽 하늘 구름과 노을 바라보니 두 줄기 눈물 흐르네 雲霞東望淚雙懸

연경으로 가는 참의 이원백[299] 홍적 어른을 이별하며

奉別李參議遠伯 弘迪 令丈赴燕

자욱한 모래 바람 요동 변방에 이어지는데	風沙渺渺接遼關
공만은 얼굴에 아무런 기색 보이지 않네	公獨幾微不見顏
장쾌한 유람 진실로 노년에 얻게 되었고	壯覽政從衰境得
빠듯한 여정이라 반년 만에 돌아오리	嚴程只費半年還
중원은 누런 먼지 속에 아득하고	中原莽蕩黃塵裏
넓은 사막은 흰 눈 사이로 까마득하리	大漠蒼茫白雪間
부디 밥 잘 먹고 몸을 보호해야 하니	珍重加餐須自護
사행 때문에 흰머리 늘어나면 안 된다네	未應征役鬢添斑

299 이원백(李遠伯) : 이홍적(李弘迪, 1634~1697)을 말한다. 본관은 한산(韓山), 자는 원백, 호는 기암(寄菴)이다. 1695년(숙종21)에 동지 부사로 청나라에 갔다.

조 합천[300] 경망 어른에 대한 만사 을해년(1695, 숙종21)

趙陝川 景望 丈挽 乙亥

죽옹[301]의 명성과 업적 국가의 인물로 칭송되니 竹翁聲業國華稱
공은 어진 손자로 일찍부터 명성이 높았네 公是賢孫夙譽騰
대를 이은 장원급제에는 비록 조금 못 미쳤지만[302] 奕世魁元雖少屈
훌륭한 집안의 고아한 문장은 실로 계승하였네 大家文雅寔彌承
여러 자제는 곡치처럼 모두 빼어난 기상 있고[303] 諸郞鵠峙皆奇氣
여러 고을에서 난새가 깃든 듯[304] 관리의 능력 보였네 數郡鸞棲見吏能
어릴 때부터 뵙고 따르던 일 지금에는 꿈만 같으니 從丱拜趨今似夢
간당[305]에 봄이 돌아오니 감회 견디기 어렵네 磵堂春返感難勝

300 조 합천(趙陝川) : 합천 군수(陝川郡守)를 지낸 조경망(趙景望, 1629~1694)을 말한다. 본관은 임천(林川), 자는 운로(雲老), 호는 기와(寄窩)이다.

301 죽옹(竹翁) : 조경망의 조부 조희일(趙希逸, 1575~1638)을 말하는 것으로 보인다. 본관은 임천(林川), 자는 이숙(怡叔), 호는 죽음(竹陰)이다.

302 대를……미쳤지만 : 조경망의 부친인 조석형(趙錫馨), 조부인 조희일(趙希逸), 증조부인 조원(趙瑗)이 모두 진사시에 1등으로 합격하여 3대에 걸쳐 진사시에서 1등하는 가문이 되었는데, 조경하는 장원으로 합격하지 못했기 때문에 말한 것이다.

303 여러……있고 : 어질고 뛰어난 자제를 말한다. 곡치(鸞峙)는 난곡정치(鸞鵠停峙)의 준말이다. 난곡은 난새와 고니라는 뜻으로, 타인의 자제를 일컫는 미칭(美稱)이다. 한유(韓愈)의 〈전중소감마군묘명(殿中少監馬君墓銘)〉에 "내가 물러 나와 소부를 보건대, 푸른 대와 벽오동에 난새와 고니가 우뚝 멈춰 서 있는 것 같았으니, 그는 부조(父祖)의 업(業)을 제대로 지킬 만한 사람이었다.〔退見少傅 翠竹碧梧 鸞鵠停峙 能守其業者也〕"라는 말이 나온다.

304 난새가 깃든 듯 : 현사(賢士)가 알맞은 지위를 얻었음을 뜻한다. 41쪽 주34 참조.

'굴(屈)'은 어떤 본에는 '질(跌)'로 되어있고, '금(今)'은 어떤 본에는 '혼(渾)'으로 되어 있다.

305 간당(澗堂) : 서울 백악산(白岳山) 기슭에 있던 청간당(聽澗堂)을 말한다. 송준길의 《동춘당집(同春堂集)》 권16에 수록된 〈양정재소기(養正齋小記)〉에 "내가 소명을 받고 조정으로 갔을 때 재랑 조경망이 사돈이었기 때문에 나를 자기 집으로 맞이하여 이른바 청간당에 거처하게 하였다. 청간당은 바로 조경망의 조부 죽음 조희일 어른께서 거처하던 곳이다.〔余承召赴朝, 趙齋郎雲老以婚姻之故, 邀余館置其家, 所謂聽澗堂者, 卽其先王父竹陰丈攸芋.〕"라는 내용이 보인다.

원 양양[306] 성유 씨가 문안 편지를 보내며 말미에 시를 써서 부쳤기에 그에게 부탁받은 이별의 말을 뒤늦게 적다

元襄陽 聖兪 氏書問以詩寄簡尾追塞別語之請

관동의 수령은 모두 절반은 신선인데	東嶺遨頭儘半仙
현산[307]은 더욱 풍류 좋다고 말하네	風流尤說峴山前
백발로 화성[308]에 머문 일 늘 부러웠는데	常憐白髮淹華省
단약으로 노년을 붙잡게 되었으니 또 기쁘네	且喜丹砂駐暮年
설악산의 구름과 노을 채필[309]에 담아내고	雪嶽雲霞供綵筆
넓은 바다의 생학[310]은 목란 배에 다가오리	海天笙鶴近蘭船

306 원 양양(元襄陽) : 원성유(元聖兪, 1640~1713)를 말한다. 자는 명여(命汝)이다. 본관은 원주(原州)이다.

307 현산(峴山) : 진(晉)나라 때 양호(羊祜)가 양양(襄陽)을 다스리면서 항상 인정(仁政)을 베풀었기에 그가 죽자 백성들이 사모하는 마음으로 현산(峴山)에 비석을 세웠는데, 그 비석을 보는 사람들이 모두 눈물을 흘렸다 하여 타루비(墮淚碑)라고 불렀다.《晉書 卷34 羊祜列傳》원성유가 있는 강원도 양양(襄陽)이 중국의 양양(襄陽)과 지명이 동일하기 때문에 말한 것이다.

308 화성(華省) : 금화성(金華省)으로, 예전의 문하성(門下省)을 말하는데, 중앙 관서를 비유한다.

309 채필(綵筆) : 67쪽 주97 참조. 원문의 '운몽(雲夢)'은 한나라 사마상여(司馬相如)의 〈자허부(子虛賦)〉에 "운몽과 같은 것 여덟아홉 개를 한꺼번에 집어삼키듯, 그 흉중이 일찍이 막힘이 없었다.〔呑若雲夢者八九, 於其胸中, 曾不蔕芥.〕"라고 한 데서 유래하였다.

310 생학(笙鶴) : 신선이 타는 학〔仙鶴〕을 의미한다. 원래 '생학'은 생소(笙簫)와 학을 합칭한 말로, 생소 불기를 좋아하던 왕자교(王子喬)가 학을 타고 승천했다는 전설에

가을에는 정녕 이웃 고을 수령되어 갈 터이니	秋來定佩隣符去
이별의 말 지금은 역참 심부름꾼 편에 부치네	別語今憑驛使傳

서 유래하였다. 한(漢)나라 유향(劉向)의 《열선전(列仙傳)》에 의하면, 주(周)나라 영왕(靈王)의 태자 진(晉), 즉 왕자교는 생소를 불어 봉황(鳳凰) 울음소리를 잘 냈는데, 한번은 도사(道士) 부구공(浮丘公)의 초대로 숭고산(嵩高山)에 갔다가 선술(仙術)을 배운 지 30여 년 만에 구지산(緱氏山) 꼭대기에서 백학을 타고 젓대 불며 하늘로 올라가 신선이 되었다고 한다.

북평사 이중강[311]군 건명 과 이별하며

別北評事李君仲剛 健命

금화의 신선 패옥 홍련을 비추니[312]	金華仙珮照紅蓮
고갯길 봄 구름은 넓은 사막과 이어졌네	嶺路春陰大漠連
계책은 응당 변방 군영에서 중시받을 것이고	籌畫應爲邊幕重
위엄은 또 외대[313]의 권한과 비슷하네	威風且似外臺權
하늘 끝 훤초[314] 생각에 집으로 돌아오는 꿈 꾸고	天涯萱草歸庭夢
〈매화곡〉연주 소리[315]에 출새가[316]를 짓네	笛裏梅花出塞篇

311 이중강(李仲剛) : 이건명(李健命, 1663~1722)을 말한다. 본관은 전주(全州), 호는 한포재(寒圃齋) 혹은 제월재(霽月齋)이며, 중강은 그의 자이다.

312 금화(金華)의……비추니 : 조정 관료였던 이건명이 북평사로 나가는 것을 말한다. '금화'는 금화성(金華省)으로, 중앙 관서를 비유한다. '홍련(紅蓮)'은 홍련막(紅蓮幕)으로, 막부(幕府)의 미칭이다.《南史 卷49 庾杲之列傳》

313 외대(外臺) : 각 도의 감사 밑에 있는 도사(都事)의 별칭이다. 외관직(外官職)인 도사의 신분으로 경관직(京官職)인 대관(臺官)의 직임을 수행한다는 뜻으로 붙여진 이름이다.

314 훤초(萱草) : 101쪽 주195 참조.

315 매화곡 연주 소리 : 〈매화곡(梅花曲)〉은 고대의 적곡(笛曲)인 〈낙매화곡(落梅花曲)〉을 말한다. 이백(李白)의 시 〈여사낭중흠청황학루상취적(與史郎中欽聽黃鶴樓上吹笛)〉에 "한 번 유배객이 되어 장사 땅으로 가서, 서쪽으로 장안을 바라봐도 내 집은 안 보이네. 황학루 안에서 옥피리를 불어대니, 강가 성의 오월에 낙매화 곡조로다.〔一爲遷客去長沙, 西望長安不見家. 黃鶴樓中吹玉笛, 江城五月落梅花.〕"라고 하였다.

316 출새가(出塞歌) : 옛날에 종군(從軍)하여 국경으로 나갈 적에 부르던 노래이다. 여기서는 먼 국경 지대인 경성(鏡城)으로 나가게 되었기 때문에 쓴 말이다.

한갓 말에 기대어 짓는 격문[317] 필요 없으니　文藻不須徒倚馬
부디 그대는 성은 갚아 연연산에 비석 세우게[318]　勖君酬報勒燕然

317 말에……격문 : 문장 실력이 뛰어나 글을 민첩하게 짓는 재주를 말한다. 《세설신어(世說新語)》 〈문학(文學)〉에 "환선무(桓宣武)가 북방을 정벌할 때 원호(袁虎)가 시종(侍從)하였는데, 이때 마침 격문(檄文)이 필요하여 원호를 불러다가 말에 기대어 격문을 쓰도록 하니, 원호가 손을 멈추지 않고 써 내려가 일곱 장을 썼는데 매우 볼만하였다."라고 하였다.

318 연연산(燕然山)에 비석 세우게 : 후한 화제(後漢和帝) 1년(89)에 거기장군(車騎將軍) 두헌(竇憲)이 남선우(南單于)와 강호(羌胡)의 군사들을 거느리고 계락산(稽落山)에서 북선우(北單于)와 싸워 크게 승리한 뒤, 그 공적을 기리기 위해 연연산에 비석을 세웠다. 《後漢書 卷23 竇憲列傳》 본문에서는 이건명이 오랑캐를 물리쳐 임금의 은혜에 보답하기를 바란다는 의미이다.

강 정[319] 석규 어른에 대한 만사

姜正 錫圭 丈挽

문장이 영달을 미워한다는 말[320] 정말 허언이 아니니	文憎命達信非虛
하늘이 한가한 틈 빌려주어 글짓기를 좋아하였네	天假優閒好著書
그저 황마[321]의 문장이 세상에 쓰였고	秖得黃麻詞用世
마침 단계[322]의 경사가 집에 가득함을 보네	政看丹桂慶充閭
향산[323]같은 관직은 삼품에 지나지 않았고	香山官秩纔三品

319 강 정(姜正) : 군자감 정(軍資監正)을 지낸 강석규(姜錫圭, 1628~1695)를 말한다. 본관은 진주(晉州), 자는 우보(禹寶), 호는 오아재(贅齖齋)이다.

320 문장이……말 : 두보(杜甫)의 천말회이백(天末懷李白) 시에, "문장은 운명의 통달함을 미워하고, 악귀는 사람이 오는 걸 기뻐하도다.〔文章憎命達, 魑魅喜人過.〕"라고 한 데서 온 말로, 즉 문장지사(文章之士)가 흔히 운명이 기박하여 불우하게 되는 것을 의미한다.

321 황마(黃麻) : 황마지(黃麻紙)로, 옛날에 임금의 조서(詔書)를 베껴 쓸 적에 내사(內事)에는 백마지(白麻紙)를 쓰고 외사(外事)에는 황마지를 썼다. 전하여 임금이 내리는 교서(敎書)를 가리킨다.

322 단계(丹桂) : 붉은 계수나무란 뜻으로, 과거급제를 의미한다. 진 무제(晉武帝) 때 극선(郤詵)이 현량 대책(賢良對策)에서 천하제일로 급제한 후에 "계림의 나뭇가지 하나를 잡고, 곤륜산의 옥돌 한 조각을 손에 쥐었다.〔桂林之一枝, 崑山之片玉.〕"라고 한 고사에서 유래하였다.《晉書 卷52 郤詵列傳》

323 향산(香山) : 당나라 시인 백거이(白居易, 772~846)로, 자는 낙천(樂天)이고, 향산은 그의 자이다. 그는 형부 상서(刑部尙書)로 치사(致仕)하고 난 뒤 향산의 스님 여만(如滿)과 함께 향화사(香火社)를 결성하고 서로 종유하면서 향산거사(香山居士)라 자칭하였고, 만년에는 다른 여덟 원로들과 구로회(九老會)를 결성하여 매양 서로 왕래하면서 풍류를 즐겼다.《舊唐書 卷166 白居易傳》

현안[324]같은 평생은 오거[325]의 책뿐이었네 玄晏生涯有五車
선친과 가깝던 분들 모두 세상 떠나니 先契滔滔淪逝盡
맑은 가을날 만사를 쓰자니 옷깃이 눈물에 흠뻑 젖네 淸秋臨挽倍霑裾

324 현안(玄晏) : 서진(西晉) 때의 유명한 학자 황보밀(皇甫謐)을 말한다. 자는 사안(士安)이고, 현안은 그의 호이다. 조정의 소명(召命)이 수없이 내렸으나 한 번도 벼슬길에 나가지 않았고, 집이 가난하므로 항상 손수 농사를 지으면서 평생 글만 읽어 백가서(百家書)에 다 통했다고 한다. 《晉書 卷五十一》

325 오거(五車) : 오거서(五車書)의 줄임말로, 많은 양의 서적을 뜻한다. 《장자》 〈천하(天下)〉에서 "혜시의 학술은 다방면에 걸쳐 있으며, 읽은 책이 다섯 수레나 된다.〔惠施多方, 其書五車.〕"라고 하였다.

송도에서 엄한빈의 시에 차운하다

松都 次嚴漢賓韻

천년의 패기 서린 곳 잡초만 무성한데	千年霸氣莽榛蕪
울창한 산하만이 옛 도읍지를 감싸고 있네	鬱鬱河山護故都
황폐해진 장수의 누대에서는 동작대를 기억하고[326]	漳水臺荒記銅雀
훼손된 호구의 무덤에서는 금부를 보네[327]	虎丘塚毁見金鳧
먼 옛날 영웅호걸은 명성에 고하가 있고	英豪綿邈名高下
궁궐의 희미한 자취 있는가 없는가	城闕依俙跡有無

326 장수(漳水)의……기억하고 : 송도에 있는 황폐한 누각을 비유한 것이다. '장수'는 중국 산서성(山西省)에서 발원하는 황하의 지류이고, 동작대(銅雀臺)는 위 무제(魏武帝) 조조(曹操)가 업도(鄴都)에 세운 높고 화려한 누각이다 조조가 운명할 때 유언하기를 "첩여(婕妤)와 기녀(妓女)들을 모두 동작대에 두라. 동작대에는 8척의 상(牀)을 두고 세장(繐帳)을 치고 아침저녁으로 포(脯)와 건량을 올리라. 그리고 너희 첩여와 기녀들은 때때로 동작대에 올라 나의 서릉(西陵)을 바라보라."라고 하였다. 조조는 자신이 한(漢)나라의 왕위를 찬탈했기 때문에 자신의 사후에 무덤이 도굴될까 우려하여 하수(河水)와 장수(漳水) 가에 의총(疑塚), 즉 거짓 무덤을 72개나 만들고도 안심이 안 되어 위와 같이 당부하였다. 《文選 卷30 弔魏武帝文》《說郛 卷27下》

327 호구(虎丘)의……보네 : 송도에 있는 훼손된 고려의 왕릉을 비유한 것이다. '호구'는 오왕(吳王) 합려(闔廬)의 무덤이다. 지금의 강소성(江蘇省) 소주시(蘇州市) 오현(吳縣)에 있는데, 합려를 장사한 지 3일째 되던 날 백호(白虎)가 그 위에 웅크리고 있었기 때문에 '호구(虎邱)'라는 이름이 붙었다고 한다. '금부(金鳧)'는 금으로 주조한 오리로, 부장품의 일종이다. 기록에 따르면 당시 10여만 명이 못과 언덕을 만들고 못에는 수은을 채워 넣었으며 금부(金鳧)·옥안(玉雁)·동타(銅駝) 등의 물품과 합려가 생존에 좋아했던 보검 3천 자루를 함께 부장하였다고 한다. 《史記 卷31 吳太伯世家 裴駰集解》

듣자하니 봄에는 옛 풍속을 따라 聽說春來徵舊俗
온 산에 여인들 노닐며 다투어 노래 부른다고 遍山游女競歌呼

흉년에 소박한 터전 점점 황폐해지는 모습 보다가 荒年薄業轉看蕪
이제야 어버이 봉양하여 옛 도읍지 다스리네[328] 便養今諧按舊都
흥취는 촉주에 학 한 마리 데리고 간 일[329]에 부끄럽고 趣愧蜀州携一鶴
자취는 발해에서 한 쌍의 오리 날아간 것과 같네[330] 蹤如渤海去雙鳧
큰 성을 에워싼 군사들의 위엄 어디에 있나 大城擁甲威何在
사방에서 양식 요청하는데 유독 은혜 없네 四履呼庚惠獨無
멀리에서 대궐을 바라보지 못하겠으니 魏闕不堪瞻望遠
신년을 축하하는 반열에서 만세 부르지 못해서라네 賀正班下阻嵩呼

328 이제야……다스리네 : '편양(便養)'은 부모를 편히 봉양하기 위해 지방관으로 나가는 것을 말한다. 서종태가 1695년(숙종21) 8월에 개성 유수(開城留守)로 부임하였기 때문에 한 말이다.

329 촉주(蜀州)에……일 : 송(宋)나라 조변(趙抃)의 고사를 말한다. 조변이 촉주 자사(蜀州刺使)로 부임하면서 다른 물건은 가지고 가지 않고, 거문고 하나와 학 한 마리만 가지고 갔다고 한다. 《宋史 趙抃傳》

330 자취는……같네 : 태평 시대에는 국가에 현신(賢臣)이 많아도 많은 줄을 모르고, 없어도 없는 줄을 모른다는 뜻이다. 양웅(揚雄)의 〈해조(解嘲)〉에, "아침에 권력 잡으면 경상(卿相)이 되고, 저녁에 권세 잃으면 필부(匹夫)가 되나니, 비유하자면 마치 강호(江湖)의 언덕이나 발해(渤海)의 섬에는 네 마리의 기러기가 모여도 많은 게 되지 않고, 한 쌍의 오리가 날아가 버려도 적은 게 되지 않는 것과 같다."고 한 데서 온 말이다.

동지사 판서 이중경[331] 세백 대감, 참의 홍구언[332] 수주, 최지평[333] 계옹 이 본부에 들렀다. 그들이 수창한 시에 차운하고 편지 말미에다 써서 행차를 뒤쫓아 보내니 각각 율시 1수로 작별하였다

冬至使李判書仲庚 世白 台洪參議九言 受疇 崔持平 啓翁 過本府 次其相酬韻 書於簡尾 追寄行中 各以一律爲別

판서가 역말을 타고 또 관서에 이르니	尙書飛傳又關西
손에는 빛나는 부절을 쥐고 있네	手裏煌煌漢節携
마침 관문에서 자기가 바라보이고[334]	定有關門瞻紫氣
갈림길이 청니[335]처럼 험하다고 어찌 따지겠는가	何論歧路劇靑泥

331 이중경(李仲庚) : 이세백(李世白, 1635~1703)을 말한다. 본관은 용인(龍仁), 자는 중경(仲庚), 호는 우사(雩沙)·북계(北溪)이다. 1695년(숙종21) 11월 1일에 동지 정사(冬至正使)로 청나라에 갔다가 이듬해 3월 19일에 복명(復命)하였다.

332 홍구언(洪九言) : 홍수주(洪受疇, 1642~1704)를 말한다. 본관은 남양(南陽), 자는 구언(九言), 호는 호은(壺隱)이다. 1695년 동지사행(冬至使行)의 부사로 청나라를 다녀왔다.

333 최 지평(崔持平) : 최계옹(崔啓翁, 1654~1710)을 말한다. 본관은 삭녕(朔寧), 자는 내심(乃心), 호는 동량(幢梁)이다. 1695년 동지사행(冬至使行)의 서장관으로 청나라에 다녀왔다.

334 관문에서 자기(紫氣)가 바라보이고 : 사행 길을 가기 위해 관문을 지나는 이세백을 노자에 비유한 것이다. 노자가 주(周)나라를 떠나 서쪽으로 함곡관(函谷關)을 지나는데, 관령(關令) 윤희(尹喜)가 자기(紫氣)를 보고 성인이 지나갈 것을 미리 알고서 기다리고 있었는데, 과연 노자가 푸른 소를 타고 그곳을 지나므로 노자로부터 《도덕경》을 받았다는 고사가 있다. 《史記 卷63 老莊申韓列傳》

하늘은 대로[336]와 이어져 의무려산[337] 나타나고　天連大鹵巫閭出
바다는 멀리 허공에 닿아 갈석산[338]이 아득하네　海蹴遙空碣石迷
초택에서 읊조리는 선비[339] 있어　草澤謳吟章甫在
응당 뛰어난 우리나라 문장가의 시를 요구하리　應求東國鉅公題

시명(詩名) 자자하여 강서[340]와 흡사한데　詩聲喧藉似江西
만 리 사행 길에 한 자 검을 가지고 가네　萬里銜綸尺劍携
부절 쥐고 떠날 때 별빛이 요동 변방의 달에 비치고　杖節星臨遼塞月
돌아오는 행차는 봄에 계문[341]의 진흙탕 밟으리　返軺春踏薊門泥

335 청니(青泥) : 70쪽 주109 참조.

336 대로(大鹵) : 중국의 옛 지명으로, 병주(幷州)에 해당되는 황막한 땅을 가리킨다.

337 의무려산(醫巫閭山) : 중국 유주(幽州)의 광녕우위(廣寧右衛) 서쪽 5리 지점에 있는 산으로, 중국의 사방을 진압하는 네 개의 큰 산 가운데 하나인데, 사산(蛇山), 반산(盤山), 첨산(添山), 백운산(白雲山), 안산(鞍山) 등 12개의 산으로 이루어져 있다. 《讀史方輿紀要 卷37 山東條》

338 갈석산(碣石山) : 지금의 하북성(河北省) 창려현(昌黎縣)에 있다고 하는 산인데, 이에 대해서는 하북(河北)이나 열하(熱河)에 있는 산이라고 하는 등, 이설이 많다. 《서경》〈우공(禹貢)〉에 이르기를 "오른쪽으로 갈석을 끼고 돌아서 황하로 들어갔다. 〔夾右碣石, 入于河.〕"라고 하였는데, 이에 대한 공안국(孔安國)의 전(傳)에는 다만 '바닷가에 있는 산〔海畔山〕'이라 하였다.

339 초택(草澤)에서 읊조리는 선비 : 초(楚)나라 굴원(屈原)과 같은 문장가를 말한다. 전국 시대 초 회왕(楚懷王)의 충신 굴원(屈原)이 일찍이 소인의 참소에 의해 조정으로부터 쫓겨나 택반(澤畔)을 거닐며 《어부사(漁父辭)》를 지었다.

340 강서(江西) : 강서시파(江西詩派)를 말한다. 북송(北宋)의 황정견(黃庭堅)과 진사도(陳師道)가 새로운 시풍을 개창하여 많은 시인들이 이를 추종하였는데 여본중(呂本中)이 이들 유파 25인에 대해 계통도를 만들어 〈강서시사종파도(江西試社宗派圖)〉라고 한 뒤로 이들을 강서파(江西派), 또는 강서시파(江西詩派)라고 하였다.

고국을 떠나 몸 더욱 건강하기를 진실로 바라고　政祈出域身彌健
행여 비구름 꿈에 혼미해질까 걱정이네[342]　或恐行雲夢自迷
북쪽 땅의 산천은 더욱 생기가 있으니　北地河山增氣色
가는 곳마다 채색 붓으로 새로운 시를 지으리　綵毫隨處遍新題

대동강 서쪽에서 사신 행차 바삐가는데　駪駪征役浿江西
소매에는 구슬을 늘어놓은 듯한 시가 가득하네　錯落珠璣滿袖携
음필[343]의 값은 청옥안[344]처럼 높고　吟筆價高靑玉案
총마[345]의 모습 금장니[346]가 흔들리네　行驄色動錦障泥

341 계문(薊門) : 연경의 서쪽 덕승문(德崇門) 바깥 서북 지역의 옛 이름으로, 계문연수(薊門煙樹)가 연경 팔경의 하나로 유명하다.

342 행여……걱정이네 : 기생과 같은 여인을 조심하라는 뜻이다. 춘추 시대 초(楚)나라 회왕(懷王)이 고당(高唐)에 노닐다가 꿈속에 신녀를 만나 동침하였는데, 신녀가 떠나면서 "첩은 무산 남쪽 높은 봉우리에 사는데, 아침에는 구름이 되고 저녁에는 비가 되어 매일 아침저녁에 양대 아래에 있습니다."라고 하였다는 고사가 전한다. 《文選 卷19 高唐賦》

343 음필(吟筆) : 시필(詩筆)과 같은 말로, 시를 읊는 붓, 시를 짓는 붓 또는 시인의 붓을 가리킨다. 송(宋)나라 매요신(梅堯臣)의 시 〈이소부정포일노정(李少傅鄭圃佚老亭)〉에, "봄 새가 때때로 목청을 돋우니, 맑은 풍경을 시 읊는 붓에 부치누나.〔春禽時弄吭, 淸景付吟筆.〕"라고 하였다. 《宛陵集 卷24 李少傅鄭圃佚老亭》

344 청옥안(靑玉案) : 본래 고시(古詩)를 뜻하는 말인데, 여기서는 좋은 시를 뜻하는 말로 쓰였다. 장형(張衡)의 시 〈사수(四愁)〉에 "미인께서 나에게 금수단을 주었으니, 어찌하면 청옥안으로 갚을 수가 있을꼬.〔美人贈我錦繡段, 何以報之靑玉案.〕"라고 한 데서 온 말이다.

345 총마(驄馬) : 어사나 사신이 타는 말이다. 후한(後漢)에 환관들이 권력을 휘두를 적에 환전(桓典)이 마침 어사가 되어 권력자들의 비행을 전혀 거리낌 없이 탄핵했는데, 항상 총마를 타고 다녔으므로 경사(京師)에서 그를 두려워하여 말하기를 "가는 길을

마음은 하늘처럼 먼 대궐을 향하고	心懸宸北天同遠
꿈에서는 길 헤매지 않고 호남에 이르네[347]	夢到湖南路不迷
노력하여 자문을 자세히 해야 하니	努力咨詢宜仔細
높은 곳에 올라 부질없이 시 지을 필요 없네	不須登眺謾吟題

우선 멈추어 총마 탄 어사를 피하자꾸나.〔行行且止, 避驄馬御史.〕"라고 했다는 데서 온 말이다.《後漢書 卷37 桓典列傳》

346 금장니(錦障泥) : 비단으로 장식한 말다래를 말한다. 말다래는 말을 탄 사람의 옷에 진흙이 튀지 않게 하기 위해, 가죽 같은 것으로 만들어 안장 양쪽에 늘어뜨리는 물건을 이른다.

347 꿈에서는……이르네 : 최계옹의 집이 전라도 남원(南原)이었기 때문에 말한 것이다.《辛酉式年文武科榜目》

명재에 대한 만사 2수

明齋挽 二首

도덕은 선비들의 으뜸이었고	道德諸儒碩
위의(威儀)는 봉황처럼 아름다웠네	翩躚鳳一儀
선생은 한결같이 나오지 않고	先生唯不出
존부[348]와 끝내 법도 함께 하였네	尊府竟同規
성상께서 자나깨나 그리워하여	夢想勞宸扆
징소하여 우의정에 임명했네	恩招到揆司
태산 교악처럼 진중하여 꿈쩍 않으니	隱然喬嶽重
이 세상의 큰 스승이었다네	斯世大宗師

명성 듣고 흠모하는 마음 간절하였으나	溯風瞻仰切
끝내 문하에 나아가서 배우지는 못하였네	竟未望門墻
순수하고 바른 학문 가학을 계승했고	粹正承家學
초야에 은거하여 덕을 기르셨지	崇深養德光
태평성대 만나 경세제민(經世濟民) 못했어도	明時經濟失
계왕개래(繼往開來)[349]의 업적 길이 남으리라	大業繼開長

348 존부(尊府) : 상대방의 부친을 높여서 부르는 호칭으로, 윤증의 부친인 윤선거(尹宣擧, 1610~1669)를 말한다.

349 계왕개래(繼往開來) : 지난 성인(聖人)의 뒤를 잇고 앞으로 올 후학을 열어주는 학문의 공을 말한다. 주자(朱子)가 〈중용장구서(中庸章句序)〉에서 공자의 덕을 찬양하면서 "지나간 성인을 잇고 후세에 올 학자를 열어 준 것은 그 공이 도리어 요순(堯舜)

모두 태산이 무너진 것처럼 슬퍼하는데[350] 普有山頹痛

변변찮은 정성으로 글을 짓네 緘辭賤悃將

보다도 나은 점이 있다.〔繼往聖 開來學, 其功反有賢於堯舜者.〕"라고 한 데서 온 말이다.

350 태산이……슬퍼하는데 : 82쪽 주144 참조.

경력을 데리고 대흥산성[351]으로 가서 형세를 두루 돌아보고 밤에 앉아서 시를 지어 경력에게 보여주다 병자년(1696, 숙종22)

携經歷往大興山城 周觀形勢 夜坐吟成 示經歷 丙子

봄 내내 쌀과 소금으로 황정[352]을 펼쳤으니	一春荒政米鹽間
지친 말로 나란히 다니다가 한가한 틈 얻었네	倦騎聯翩暫得閒
신령한 산이 도기 머금은 줄 이미 알겠고	已識靈山含道氣
아름다운 경치가 더러운 얼굴 씻도록 맡겨두네	任敎佳境洗塵顔
오래된 옛 절에는 자리에서 구름 피어나고	千年古寺雲生席
수많은 성가퀴 두른 높은 성은 바위가 관문이네	萬堞層城石作關
백 척의 못가에서 작은 술자리 마련하여	百尺潭邊成小酌
마음대로 철적[353] 불다가 달빛 속에 돌아오네	橫吹鐵笛月中還

천년 고려 왕조의 기수원[354]	勝國千年祇樹園

351 대흥산성(大興山城) : 개성부(開城府)의 천마산(天磨山)과 성거산(聖居山) 중간에 있는 석축(石築) 산성으로 1676년(숙종2)에 축조되었다.

352 황정(荒政) : 흉년에 백성을 구하는 정책이다.

353 철적(鐵笛) : 쇠로 만든 피리인데, 주로 은자(隱者)나 고사(高士)들이 잘 불었다 한다. 주희(朱熹)의 〈철적정서(鐵笛亭序)〉에 의하면 무이산(武夷山)에 사는 유군(劉君)이 "철적을 잘 불었는데, 구름을 뚫고 돌을 찢는 소리가 난다.〔善吹鐵笛, 有穿雲裂石之聲.〕"라고 하였다. 《朱子大全 卷9》

354 기수원(祇樹園) : 사원(寺院)의 별칭이다. 인도의 석가모니 부처에게 기타(祇

지금 보니 요새가 되어 서문으로 이어졌네　今看保障控西門
신령한 산은 절로 규모가 장엄하고　靈山自作規模壯
여러 고을은 지휘하는 존엄한 명을 따르네　列郡仍聽節制尊
성벽의 보루는 파협[355]의 비탈과 비슷하고　壁壘依俙巴峽坂
연기 오르는 민가는 무릉촌[356]을 떠오르게 하네　人煙怳惚武陵村
군량과 무기 비축하는 일은 중요하지 않으니　峙糧積甲渾餘事
사람들의 화합이 중대한 근본임을 알아야 하네　須識人和大本存

빙 두른 성벽 높은 산을 감싸고 있는데　周遭萬雉繞崔嵬
하늘로 불쑥 솟은 바위 곳곳에 누대 있네　怒石淩空處處臺
지팡이 아래 여러 봉우리는 책상처럼 평평하고　杖底衆峰平似案
자리 옆으로 보이는 먼 바다는 술잔처럼 까마득하네　席邊遙海渺如杯
대종에서는 세상이 작음을 눈으로 깨닫고[357]　岱宗眼覺塵寰小
화악에서는 소리가 황제의 자리까지 들렸네[358]　華嶽聲通帝座來

陀) 태자와 급고독 장자(給孤獨長者)가 희사했다는 기수급고독원(祇樹給孤獨園)의 준말로, 보통 기원정사(祇園精舍)로 많이 일컬어진다.

355 파협(巴峽) : 파촉(巴蜀) 지방에서 내려오는 양자강 상류에 있는 삼협(三峽)으로, 지형이 험준하기로 유명하다.

356 무릉촌(武陵村) : 110쪽 주210 참조.

357 대종(岱宗)에서는……깨닫고 : 대종은 태산(泰山)의 별칭이다. 맹자가 이르기를 "공자가 동산에 올라가서는 노나라를 작게 여겼고, 태산에 올라가서는 천하를 작게 여기셨다. 그러므로 바다를 본 사람에게는 다른 물은 물이 되기 어렵고, 성인의 문하에 종유한 사람 앞에서는 다른 사람의 말은 말이 되기 어려운 것이다.〔孔子登東山而小魯, 登太山而小天下. 故觀於海者, 難爲水; 遊於聖人之門者, 難爲言.〕"라고 한 데서 온 말이다.《孟子 盡心上》

몇 개월 동안 유수로 있으면서 좋은 다스림은 없고 數月居留無善狀
그대와 함께 장쾌한 유람 다녀오기만 힘썼네 共君唯辦壯遊廻

358 화악(華岳)에서는……들렸네 : 화악은 화산(華山)을 말한다. 화산은 오악(五嶽) 중 서악(西嶽)이다. 한 무제(漢武帝)가 화산(華山)에 제사하고 숭산(嵩山)에 올라 봉제(封祭)를 지낼 때 어느 곳에서 만세 소리가 세 번 들려왔다는 고사가 있다. 《漢書 卷6 武帝紀》

이틀 동안 금천의 말올촌에 머무르며 선대의 산소를 찾다가 찾지 못하고 도중에 짓다

兩日留金川末兀村 求索先代葬山不得 途中吟成

여러 대의 선조 무덤 멀어서 찾지 못하니	數代先墳遠莫尋
오래 전에 비갈이 사라졌기 때문이지	蓋緣碑碣久湮沈
금천의 말올촌은 깊은 골짜기라	金川末兀深深谷
가래를 지고 세 차례나 와서 헛고생 했네	載鍤三來浪苦心

관직을 옮기게 되어 도성으로 돌아가면서 경력 윤홍리 군과 비로소 송악산에 올랐다. 자리에서 입으로 읊어 윤군에게 보이다

移職將歸洛 與經歷尹君弘离 始登松嶽 口成席上 示尹君

수행원 물리치고 단출하게 행장 꾸리니	屛却輿徒理小裝
가볍고 따뜻한 바람과 햇빛이 봄을 뽐내네	微暄風日媚春陽
천년 고려왕조의 자취를 보고 싶어	要觀勝國千年跡
함께 송악산의 만 길 봉우리에 올랐네	共躡神崧萬仞岡
아스라한 산하에는 남은 기색 있고	莽蕩河山餘氣色
이리저리 얽힌 도랑과 밭두둑은 해자인 줄 알겠네	糾紛溝塍認臺隍
흥망은 흐르는 물처럼 도도히 흘러가니	興亡衮衮如流水
먼 옛날 영웅호걸 생각하면 감개가 많네	緬憶英豪感慨長

부제학 임덕함[359] 영 에 대한 만사
林副學德涵 泳 挽

문장은 오묘한 도를 터득하였고	文能悟道妙
학문은 본래 천부적 자질을 귀하게 여기네	學本貴天資
넉넉하게도 공은 모두 소유하였고	優矣公皆有
거침없어 진보가 끝이 없었네	沛然進未涯
성상은 함께 강론하고자 생각하였고	聖心思講說
당시 사람들 큰일을 하리라 기대하였네	時望待猷爲
나이와 지위 모두 절반에서 어긋났으니	年位俱虧半
슬피 진췌시[360]를 읊조리네	悲吟殄瘁詩

359 임덕함(林德涵) : 부제학을 역임한 임영(林泳, 1649~1696)을 말한다. 본관은 나주(羅州), 자는 덕함(德涵), 호는 창계(滄溪)이다.

360 진췌시(殄瘁詩) : 아까운 인물의 죽음을 말할 때 쓰는 표현이다. 《시경(詩經)》 대아(大雅) 첨앙(瞻卬)에 "현인이 사라졌으니, 나라가 고달파지겠구나.〔人之云亡, 邦國殄瘁.〕"라는 말이 있다.

참의 조자직의 부인[361]에 대한 만사

趙參議子直夫人挽

이부[362]의 맑은 법도는 여러 아름다움 갖추었으니	吏部淸規衆美該
여러 자제들은 빼어나 구포[363]를 펼쳤네	諸郞秀發九苞開
어진 부인 규방의 풍모가 성대함을 모두 아니	咸知賢閫柔儀盛
이름난 공경의 집안 가르침에서 유래하였지[364]	蓋自名卿法訓來
고화[365] 받아 더욱 존귀해지기를 고대했는데	政待誥花彌見貴
침상에서 갑자기 돌아가셨다는 소식 들었네	驚聞床簀遽纏哀
십년 전 양산[366]의 술은 전계[367]로 마련했으니	十年翦髻楊山酒

361 조자직(趙子直)의 부인 : 조상우(趙相愚, 1640~1718)의 아내 이씨 부인(李氏夫人, 1640~1696)을 말한다. 이장영(李長英, 1610~1677)의 딸로, 본관이 전주(全州)이다.

362 이부(吏部) : 이조(吏曹)와 같은 말로, 이조 판서를 지낸 조상우를 가리킨다.

363 구포(九苞) : 봉황이 지니고 있다는 아홉 가지 특징을 말하는데, 여기서는 조상우의 아들들이 뛰어난 능력을 지녔음을 말한 것이다.

364 이름난……유래하였지 : 부인이 이조 판서를 역임한 이경직(李景稷)의 손녀이기 때문에 말한 것이다.

365 고화(誥花) : '오화관고(五花官誥)'의 준말로, 증직(贈職)을 뜻한다. 증직(贈職)할 때 봉(封)하는 조서(詔書)를 오색의 금화(金花) 무늬가 있는 비단으로 쌌다고 하여 붙여진 이름이다.

366 양산(楊山) : 조상우와 부인이 살던 양주(楊州)를 말하는 것으로 보인다.

367 전계(翦髻) : 집안이 가난하여 아내가 머리털을 잘라서 손님을 대접하는 것이다. 두보(杜甫)의 〈송중표질왕빙평사사남해(送重表姪王砯評事使南海)〉 시에서 당(唐)나라 왕규(王珪)의 아내 두씨(杜氏)가 머리털을 잘라 술을 사서 손님을 대접한 것을 읊어,

삼가 아름다운 덕 생각하며 조문하고 돌아오네　　敬想芳徽哭弔廻

"집에 들어와 아내의 머리털이 없는 것을 보고 괴이쩍어서, 오랫동안 탄식하였더니, 아내가 스스로 말하기를 머리털을 잘라서, 저자에서 술을 사왔다 하였지.〔入怪鬟髮空, 吁嗟爲之久, 自陳剪髻鬟, 鬻市充杯酒.〕" 하였다.

이조 참의 오관지[368]가 찾아 온 다음날 시 1수를 보내왔기에 즉시 차운하다

吳吏參貫之見過 翌日以一詩寄來卽次

작은 다리 동쪽 가에 초현가[369] 있으니 小橋東畔草玄家
궤안에 기대어 시름하니 저녁 까마귀 몇 마리 우네 隱几涔涔數暝鴉
걸어둔 상 내려[370] 화려한 수레의 객을 웃으며 맞으니 解榻笑迎文駟客
봄이 깊었는데도 여전히 활짝 피지 않은 꽃이 있네 春深猶有未闌花

368 오관지(吳貫之) : 오도일(吳道一, 1645~1703)을 말한다. 본관은 해주(海州), 자는 관지(貫之), 호는 서파(西坡)이다.

369 초현가(草玄家) : 30쪽 주13 참조.

370 걸어둔 상 내려 : 후한 때 진번(陳蕃)이 예장 태수(豫章太守)로 있을 적에 특별히 걸상 하나를 마련해 놓고는, 서치(徐穉)가 찾아올 때에만 반갑게 맞으면서 내려놓았다가 그가 돌아가면 다시 올려놓고 아무에게도 내려 주지 않았던 고사를 인용한 구절이다. 《後漢書 卷53 徐穉列傳》

양양 부사로 부임하는 교리 남백진[371] 정중 을 이별하며

別南校理伯珍 正重 之任襄陽 乞郡得郡

고을수령 자리를 구하여 고을을 얻었다.

촌초[372]의 깊은 정성 성상의 마음 감동시켜	寸草誠深感聖明
금화의 신선 패옥이 쌍정으로 바뀌었네[373]	金華仙珮換雙旌
빙도[374]가 궤연에 올라 어버이 즐거움 가득하고	氷桃薦几庭歡盛
설악산 술동이에 비쳐 관리의 정취 맑으리라	雪嶽當尊吏趣淸
명승의 경치는 봉도[375]에 이어지고	形勝境連蓬島色
풍류가 있어 땅에 현산[376]의 명칭이 있네	風流地有峴山名
동쪽으로 훌쩍 떠나는 마음 앉아서 생각해보니	飄飄坐想東行意
계수나무와 해당화가 나의 마음을 상쾌하게 하네	桂樹棠花爽我情

371 남백진(南伯珍) : 남정중(南正重, 1653~1704)을 말한다. 본관은 의령(宜寧), 자는 백진(伯珍), 호는 기봉(碁峯)이다.

372 촌초(寸草) : 34쪽 주16 참조.

373 금화(金華)의……바뀌었네 : 조정 관료였던 남정중이 양양 부사로 나가는 것을 말한다. '금화'는 금화성(金華省)으로, 중앙 관서를 비유하며, 쌍정(雙旌)은 관찰사나 수령의 의장(儀仗)을 가리킨다.

374 빙도(氷桃) : 도교(道敎)에서 말하는 선과(仙果)이다.

375 봉도(蓬島) : 63쪽 주82 참조.

376 현산(峴山) : 141쪽 주307 참조. 남정중이 부임하는 강원도 양양(襄陽)이 중국의 양양(襄陽)과 지명이 동일하기 때문에 말한 것이다.

충주 목사로 부임하는 참의 조장경[377] 형기 을 이별하며
別趙參議長卿 亨期 赴忠州

충주는 상류 지역의 도회지이니 忠是上游一都會
그대는 응당 관청에 누워 수고롭지 않으리 君應臥閤不爲勞
평생 논의한 일은 전부 경세제민이고 平生議論皆經濟
몇 해 전 이미 관찰사로 공명 이루었네 頃歲功名已節旄
달수[378]의 구름은 신선 신발[379] 맞이하고 獺水雲迎仙舃動
월산[380]은 가을이라 관아를 높이 에워싸네 月山秋擁訟庭高
나도 촌초의 마음[381] 절실함을 알 터이니 知吾寸草情同切
임기 만료를 기다릴 필요 없이 칼 꿈을 꾸고 싶네[382] 不待瓜時欲夢刀

377 조장경(趙長卿) : 조형기(趙亨期, 1641～1699)를 말한다. 본관은 임천(林川), 자는 장경(長卿), 호는 신재(新齋)·졸수재(拙修齋)이다.

378 달수(獺水) : 달천(獺川)으로, 보은(報恩)의 속리산(俗離山)에서 발원하여 충주 서쪽을 흐르는 물 이름이다.

379 신선 신발 : 54쪽 주58 참조.

380 월산(月山) : 충주의 월악산(月嶽山)을 말한다.

381 촌초(寸草)의 마음 : 34쪽 주16 참조.

382 임기……싶네 : 임기가 만료되기 전에 지방관으로 부임하여 부모를 봉양하고 싶다는 뜻이다. 112쪽 주213 참조.

동래 부사 이지숙[383] 세재 을 이별하며

別東萊府伯李持叔 世載

동래부사는 여러 오랑캐 통솔하는 중요한 직무인데	萊州職重護諸蠻
재주와 명망 조정을 경도시켜 갑자기 발탁되었네	才望傾朝遽擢班
발걸음은 온갖 재화 실린 배를 왕래하고	步裏去來千貨舶
처마 앞에는 육오산[384]이 어렴풋하리	軒前隱約六鰲山
위엄 펼쳐 동표(同標)를 교남에 세울 수 있고[385]	威宣標可交南建
지조 깨끗하여 진주가 응당 합포로 돌아오리[386]	操潔珠應合浦還
옛날부터 조정에서 파목이 나왔으니[387]	從古禁中頗牧出
공은 노력하여 변방 요새 견고히 하시게	須公努力壯邊關

383 이지숙(李持叔) : 이세재(李世載, 1648~1706)를 말한다. 본관은 용인(龍仁), 자는 지숙(持叔)이다.

384 육오산(六鰲山) : 63쪽 주82 참조.

385 동표(同標)를……있고 : 후한(後漢)의 복파장군(伏波將軍) 마원(馬援)이 현재의 월남(越南)에 해당하는 교지국(交趾國)을 정벌하고 동표주를 세웠다.《後漢書 卷24 馬援列傳》마원이 교지국을 정벌하여 한나라의 영토를 넓혔듯이 이세재가 조선의 영토를 일본까지 넓히라는 뜻이다.

386 진주가……돌아오리 : 후한(後漢) 때 합포군(合浦郡)에서는 진주가 많이 생산되어 그것이 그 지역의 특산물이었는데, 탐학(貪虐)한 수령들이 진주를 마구 캐어 사욕을 채우자, 더 이상 진주가 나오지 않았다. 그러다가 맹상(孟嘗)이 태수로 부임하여 청렴한 정사를 펼치고 백성의 생활을 안정시키자 1년 만에 다시 진주가 돌아왔다고 한다.《後漢書 卷76 循吏列傳 孟嘗》여기서는 동래부사로 가는 이세재에게 과거보다 더욱 노력하여 선정을 펼치라는 뜻이다.

387 조정에서 파목(頗牧)이 나왔으니 : 131쪽 주279 참조.

밀양 군수 심정여[388] 징 를 이별하며

別密陽使君沈淨如 澂

이 세상에 태어나 벼슬길에 오른다면	人生斯世作仕宦
심정여 군처럼 하면 충분하네	得如沈君淨如足
굳이 금마와 옥당[389]에 들어갈 필요 없고	不必金馬與玉堂
삼괴와 구극[390]도 필요치 않네	不須三槐與九棘
고생하고 근심하여 부질없이 고달프기만 하고	酸寒憂勞謾自苦
외면의 영화는 찌꺼기이니 자신에게 무슨 보탬이 되랴	外榮土苴身奚益
동해의 신선굴과 영남의 합천	東瀛仙窟嶺之陜
심군이 이름난 고을 수령 두 번 맡았네	沈君再剖名郡竹
지금 다시 승진하여 밀양 부사가 되니	今復陞秩刺密陽
영남 육십 고을 중에 밀양이 가장 특별하지	嶺邑六十密最特
땅이 크고 풍족함은 원래 논할 것도 없고	地力雄饒固無論
산천이 아름답고 곳곳에 누대가 있네	山川瑰絶樓臺矗

388 심정여(沈淨如) : 심징(沈澂, 1649~?)을 말한다. 본관은 청송(靑松), 자는 정여(淨如)이다.

389 금마(金馬)와 옥당(玉堂) : 금마는 금마문(金馬門)으로 궐문(闕文)을 이르고, 옥당(玉堂)은 고귀한 부서를 일컫는데, 여기에서는 조선의 예문관이나 홍문관을 지칭한다.

390 삼괴(三槐)와 구극(九棘) : 삼괴는 세 그루의 홰나무로 삼공(三公)을 지칭하며, 구극은 아홉 그루의 가시나무로 구경(九卿)의 지위를 지칭한다. 모두 주나라 때 외조(外朝)에 심었는데, 나무를 심고 구경과 삼공이 그 아래에 나누어 자리하였다는 데서 나온 말이다. 《周禮 秋官 朝士》

하늘이 그대에게 편안한 일생 주었는데　天公餉子一生安
고을 수령 되어 어찌 이리 유난히 맑은 복 누리나 作郡何乃偏淸福
조정의 관리 선발 백성을 중시해서이니　聖朝選吏重元元
그대는 명문가 출신이라 책임 다할 만하네　謂君世家可稱塞
부디 그대는 훌륭한 다스림 이루도록 노력하게　請君努力樹美政
어찌 공수와 황패[391]가 이천 석[392]에 그치겠는가　龔黃豈止二千石
눈 속에 거북이처럼 움츠려 있는 병든 학사는　雪中龜縮病學士
서대문에서 그대 전송하며 길가에서 야유 들을까 염려되네[393]
白門送君恐有揶揄在塗側

391 공수(龔遂)와 황패(黃霸) : 40쪽 주32 참조.

392 이천 석(二千石) : 군(郡)의 장관인 태수(太守)를 의미하는데, 한(漢)나라 때 태수의 연봉이 2천 석이었던 데서 뒤에 지방 수령을 일컫게 되었다.

393 야유 들을까 염려되네 : 자신은 늙도록 미관말직만 전전하면서 남이 높이 승진하는 모습만을 바라볼까 걱정이 된다는 의미이다. 진(晉)나라 나우(羅友)가 환온(桓溫)의 속리(屬吏)로 있을 때 환온이 나우의 재주나 학문은 대우하면서도 치민(治民)의 재목은 아니라 하여 발탁하지 않았다. 뒤에 나우의 동료가 군수로 부임하게 되어 그 송별연에 참석하러 갔다. 도중에 귀신을 만났는데, 귀신이 나우를 야유(揶揄)하면서 "나는 다른 이들이 군수로 부임하는 것을 그대가 전송하는 것만 보고, 그대가 군수 부임하는 것을 다른 이가 전송하는 것은 보지 못했다. 어째서인가?" 하고 놀렸다. 나우는 이 이야기를 환온에게 익살스럽게 들려주었다고 한다.《世說新語 任誕 羅友作荊州從事 注》

주청 부사로 연경으로 가는 이조 참의 최문숙[394] 규서 을 이별하며

別崔吏參文叔 奎瑞 以奏請副使赴燕

사람에게 연로한 부모 있으면	人有耆老親
날을 아끼며 늘 기쁘고도 두렵네[395]	愛日常喜懼
문을 나가 잠시 노닐어도	出門暫有游
근심하며 더욱 돌아본다네	悒悒彌眷顧
천 년 전 백운의 시편[396]	千秋白雲語
읊으면 사모의 정 더욱 깊어지네	諷之增感慕
그대에게 모친 계시니	崔子有高堂
지금은 연로한 나이라네	政爾春暉暮

394 최문숙(崔文叔) : 최규서(崔奎瑞, 1650~1735)를 말한다. 본관은 해주(海州), 자는 문숙(文叔), 호는 간재(艮齋) 혹은 소릉(少陵)이다. 최규서는 1697년(숙종23) 세자 책봉 주청 부사(世子冊封奏請副使)로 청나라에 다녀왔다.

395 날을……두렵네 : 부모를 모실 날이 짧음을 안타까워하는 심정을 말한다. 《논어》 〈이인〉의 주(註)에서 주희(朱熹)는 "항상 부모의 연세를 기억하면 이미 장수하신 것이 기쁘고, 또 노쇠하신 것이 두려워서 날짜를 아끼는 정성으로 볼 때 저절로 그만둘 수 없을 것이다.〔常知父母之年, 則旣喜其壽, 又懼其衰, 而於愛日之誠, 自有不能已者.〕"라고 하였다.

396 백운의 시편 : 고향의 부모를 생각하며 그리워하는 시편을 말한다. 남조(南朝) 제(齊)나라 시인 사조(謝朓)의 〈배중군기실사수왕전(拜中軍記室辭隨王箋)〉 시에 "흰 구름은 하늘에 떠 있건만, 용문 땅은 보이지 않네.〔白雲在天 龍門不見〕"라는 구절에서 유래한 것이다.

색동옷으로 날마다 기쁘게 해드리고[397]	戲綵日怡愉
한 걸음조차 떠난 일 드물었네	鮮有違跬步
지금 나라에 급한 일 있어	乃者國有急
명을 받들고 드디어 서쪽으로 가네	銜綸遂西赴
유연[398]은 만리 아득한 곳	幽燕渺萬里
산하가 끝없이 둘러쌌네	山河莽回互
얼음물 마시며[399] 쉴 겨를 없이	飮氷不遑息
서둘러 날마다 길 재촉하네	駸駸日以騖
아득하구나, 그대의 마음	悠哉崔子心
어떻게 먼 사행 길 갈까나	何以處脩路
우리나라에는 중휘의 경사[400]가 있어	海東重暉慶
나라의 근본이 이미 공고해졌네	國本已鞏固
그럼에도 명을 청해야 하니	猶然合請命
이것이 호소하러 가는 이유라네	所以有申籲

397 색동옷으로……해드리고 : 116쪽 주223 참조.

398 유연(幽燕) : 유주(幽州)와 전국 시대 연국(燕國)을 합칭한 말로, 연경(燕京)을 가리킨다.

399 얼음물 마시며 : 원문의 '음빙(飮氷)'은 사신(使臣)의 명을 받고서 두렵고 조심스러운 마음으로 외국으로 가는 것을 이른다. 《장자(莊子)》 〈인간세(人間世)〉의 "내가 아침에 사신의 명을 받고서 저녁에 얼음물을 마셨으니, 내 속이 벌써 뜨거워진 것 같다.〔今吾朝受命而夕飮氷, 我其內熱與!〕"라는 말에서 연유한 것이다.

400 중휘(重暉)의 경사 : 중휘는 성중휘(星重暉)의 준말로, 별이 거듭 빛난다는 뜻인데, 세자가 책봉되었음을 의미한다. 한 명제(漢明帝)가 태자였을 때 신하들이 태자를 위해 악공(樂工)에게 부르게 한 〈일중광(日重光)〉·〈월중륜(月重輪)〉·〈성중휘(星重暉)〉·〈해중윤(海重潤)〉이라는 4장(章)의 시가(詩歌)가 있었다. 《古今注 音樂》

사신의 임무 지금 더욱 무거우니	使事今彌重
힘을 다하는 것이 신하의 마땅한 직무라네	宣力臣當務
마침 전대[401]할 인재 급히 구하니	專對政急才
조정의 기대가 그대에게 쏠림이 마땅하네	朝望宜子注
은혜와 의리는 때때로 서로 부딪치니	恩義時相奪
옛날에 미고부[402]가 있었네	古有靡盬賦
이를 거론하여 공을 위로하니	擧此請慰公
마음을 너그럽게 하여 자신을 돌보게	寬心以自護
여름 장맛비 불어나 하늘에 닿을 듯 하고	炎潦張際天
모래 먼지는 안개와 뒤섞였네	塵沙雜氛霧
부디 자식 병들까 염려하는 부모 마음 염려하여	願體惟疾憂
자나깨나 조심하시게	戒之在寢寤
나라 사람들 날마다 고대하니	邦人日翹企
임무 마치고 빨리 동쪽으로 건너오시게	竣事遄東渡
수요[403]가 훤당[404]에 비치고	壽曜映萱堂

401 전대(專對) : 외국에 사신으로 가서 독단적으로 잘 대응하는 것으로, 공자(孔子)는 일찍이 "《시경》 3백 편을 외더라도 정사를 맡겨줌에 제대로 하지 못하며, 사방에 사신으로 나가서 독단적으로 대응하지 못한다면 비록 시를 많이 외운들 어디에 쓰겠는가.〔誦詩三百, 授之以政, 不達, 使於四方, 不能專對, 雖多, 亦奚以爲?〕" 하였다. 《論語 子路》

402 미고부(靡盬賦) : 133쪽 주289 참조.

403 수요(壽曜) : 노인성(老人星)의 별칭이다. 장수한 노인의 상징으로, 이 별이 비치는 지방에 사는 사람은 장수한다는 전설이 있다.

404 훤당(萱堂) : 124쪽 주250 참조.

집안에는 보수[405]가 늘어서리니 庭羆羅寶樹
그대가 돌아오면 경하하는 잔치 열려 子歸有慶席
모두 기쁜 기색 넘쳐흐르리라 融融喜氣具
나는 손님들 따라 마루에 올라 升堂隨衆賓
축수하며 토하도록 실컷 취하리라 稱觴至醉吐

405 보수(寶樹) : 훌륭한 자손이란 뜻이다. 진(晉)나라 때 사현(謝玄)이 숙부인 사안(謝安)의 질문을 받고 대답하기를 "비유하자면, 지초(芝草)나 난초(蘭草) 또는 좋은 나무를 집 앞 계단이나 뜰에 심고자 하는 것처럼 그런 귀염을 받는 인물이 되고 싶습니다."라고 한 데서 나온 말이다. 《世說新語 語言》

연경으로 가는 임양군[406] 환 을 이별하며 정축년(1697, 숙종23)

別臨陽君 桓 赴燕 丁丑

왕손은 선비다운 기운 넘쳐서	王孫文雅氣翩翩
만 리 길 수레에 올라 또 연경으로 가네	萬里騰軺又入燕
고귀한 사람의 풍도는 풍속 달라도 중시하고	地貴風儀殊俗重
재주 넉넉하고 근력이 있어 한창 나이라네	才優筋力盛年宣
월장은 씻은 듯하여[407] 위엄 응당 드러나고	越裝如洗威應著
주나라 음악 모두 사라져 절로 감회 깊으리라[408]	周樂皆淪感自偏
중원 땅 천고의 정경을 담아내어	領取中原千古色
돌아올 때 백마에는 아름다운 시편 있으리	歸來白馬有佳篇

406 임양군(臨陽君) : 이환(李桓, 1656~1715)을 말한다. 본관은 전주(全州), 자는 무숙(武叔)이다. 이환은 1697년(숙종23)에 동지 정사(冬至正使)로 청나라를 다녀왔다.

407 월장(越裝)은 씻은듯하여 : 사신에게 주는 선물을 받지 않는다는 의미이다. '월장'은 월나라의 행장 이라는 뜻으로, 사신에게 주는 선물을 뜻한다. 한나라 육가(陸賈)가 남월(南越)에 사신으로 갔을 적에, 월왕 위타(尉他)가 그를 무척 좋아한 나머지 몇 달 동안 함께 술을 마시며 즐거워하다가, 귀환할 무렵에는 '그의 행장에 천금의 가치가 있는 보물을 싸서 선물했던〔賜陸生橐中裝直千金〕' 고사가 전한다. 《史記 卷97 陸賈列傳》

408 주나라……깊으리라 : 청나라에 가면 주나라의 올바른 음악을 들을 수 없을 것이라는 뜻이다. 춘추 시대 오(吳)나라의 계찰(季札)이 음악에 조예가 깊었는데, 노(魯)나라에 사신 가서 주악(周樂)의 연주를 요청하여 들으면서 주남(周南)에서 진풍(陳風)까지는 모두 평을 하였으나 회풍(鄶風) 이하에 대해서는 말을 하지 않았다. 이는 그 음악이 하찮아서 평할 가치도 없었기 때문이라고 한다. 《春秋左氏傳 襄公29年》

부사 유 참판[409] 지발 어른을 이별하며

別副使柳參判 之發 丈 曾任平安兵使

과거에 평안 병사를 역임하였다.

아득한 계북[410] 땅은 사신의 수레 둘러싸는데	薊北茫茫擁使車
씩씩한 공은 백발 나이에 바람부는 사막 밟네	壯公衰白踏風沙
관하[411]에서는 위엄과 은혜로 변방 견고히 하였고	關河威惠爲邊重
원습의 시편에서 나라를 빛낼 줄 알겠네[412]	原隰詩篇見國華
천고의 성명[413]은 오직 우리나라에 있고	千古聲明唯海外
반년의 사행 길은 하늘 끝 멀리 가네	半年征役是天涯
밥 잘 먹고 그저 정신 왕성해지기를 바라니	加餐只祝神逾王

409 유 참판(柳參判) : 유지발(柳之發, 1633~1705)을 말한다. 본관은 진주(晉州), 자는 기지(起之), 호는 도은(陶隱)·석촌(石村)이다. 유지발은 1697년(숙종23)에 동지 부사(冬至副使)로 청나라를 다녀왔다.

410 계북(薊北) : 연(燕)의 지역인 계주(薊州)의 북쪽 지방을 가리키는데, 예로부터 산세(山勢)가 웅장하기로 일컬어졌다.

411 관하(關河) : 함곡관(函谷關)과 황하(黃河)의 병칭으로, 고향이나 도성에서 멀리 떨어진 변방을 뜻하는데, 여기서는 평안도를 가리켜서 한 말이다.

412 원습(原隰)의……알겠네 : 사신으로 가서 시를 잘 지어 나라를 빛낼 것이라는 뜻이다. '원습'은 왕명(王命)을 받든 신하의 행로를 가리킨다. 《시경》에 "휘황한 꽃이여, 저 언덕과 습지에 있도다. 달려가는 정부여, 매양 미치지 못할 듯이 생각하도다.〔皇皇者華, 于彼原隰. 駪駪征夫, 每懷靡乃.〕"라는 구절이 있는데, 여기서 유래하였다. 《詩經 小雅 皇皇者華》

413 성명(聲明) : 성음(聲音)과 광채(光彩)를 의미하며, 훌륭한 교화(敎化)와 문명(文明)을 비유하는 말로 쓰인다.

대동강에 꽃필 무렵 한사[414]가 돌아오리라　　　　浿水花開返漢槎

414 한사(漢槎) : 63쪽 주83 참조.

의주 부윤 이백응[415] 정명 을 이별하며

別灣尹李伯凝 鼎命

만주[416]는 원래 요충지이니　　灣州元鎖鑰
서쪽 변방의 일은 참으로 어렵다네　　西事政云艱
곡식은 바다 길로 들어오고[417]　　秦粟來滄海
전차는 변방에 가득하네　　戎車滿塞關
이런 때에 적임자 얻기 어려우니　　得人難此際
그대를 보내 그곳을 맡기네　　送子莅其間
조정의 이목[418]되기를 노력하여　　勉矣禁中牧
호랑이가 산에 있는 것처럼[419] 하시게　　須如虎在山

415 이백응(李伯凝) : 이정명(李鼎命, 1642~1700)을 말한다. 본관은 전주(全州), 자는 백응(伯凝)이다.

416 만주(灣州) : 의주를 말한다.

417 곡식은……들어오고 : 1697년(숙종23)에 크게 흉년이 들어 쌀값이 폭등하자 묘당(廟堂)의 건의로 청나라에 곡식을 요청하게 되었는데, 청나라는 이듬해 개시(開市)를 허락하고 속미(粟米) 4만 석을 수로와 육로로 나누어 압록강(鴨綠江)으로 옮기고서, 이부 시랑과 호부 시랑을 보내 시장을 관리하도록 하였으며, 교역미 2만 석과 별도로 1만 석을 무상으로 보내주었다. 《肅宗實錄 24年 1月 2日, 2月 25日》

418 조정의 이목(李牧) : 131쪽 주279 참조.

419 호랑이가……것처럼 : 기개가 매우 준엄하여 소인배들이 발붙이지 못하게 함을 말한 것이다. 《한서(漢書)》 권77 〈합관요전(蓋寬饒傳)〉에 "산에 맹수가 있으면 명아주나 콩잎도 따지 못하고, 나라에 충신이 있으면 간사한 자들이 일어나지 못한다.〔山有猛獸, 藜藿爲之不采; 國有忠臣, 奸邪爲之不起.〕" 하였다.

통천 군수로 부임하는 정가숙[420] 협 을 이별하며

別鄭可叔 悏 赴通川

호부[421]는 시를 지을 적에 채필[422]이 웅건하니	戶部爲詩綵筆雄
십년 관직 생활 시 때문에 곤궁하였네	十年宦跡坐詩窮
청춘은 찜통 같은 고을에서 절반이나 허비했고	菁華半損炎蒸郡
우아한 운치는 문서더미에서 오래 고생스러웠네	雅韻長勞簿籍叢
지금 수령 자리 얻어 고개 너머로 가니	今得一麾臨嶺外
영동[423]에서 많은 시를 지을 수 있으리라	可能千首滿瀛東
봄이 오면 내가 이웃고을 수령 되어 갈테니	春來我佩隣符去
바다와 산에서 웃으며 시를 논해 보세나	一笑論詩海嶽中

420 정가숙(鄭可叔) : 정협(鄭悏, 1642～?)을 말한다. 본관 하동(河東), 자는 가숙(可叔)이다.

421 호부(戶部) : 호조(戶曹)와 같은 말로, 정협이 호조 정랑을 역임하였기 때문에 한 말이다.

422 채필(彩筆) : 67쪽 주97 참조.

423 영동(瀛東) : 임영(臨瀛 강원도 강릉)의 동쪽으로, 본문에서는 정협의 부임지인 통천을 말한다.

신 상국[424] 익상 에 대한 만사 2수

申相國 翼相 挽 二首

문경[425]의 성대한 그늘 아득하고	文景盛庥遠
만옹[426]은 선비의 업적 높았네	晩翁儒業尊
집안을 이어 다시 정승에 오르고	承家復槐棘
세상에 빛남은 여번[427]과 비슷하네	映世似璵璠
밝은 식견 논평에 드러나고	朗識論評見
겸허한 법도 진퇴에 남아있네	沖規進退存
조정의 우두머리 되어	庶爲朝德首
맑은 의론으로 소란을 잠재우기 바랐네	淸議鎭嘵喧

424 신 상국(申相國) : 신익상(申翼相, 1634~1697)을 말한다. 본관은 고령(高靈), 자는 숙필(叔弼), 호는 성재(醒齋)이다. 1684년(숙종10) 평안도 관찰사에 제수되었고, 재임 중에 영변의 철옹외성(鐵甕外城)을 수축할 것을 주장하였다. 기사환국이 일어나 인현왕후(仁顯王后)가 폐위되자 1691년 양주 지족암(止足庵)에 퇴거하였다. 1695년 우의정에 올랐다. 시문에 능하고 필법, 특히 전서(篆書)에 조예가 깊었다. 시문집으로 《성재집(醒齋集)》이 전한다. 시호는 정간(貞簡)이다.

425 문경공(文景公) : 신익상의 6대조 신용개(申用漑, 1463~1519)를 가리킨다. 본관은 고령(高靈), 자는 개지(漑之), 호는 이락정(二樂亭)이며, 문경은 그의 시호이다.

426 만옹(晩翁) : 신익상의 조부인 만퇴헌(晩退軒) 신응구(申應榘, 1553~1623)를 말한다. 본관은 고령(高靈), 자는 자방(子方), 만퇴헌은 그의 호이다.

427 여번(璵璠) : 춘추 시대 노(魯)나라의 아름다운 옥의 이름이다. 덕과 인품이 높은 사람을 비유한다.

병들어 나라를 다스리던 손을 놓고	病閣經綸手
중추부에서 오랫동안 한가롭게 지냈네	西樞久養閒
백성들은 속수처럼 그리워하였고[428]	輿情思涑水
만년의 계책은 동산[429]에 있었네	晩計在東山
분고의 깊은 슬픔[430] 겪자마자	盆叩纔深戚
문득 들보가 꺾여 영원히 돌아갔네[431]	樑摧奄大還
조정에서 옥처럼 서있던 모습 생각하고	班行懷玉立
어려운 시국 생각하며 길이 애통해하네	長慟念時艱

428 백성들은……그리워하였고 : 속수(涑水)는 북송(北宋) 때 재상을 지낸 사마광(司馬光, 1019~1086)을 가리킨다. 사마광이 낙양(洛陽)에 15년간 살았는데, 천하 사람들이 모두 참된 재상이라고 생각하여 농부와 촌 늙은이도 모두 사마 상공(司馬相公)이라 부르고 부인과 어린아이도 그가 사마군실(司馬君實)임을 알았다고 한다. 신종(神宗)이 죽어 사마광이 대궐에 갔을 때 그를 본 위사(衛士)들이 모두 두 손을 이마에 대고 "이분이 사마 상공(司馬相公)이시다.〔此司馬相公也.〕"라고 했다는 일화가 전한다.《宋史 卷336 司馬光列傳》

429 동산(東山) : 129쪽 주270 참조.

430 분고(盆叩)의 깊은 슬픔 : 아내의 죽음을 말한다. 장자(莊子)의 아내가 죽었을 때 혜자(惠子)가 조문을 가서 보니, 장자가 바야흐로 두 다리를 뻗치고 동이를 두드리며 노래를 부르고 있었다는 데서 유래하였다.《莊子 至樂》

431 들보가……돌아갔네 : 82쪽 주144 참조.

영유 현령으로 부임하는 오 교리[432] 명준 을 전송하며

送吳校理 命峻 宰永柔

관리의 도는 누에고치실 뽑는 일 같아 본래 고생스러운데 吏道蠶絲本苦辛
간소하게 처리하는 그대는 정말 청춘이네 看君簡貴政靑春
흉년에는 백성을 가까이 하는 일이 가장 급하니 荒年莫急親民事
회양에서 누각에 누워있던 수령을 배우지 말게나[433] 毋學淮陽臥閤人

432 오 교리(吳校理) : 오명준(吳命峻, 1662~1723)을 말한다. 본관은 해주(海州), 자는 보경(保卿)이다.

433 회양(淮陽)에서……말게나 : 급암이 동해 태수(東海太守)로 있을 때 병이 많아 늘 합문(閤門) 안에 누워 정사를 오랫동안 돌보지 못했는데도 부임한 지 한 해 남짓만에 고을이 매우 잘 다스려졌고, 후에 또 병든 몸을 이끌고 회양 태수(淮陽太守)로 부임했을 때에도 회양이 잘 다스려졌다고 한다. 《史記 卷120 汲黯列傳》

강 정자[434] 준부 에 대한 만사

挽姜正字 浚溥

선부군[435]은 문업을 성대히 하여　先府盛文業
자손에게 남긴 복이 많았네　遺贏後祉長
여러 아들이 황금 상자를 얻었고[436]　籯金諸子得
뜰의 계수나무 한 가지에 향기롭네[437]　庭桂一枝芳
빼어난 기운 갑자기 사라졌으니　秀氣忽云斂
물거품 같은 세상사 어찌 그리 바쁜고　浮漚何太忙
관복은 아직까지 깨끗한데　朝衫猶未垢
혜장[438]이 독서하던 상에 드리워졌네[439]　繐掩讀書床

434 강 정자(姜正字) : 강준부(姜浚溥, 1668~1697)를 말한다. 본관은 진주(晉州), 자는 원량(元亮)이다.

435 선부군(先府君) : 강준부의 부친 강석규(姜錫圭, 1628~1695)를 말한다. 본관은 진주(晉州), 자는 우보(禹寶), 호는 오아재(聱齖齋)이다.

436 황금 상자를 얻었고 : 책을 물려받았다는 뜻이다. 영금(籯金)은 원래 상자에 담겨진 황금이란 뜻으로 많은 재물을 말하는데,《한서(漢書)》 권73 〈위현전(韋賢傳)〉에 "자식에게 한 상자 가득 황금을 물려주는 것이 책 한 권을 가르치는 것보다 못하다.〔遺子黃金滿籯不如教子一經〕"라고 한데서 유래하여 '유경(儒經)' 즉 '유가의 경서'를 뜻하기도 한다.

437 뜰의……향기롭네 : 강준부가 과거(科擧)에 급제하였다는 의미이다. 과거에 급제하는 것을 절계(折桂)라 한다.

438 혜장(蕙帳) : 영위(靈位)에 치는 휘장을 이른다.

439 관복은……드리워졌네 : 강준부가 27세에 문과 급제하여 승문원 부정자에 보임된 뒤에 갑자기 병으로 인해 세상을 떠났기 때문에 말한 것이다.《雲溪漫稿 卷10 承文院副正字姜公墓碣銘》

아이들이 말라버린 그루터기를 취하여 새 매화 옆에 붙였는데, 자세히 보니 구분할 수 있었다. 감회가 일어 읊다

兒輩取枯楂伴着新梅詳察可辨感吟

가늘고 유약한 어린 매화 볼품이 없어	稚梅纖弱欠風姿
따로 마른 그루터기를 붙이자 운치 더욱 좋네	別着枯楂韻更奇
꾸며 봤자 결국 참된 모습은 없으니	借飾終無眞氣色
얼핏 보아도 남들이 응당 알테지	也應看覷被人知

편지 끝에 써서 윤방서[440] 영감의 시골집으로 부치다
簡末 書寄尹令邦瑞鄕寓

이름난 꽃이 꿋꿋하게 울림항[441]에 있으니	名花有脛鬱林航
섣달 눈 속의 동청[442]처럼 송이송이 향기로우리	臘白冬青箇箇香
혹여 벗이 두 꽃가지를 나누어준다면	倘得故人分兩朵
추운계절에 함께 남은 향기 감상하리라	歲寒要與玩遺芳

440 윤방서(尹邦瑞) : 윤덕준(尹德駿, 1658~1717)을 말한다. 본관은 남원(南原), 자는 방서(邦瑞), 호는 일암(逸菴), 시호는 효정(孝靖)이다.

441 울림항(鬱林航) : 조상이 물려준 집이 말한다. 당(唐)의 육귀몽(陸龜蒙)이 사는 집의 대문 밖에는 울림석(鬱林石)이라는 큰 돌이 있는데, 그것은 육귀몽의 조상 육적(陸績)이 울림 태수로 있다가 그만두고 돌아올 때 행장이 텅 비어 있어 배가 너무 가벼워서 바다를 건널 수가 없었기 때문에 배의 무게를 유지하기 위하여 울림에서 싣고 온 돌이라고 한다.《新唐書 卷196 陸龜蒙傳》

442 동청(冬青) : 감탕나무인데, 겨울에도 푸르다 하여 여자의 정절에 비유하여 여정(女貞)이라고도 한다.

다시 첩운하다

復疊

강호는 얼어붙어 아득해 건너기가 어려우니	江湖氷雪渺難航
순령이 앉은 자리에 향기를 남겼던 때가 언제인가[443]	荀令何時坐處香
심부름꾼 편에 부친 시를 문득 받으니	忽得詩筒憑驛使
비록 꽃이 없어도 향기롭다네	縱無瓊卉亦芬芳

443 순령(荀令)이……언제인가 : 순령은 후한(後漢)의 상서령(尙書令) 순욱(荀彧)을 가리킨다. 그가 일찍이 특이한 향〔異香〕을 얻어 옷에 배게 하였으므로 한번 머물러 앉으면 그 자리에 사흘 동안 향내가 없어지지 않았다는 고사가 전한다.《藝文類聚 卷70 襄陽記》

윤 부학[444] 진 에 대한 만사
尹副學 搢 挽

관복 입고서 함께 벼슬길의 풍파에 분주히 오가며	纓紱交馳宦海波
구름과 노을처럼 초탈했던 공을 흠모하였네	仰公超脫似雲霞
고풍 있던 누로[445]와 규범이 동일하였고	高風樓老同規範
가학 있어 명옹[446]과 함께 절차탁마하였네	家學明翁與切磨
몸이 멀어져도 오히려 맑은 세상의 존중을 받았고	身遠尙爲淸世重
품계가 오른 것은 깊이 성상의 인정을 받아서라네	秩陞深被聖君嘉
문하에 출입하며 늘 선대의 정의를 따르려 했는데	登門每擬追先誼
천리 먼 곳에서 부고를 듣고 만사를 짓네	千里承哀作挽歌

444 윤 부학(尹副學) : 부제학 윤진(尹搢, 1631~1698)을 말한다. 본관은 파평(坡平), 자는 자경(子敬), 호는 덕포(德浦)이다.

445 누로(樓老) : 서계(西溪) 박세당(朴世堂)을 말하는 것으로 보인다. 누원(樓院)은 경기도 양주에 있는 마을 이름인데, 윤진(尹搢), 南九萬 등 소론계 인사들의 문헌에, 누원에 있는 서계 박세당을 방문한다거나 누원에서 서계 박세당을 만나다 등의 내용이 보인다.

446 명옹(明翁) : 명재(明齋) 윤증(尹拯, 1629~1714)을 말한다. 윤진은 윤순거의 둘째 아들이고, 윤황(尹煌)의 손자이다. 윤순거가 윤황의 형인 윤수(尹燧)의 양자가 되었으므로 윤진은 윤증과는 6촌간이나 혈연으로는 4촌간이 된다.

임 삼재[447] 상원 에 대한 만사
任三宰 相元 挽

세상에서는 학문의 연원 많은 책에서 온 줄 아니	世知淵學五車來
화려한 문장 조정 압도하여 앞길이 트였네	詞采傾朝進道開
문형의 명망 있었으나 한 걸음 더디었고	望在文衡遲一步
관직은 정부에 올라 정승에 가까웠네	官登政府近三台
흉금은 탁 트여 전혀 격의가 없었고	風襟洞徹渾無畛
고상한 담론 넓고 깊은데다 해학이 있었네	雅論羅穿間有詼
예순에 갑자기 세상 떠나 놀라니	六袠遽然驚逝水
길이 맑은 풍모 생각함에 절로 슬픔이 이네	永懷淸範自生哀

447 임 삼재(任三宰) : 임상원(任相元, 1638~1697)을 말한다. 본관은 풍천(豐川), 자는 공보(公輔), 호는 염헌(恬軒)이다. 삼재는 재상의 반열에서 이상(貳相)의 다음이라는 뜻으로 좌참찬(左參贊)을 의미한다.

청풍 부사 원명여[448] 성유 의 아들 원수재에 대한 만사
挽元淸風命汝 聖兪 子元秀才

전(傳)에 이르기를 "산 사람을 알고 죽은 사람을 모르는 경우에는 조문하되 애도하지 않는다."[449]라고 하였으니, 이는 군자는 정을 억지로 하지 않아 예가 정이 미치지 않는 곳에서 그침을 말한 것이다. 나는 청풍 부사 원공과 알고 지낸지 지금 삼십년이지만 늘 종유하는 일은 드물었기에 그의 맏아들 원군과는 면식이 없었다. 원공은 아우 한 명과 함께 살았는데, 우애가 아주 좋았다. 아들 두 명이 있었는데, 모두 그 집안의 아들에 걸맞았다. 지금 공이 아우를 잃고 또 맏아들을 잃었으니, 그가 아우와 자식을 잃은 애통함은 진실로 차마 말로 할 수 없다. 내가 원공을 조문하여 비록 원군에게 곡을 하지는 않았지만, 이미 공과 사이가 돈독한데다 원군의 행실이 순박하고 재주가 뛰어남을 익숙히 들었기 때문에 애도하지 않을 수가 없다. 내가 어찌 정을 억지로 하여 그런 것이겠는가. 전의 내용은 일상적인 경우를 말한 것이고, 인정은 경우에 따라 변하기에 간혹 일률적으로 말할

448 원명여(元命汝) : 원성유(元聖兪, 1640~1713)를 말한다. 본관은 원주(原州)이며, 명여(命汝)는 그의 자이다.

449 산……않는다 : 《예기》 〈곡례 하(曲禮下)〉에 "산 사람을 아는 경우에는 조문하고 죽은 사람을 아는 경우에는 애도하며, 산 사람을 알고 죽은 사람을 모르는 경우에는 조문하되 애도하지 않고, 죽은 사람을 알고 산 사람을 모르는 경우에는 애도하되 조문하지 않는다.〔知生者弔, 知死者傷, 知生而不知死, 弔而不傷, 知死而不知生, 傷而不弔.〕"라고 하였다.

수 없는 점이 있다. 원군의 장례에 내가 응당 그의 슬픔을 위로해야 하지만, 원공이 지나치게 슬퍼하다 몸이 상할까 염려된다. 그러므로 다만 조금이나마 위안을 삼을 만한 내용을 써서 위로한다.

傳曰知生而不知死弔而不傷蓋言君子不苟然强情而禮止於情所不及也余識淸風明府元公今三十年而常鮮游從故未及與其冢子元君相際元公有一弟同居情愛篤至有子二人皆稱其家兒也今公喪其弟又哭其長兒其友于情鍾之痛誠有不忍言者余之弔元公雖不哭元君而旣於公情厚且熟聞君行淳而才美故自不能不傷余豈强情而然哉傳之言言其常而人情遇境斯變或有不可以一槩言之者矣君之且葬余宜有以相其哀而恐元公過哀而致損也故只擧公之可以少慰懷者以寬

힘을 내시게 원부사여	勉哉元明府
망자를 애도하며 너무 슬퍼하지 말게	哀死毋過傷
내 위로의 말을 듣고	聽我慰譬辭
마디마디 애끊는 마음이 위로가 되었으면	庶寬寸斷腸
하늘이 이 세상에 사람을 나게 할 때는	天定賦生初
그 수명에 길고 짧음이 있지	其命有短長
단명하나 장수하나 죽는 것은 마찬가지니	短長卒同歸
비교하자면 털끝과 같네	所較若毫芒
그래서 옛날 이치에 통달한 사람은	所以古達者
마음 비워 팽상을 동일하게 보았지[450]	曠然齊彭殤

450 팽상(彭殤)을 동일하게 보았지 : 팽상은 800살을 살았다는 팽조(彭祖)와 성년이 되기 전에 일찍 죽은 아이라는 뜻의 상자(殤子)를 말한다. 《장자(莊子)》〈제물론(齊物

그대의 아들이 얼마 살지는 못했지만	令子雖無年
장년을 넘겨 또 몇 해를 더 살았네	踰壯又數霜
학문을 축적하여 문장도 뛰어났으며	績學有文藻
효성스럽고 삼가서 행실도 볼만했지	孝謹行且良
즐거움과 편안함으로 집안의 경사를 이었고	樂康承家慶
색동옷 입고서 번갈아 빛이 났네	斑綵交輝光
옛날부터 뛰어난 사람은	古來才秀人
종종 젊은 나이에 세상을 떠났네	往往弱而亡
망자가 조금 위안을 삼을 수 있으니	逝者差可慰
저들에 비하면 이미 많이 산 것이라네	視彼享已昌
더구나 공에게는 둘째 아들이 있으니	況公有季郎
기쁘게 해드리며 술잔을 올리네	怡愉以捧觴
노년을 즐거이 보낼 수 있으니	晩境足以娛
이 슬픔은 차츰 잊을만하네	此哀稍可忘
서하는 벗의 비난을 받았고[451]	西河受友譏
동문은 일상적인 이치에 통달하였네[452]	東門達理常

論)〉에 "상자보다 오래 산 사람이 없고 팽조보다 일찍 죽은 사람이 없다.〔莫壽於殤子, 而彭祖爲夭.〕"라고 하였으며, 왕희지(王羲之)의 〈난정기(蘭亭記)〉에 "죽음과 삶이 하나라는 것이 허황한 말이요, 팽조와 상자가 같다는 말이 망녕된 것임을 잘 알겠다.〔固知一死生爲虛誕, 齊彭殤爲妄作.〕"라고 하였다.

451 서하(西河)는……받았고 : 서하는 공자의 제자 자하(子夏)를 가리킨다. 자하가 서하에서 노년을 보내던 중 아들의 죽음에 충격을 받아 실명을 하고는 증자(曾子)의 꾸지람을 받자 "내가 벗들을 떠나 혼자 살다보니 그렇게 되었다.〔吾離群而索居〕"고 사과했던 고사가 있다. 《禮記 檀弓上》

부디 공은 얽매임에서 벗어나 請公豁罥係
늙은 몸을 보중하기를 깊이 생각하시게 深思老體康
서대문에서 새벽에 수레가 출발하니 白門曉車發
서글픈 심정으로 만사를 짓노라 惻惻成楚章

452 동문(東門)은……통달하였네 : 108쪽 주203 참조.

남쪽에 사는 이웃 오 판서[453] 관지에게 부치다

寄南隣吳判書貫之

종묘를 지키는 제조(提調)의 직임 한가하여	提擧官閒護閟宮
때때로 황봉주[454]와 흡사한 복주 마시네	時需福酒似黃封
남쪽 골목 이웃의 빈 술독에 나누어주어	分爲南巷空尊凸
글재주 있는 노인의 불평한 심사 씻어내네	澆却詞翁磊磈胸

453 오 판서(吳判書) : 오도일(吳道一, 1645~1703)을 말한다. 본관은 해주(海州), 자는 관지(貫之), 호는 서파(西坡)이다.

454 황봉주(黃封酒) : 관청에서 빚어 황색 비단이나 종이로 봉한 술로, 임금이 내린 술을 말한다.

원 정언 성유 가 부쳐온 시에 차운하여 다시 부치다
次元正言 聖兪 寄來韻 却寄

서대문 옆에 있는 높은 집을 바라보니	瞻望高廬傍白門
초대하여 다시 봄 술을 함께 마시고 싶네	招邀更欲共春樽
시통으로 전해 받은 능운필[455]을 즐거워하고	傳筒喜得凌雲筆
수레타고 물 건너 마을로 돌아온 줄 알겠네	命駕知還隔水村
화악[456]에 안개 걷히자 대궐은 아득하고	華嶽霧開雙闕逈
한강에 조수 들자 온갖 배 요란하네	大江潮上萬帆喧
모래톱의 갈매기는 이미 길이 쉬려는 뜻을 아니	沙鷗已識長休意
응당 돌아가 크나큰 은혜 갚기를 허락하리	應許歸酬浩蕩恩

455 능운필(凌雲筆) : 빼어난 시적 재능을 말한다. 두보(杜甫)의 〈희위육절구(戲爲六絶句)〉에서 "유신의 문장은 늙을수록 성취 높아, 구름을 찌를듯한 굳건한 필치, 뜻도 거침없네.〔庾信文章老更成, 凌雲健筆意縱橫.〕"라고 하였다.

456 화악(華嶽) : 북한산의 이칭이다. 신정하(申靖夏)가 북한산에 대하여 "도성에 가장 가까우면서 승경으로 일컬어지는 곳은 화악(華嶽)이다.〔距都城最近而以勝稱者曰華嶽〕"라고 말한 예가 보인다. 《恕菴集 卷10 送鄭生來僑遊華嶽序》

근래에 삼가 보건대 우리 성상이 날마다 경연에 나아가고 또 명을 내려 비국의 인견을 지금부터 5일마다 하기로 정하였다. 대소신료들이 성상을 뵈는 날이 거의 비는 날이 없다. 삼가 생각해보건대 성상이 지금의 시세가 날마다 더욱 어려워짐을 마음속으로 통탄스러워 하여 드러나게 힘써 노력하고 분발하여 신하의 직분을 독려하니, 누군들 성심껏 받들지 않겠는가. 밤에 앉아 있다가 감회가 일어 입으로 읊어 완성하다 무인년(1698, 숙종24)

近日伏觀 我聖上逐日御經筵 且命備局引見 從今以每五日爲日次 大小臣僚之得侍淸光 殆無虛日 蓋伏想聖心痛今日時勢 日益艱棘 赫然勵精振發而策厲臣工也 誰不欲精白奉承哉 夜坐感吟口成 戊寅

우리 성상이 분발하여 정말 다스림을 원하니	吾君奮發政求治
신하들이 모두 성상의 원대한 계책을 기뻐하네	群下咸欣大有爲
경연 열어 강학하니 비는 날이 없고	講幄開筵無曠日
비변사를 대면하는 날이 더욱 많네	籌司賜對更多時
막힌 국운이 넓어짐을 볼 수 있으리니	庶看國運恢中否
백성들의 거듭된 기근 근심 풀 수 있네	可使民憂紓荐飢
시종일관 한결같은 생각으로 더욱 힘쓰니	一念始終加勉勉
응당 저 푸른 하늘에 밝게 통하리라	也應昭格彼蒼知

교관 나중보[457] 석좌 에 대한 만사
挽羅教官仲輔 碩佐

그대와 교유한 지 삼십 년	與君論交三十年
그대의 특출한 기개 일찍부터 걸출함을 알았지	識君奇氣早傑然
하돈[458]은 꾸밈이 없어 옛 모습을 머금었고	夏敦無飾含古色
초재[459]는 보호를 잘하여 하늘에 닿을 수 있네	楚梓善護可連天
응당 명성과 공업 있어 절로 드러나리니	應有聲業自表見
결코 문장이나 지으며 늙을 사람 아니라네	決非齷齪老槧鉛
삼가 듣기로 현명한 모친의 훌륭한 가르침 있었고	恭聞哲妣嘉訓甚
더구나 훌륭한 조부[460]가 전해준 충효 계승하였다지	況襲名祖忠孝傳

457 나중보(羅仲輔) : 나석좌(羅碩佐, 1652~1698)를 말한다. 본관은 안정(安定), 자는 중보(仲輔)이다.

458 하돈(夏敦) : 하돈은 하정(夏鼎)으로, 명망 있고 영향력이 큰 인물을 비유한다. 우(禹)가 구목(九牧)의 쇠를 거두어 만든 솥인데, 그 솥 위에 만물을 그려 넣어 백성들로 하여금 선(善)과 악(惡)을 알게 하였으므로, 백성들이 도깨비나 물귀신 등을 만나지 않게 되었다고 한다.《春秋左氏傳 宣公3年》

459 초재(楚梓) : 초나라의 가래나무라는 뜻으로, 훌륭한 자질을 지닌 인물을 비유한다.《춘추좌씨전》양공(襄公) 5년 조에 "귀생(歸生)이 진(晉)나라에 갔다가 초(楚)나라로 돌아오자 초나라 영윤(英尹) 굴건(屈建)이 그에게 묻기를 '진나라의 대부와 초나라의 대부를 비교하면 어느 쪽이 훌륭한 인재가 더 많은가?'라고 하니, 귀생이 대답하기를 '진나라의 경(卿)은 초나라만 못하다. 초나라의 대부는 훌륭한 인재가 매우 많아 대부분 재상의 재목이었다. 이는 마치 기재(杞梓)와 피혁(皮革)을 초나라에서 전부 수입해 사용하는 것과 같다.'라고 하였다." 하였다.

460 훌륭한 조부 : 나석좌의 조부인 나만갑(羅萬甲, 1592~1642)을 말한다. 본관은

집안에는 성대하게 유업을 이룬 훌륭한 형님[461] 있어 家有賢伯盛儒業
도의를 익숙히 듣고 함께 절차탁마하였네 習聞道義共磨硏
중간에 시세의 변화를 겪고서 벼슬길을 접고 中閱時變謝世趨
궁핍하게 서리 내리는 개펄 밭에서 농사지었네 隱約力耕霜浦田
한번 벼슬살이로 포위[462]의 높은 명성 잠시 굽혔지만 一官暫屈布韋高
전원으로 돌아와 초탈하여 자연에 노닐었네 歸臥超脫弄雲煙
그대의 논의를 듣고서 많은 깨우침 얻었으니 每聽風論多警發
벼슬길 머뭇거리는 신세 현명한 그대에게 부끄럽네 懷祿遲徊愧君賢
유유히 흐르는 맑은 한강에서 정운[463]을 읊고 淸漢悠悠詠停雲
바라보며 아득히 아름다운 그대를 그리워하네 瞻言思子渺娟娟
그대와 나는 동갑인데 그대만 건강하더니 君我齊年君獨健
하루저녁에 갑자기 거문고 줄 끊이는 슬픔[464]이네 一夕奄然悲絶絃
옛날부터 뛰어난 인물은 대부분 단명하였지만 古來賢雋多無年

안정(安定), 자는 몽뢰(夢賚), 호는 구포(鷗浦)이다. 1627년(인조5) 정묘호란 때는 왕을 모시고 강화(江華)로 피난하였고, 병자호란 때 청과 강화(講和) 후 무고로 남해에 유배되었다.

461 훌륭한 형님 : 나양좌(羅良佐, 1638~1710)를 말하는 것으로 보인다. 본관은 안정(安定), 자는 현도(顯道), 호는 명촌(明村)이다. 윤선거(尹宣擧)의 문인으로 과거에 뜻을 두지 않고 오직 학문과 수양에만 전념하였다.

462 포위(布韋) : 무명옷을 입고 가죽 띠를 맨 가난한 선비의 복식으로 벼슬하지 않은 선비를 뜻한다.

463 정운(停雲) : 91쪽 주169 참조.

464 거문고……슬픔 : 지기(知己)의 죽음을 말한다. 춘추 시대 거문고의 명인 백아(伯牙)가, 친구 종자기(鍾子期)가 죽자 자기 음악을 들어 줄 사람이 없음을 한탄하고는 거문고 줄을 끊어 버렸다〔絶絃〕는 고사가 있다. 《列子 湯問》

담아두고 펼치지 못한 것이 그대에게만 어찌 심한가 有蘊不施子何偏
내가 한번 배를 타고 영전에 곡을 하고 싶지만 我欲一棹哭靈几
병을 앓아 그러지 못하니 도리어 안타깝네 抱疾沈沈還可憐
스스로 힘써 시를 지어 이 슬픔을 말하고는 自力爲詩抒此哀
눈물 흘리며 남쪽으로 큰 강가를 바라보네 霑涕南望大江邊

북평사로 나가는 학사 유계휴[465] 봉서 를 이별하며

別柳學士季休 鳳瑞 赴北帥幕

영남 고을에서는 잠시 가시나무에 깃들었다가[466]	嶺郡才棲棘
북방 군영으로 옮겨가 범련[467]이 되었네	關營旋泛蓮
조정에서 모두 아득히 먼 곳이지만	去朝俱邈矣
부임지 따라 정말 마음 태연하네	隨境定夷然
변방 산봉우리에 오랫동안 눈 내린 듯하고	胡岫長疑雪
변경의 봉수엔 길이 연기 피어오르지 않으리	邊烽永息煙
잠시 머무르다보면 임금이 역말로 부를 터이니	少淹應馹召
신선의 패옥이 군막의 털방석에 떨어지리라	仙佩落戎氈

465 유 학사(柳學士) : 유봉서(柳鳳瑞, 1654~1699)를 말한다. 자는 계휴(季休), 본관은 문화(文化)이다. 사헌부 집의(司憲府執義)·홍문관 교리(弘文館校理) 등을 지냈다. 교리 때 김춘택(金春澤)을 논핵하였다가 홍양 현감(興陽縣監), 북평사(北評事)로 좇겨났다.

466 가시나무에 깃들었다가 : 41쪽 주34 참조.

467 범련(泛蓮) : 막료(幕僚)로 등용됨을 말한다. 진(晉)나라 때 유고지(庾杲之)가 재상 왕검(王儉)의 막료가 되었을 적에 소면(蕭緬)이 왕검에게 보낸 편지에 "성부(盛府)의 원료(元僚)는 실로 잘 가려야 할 자리인데, 유경행(庾景行 : 경행은 유고지의 자)은 마치 푸른 물에 떠서 연꽃에 의지한 것〔泛綠水依芙蓉〕과 같으니, 어쩌면 그리도 화려하단 말입니까."고 했던 데서 온 말이다.《南史 庾杲之傳》

임천 군수로 나가는 홍 시랑[468] 구언을 이별하며
別洪侍郎九言出宰林川

지금 부임하는 고을 관찰사 지냈던 곳이니[469]	一麾今是舊藩麾
이름난 고을로 부임하는 것은 좋은 계책이지	名郡徊翔計得宜
아스라한 가을 풍경 호해에 가득하니	渺渺秋光湖海滿
사군의 시를 이길 수 있겠는가	可能勝當使君詩

'금(今)'은 어떤 본에는 '간(看)'으로 되어있다.

468 홍 시랑 : 홍수주(洪受疇, 1642~1704)를 말한다. 본관은 남양(南陽), 자는 구언, 호는 호은(壺隱) 또는 호곡(壺谷)이다.

469 지금……곳이니 : 홍수주가 1696년(숙종22)에 충청 감사로 부임하였고, 1698년(숙종24)에 임천 군수(林川郡守)로 부임하였기 때문에 말한 것이다.

부사로 연경으로 가는 참의 이득보[470]를 이별하며 2수

別李參議得甫以副价赴燕 二首

삼가 들으니 석문 어른[471]께서는　恭聞石門老
배를 타고 일본에 사신을 가서　曾泛日南槎
맑은 지조는 오랑캐에게 존중받았고　淸操爲夷重
뛰어난 문장으로 나라의 광영 드러내었다지　高文見國華
손자가 부절을 쥐고서　有孫持漢節
오랑캐 땅에 사신 가느라 북방 사막을 지나네　使虜踏燕沙
노력하여 행동 더욱 조심해야 하니　勉矣行加飭
명성이 가업을 계승할 수 있으리라　聲徽可克家

열렬했던 방희직[472]이여　烈烈方希直

470 이득보(李得甫) : 이덕성(李德成, 1655~1704)을 말한다. 본관은 전주(全州), 자는 득보(得甫), 호는 반곡(盤谷)이다.

471 석문 어른 : 이경직(李景稷, 1577~1640)을 말한다. 본관은 전주(全州), 자는 상고(尙古), 호는 석문(石門)이다. 이덕성의 조부이다. 이경직은 1617년에 회답사(回答使) 오윤겸(吳允謙)을 따라 종사관(從事官)으로 일본에 다녀왔다.

472 방희직(方希直) : 명나라 초기의 대신이자 저명한 학자인 방효유(方孝孺, 1357~1402)로, 희직은 그의 자이다. 호는 손지(遜志)이고, 시호는 문정(文正)이다. 문장과 학문에 뛰어나 혜제(惠帝)의 두터운 신임을 받았다. 당시 연왕(燕王)이던 영락제(永樂帝)가 반역하여 조카 혜제의 황위(皇位)를 빼앗은 뒤, 그에게 즉위 교서를 짓게 하였는데, 붓을 집어던지며 거절하였다. 반역 초기에 요광효(姚廣孝)가 "그는 필시 항복하지 않을 것입니다. 그러나 그를 죽인다면 천하의 독서하는 종자가 사라지게 될

문장도 훌륭하구나 文章亦偉哉
이치는 민락[473]에서 나오고 理從閩洛出
맹자와 한유의 광채 요동쳤네 光盪孟韓來
인륜의 소중함을 배양할 수 있고 可植人彝重
응당〈대아〉를 되돌려 부를만하네 應吹大雅廻
그대여 부디 한 질의 책 구하여 須君求一帙
나의 마음을 넓게 열어주시게 博我得心開

것이니, 죽이지 마십시오."라고 하여 연왕의 다짐을 받은 적이 있던 터라, 영락제는 그를 회유하기 위해 그의 10족을 차례차례 그의 앞에서 죽이겠다고 협박을 하였는데, 끝내 붓을 들지 않자 노한 나머지 그와 그의 10족을 멸하였다.《明史 卷141 方孝孺列傳》

473 민락(閩洛) : 주자(朱子)와 정자(程子)의 학문을 가리킨 말이다. 송(宋)나라 이학(理學)의 4대파 중에서 주희(朱熹)는 민중(閩中)에서 태어났고, 정호(程顥)・정이(程頤)는 낙양(洛陽)에서 태어났으므로 출생한 지명을 따라 일컬은 말이다.

급장유의 옛 고을로 부임하는 유 정 신일 을 이별하며[474] 우스갯말을 쓰다

別兪正 信一 赴汲長孺舊郡 作戲語

회양은 사방이 진정한 선경이니 淮陽四履眞仙府

여러 신선 도맡아 다스려 실로 풍악(楓嶽)[475]의 주인이 되네 統攝群眞寔爲楓嶽主

영해와 홍운과 채하[476]는 직전[477]이 되고 瀛海紅雲彩霞爲職田

봉래산의 자초와 단사가 육포를 대신하네 蓬山紫草丹砂代脩脯

부임하는 수령은 대체로 필시 신선과 인연이 있을 것이니 莅者大抵必仙緣

종종 있는 속리는 헤이릴 것도 없네 往往俗吏不足數

여러 신선의 무리가 함께 도모하여 列仙之徒相與謀

474 급장유(汲長孺)의……이별하며 : 급장유는 전한(前漢) 때의 급암(汲黯)으로, 장유(長孺)는 그의 자이다. 직간(直諫)으로 유명하며, 회양 태수(淮陽太守)로 나가 치적을 남겼다. 유신일(兪信一, 1660～1724)의 본관은 창원(昌原), 자는 도숙(道叔)이다. 1689년(숙종15) 문과에 급제한 후 집의・문학・필선・장령・장악원 정(掌樂院正) 등을 지냈으며, 1698년(숙종24)에 회양 부사로 부임하였다. 본문에서는 유신일이 부임했던 강원도 회양이 급암이 태수로 나갔던 중국의 회양과 명칭이 동일하기 때문에 말한 것이다.

475 풍악(楓嶽) : 금강산을 말한다.

476 영해와 홍운과 채하 : 선경(仙境)을 지칭하는 말이다.

477 직전(職田) : 세조(世祖) 때 종전의 과전(科田)에 대체하여 현직 관료에게만 그 직사(職事)에 대한 대가로 녹봉(祿俸) 이외에 그 수조권(收租權)을 지급하던 토지이다.

어떻게 신선의 자질 가려내어 우리 땅에 수령으로 삼을까 하였네
于何擇得仙才尸吾土

내가 듣기로 고매한 은자 근처 백운산에 사는데 竊聞高隱近住白雲山

그 사람 훌륭하고 뛰어나 도기가 눈썹과 이마에 흘러 넘친다 하네
其人奇拔道氣鬱沸在眉宇

근래에 잠시 뜻을 굽히고 속세의 도성에서 間者蹔屈長安塵

벼슬살이에 얽매여 머리 조아렸네 束以纓弁首爲俯

하지만 세상을 경시하는 풍취가 있었고 雖然傲睨風趣

몸은 조정으로 들어갔지만 마음만은 산수에 있었네
超身着金門而意在山巓與水滸

율리의 국화[478]와 고산의 매화[479]를 손수 길렀고 手栽栗里菊孤山梅

뜰에는 아름다운 꽃과 나무가 줄지어 서있었네 庭列瓊花與琪樹

신선들이 의견을 모아 위로 하늘에 고하니 衆眞合辭上訴天

드디어 도옹[480]에게 명을 내려 회양의 수령자리 주었네
遂命道翁左縻淮陽組

해악과 풍운은 갑자기 생기가 돋고 海嶽風雲倏生色

성관과 하패[481] 차림의 신선은 분주히 맞이하러 와서 먼저 만나보려고

478 율리(栗里)의 국화 : 율리는 진(晉)나라의 처사(處士)인 도연명(陶淵明)이 은둔한 곳으로, 도연명은 일찍이 소나무와 국화를 좋아하였다. 그가 지은 귀거래사(歸去來辭)에 "세 오솔길은 황폐해졌으나 소나무와 국화는 그대로 남아있다.〔三徑就荒, 松菊猶存.〕"고 읊은 내용이 유명하다.

479 고산(孤山)의 매화 : 48쪽 주47 참조.

480 도옹(道翁) : 유신일을 말한다. 유신일의 자가 도숙(道叔)이기 때문에 말한 것이다.

다투리라 星冠霞佩紛紛來迓爭先覩

부석[482]으로 아침에 중향성[483]에 오르고 鳧舃朝踏衆香城

화려한 배를 타고 가을에 삼일포[484]를에 노닐겠지 綵舫秋蕩三日浦

내가 예전에 신선고을 금양의 수령을 되었다가 我曾一麾金壤作仙尉

다시 청도에 들어가 구름문을 두드렸었지[485] 再入淸都叩雲戶

훗날 혹시 구전단[486]을 만든다면 他時倘有九轉成

한 숟가락 얻어서 겨드랑이에 훨훨 날개 돋기를 바라네

願霑刀圭飄飄腋生羽

481 성관(星冠)과 하패(霞佩) : 성관은 별로 만든 모자라는 뜻으로, 도사(道士)들이 쓰는 모자를 말하고, 하패는 신선이 차는 패옥을 말한다.

482 부석(鳧舃) : 54쪽 주58 참조.

483 중향성(衆香城) : 85쪽 주153 참조.

484 삼일포(三日浦) : 85쪽 주152 참조.

485 내가……두드렸었지 : 금양(金壤)은 강원도 금성현(金城縣)으로, 서종태는 1684년(숙종10)에 금성 현령으로 부임하였고, 이어 금강산(金剛山)을 유람하였는데, 그 때의 일을 말한다. 청도는 천제(天帝)가 사는 궁궐을 말하는데, 본문에서는 신선이 모이는 곳을 뜻한다.

486 구전단(九轉丹) : 단사(丹砂)를 아홉 번 제련(製鍊)해서 만든다는 도가(道家)의 선약(仙藥)으로 이것을 복용하면 신선이 되어 장생불사(長生不死)한다고 한다.

강화의 관사에서 시를 지어 유수 이양숙 대감 이명 과 함께 갔던 홍 중익 내한 에게 삼가 보이다

在江華館舍吟成 奉示留守李台養叔 頤命 與同行洪重益內翰

당시에 나는 홍문관 대제학 동지춘추관사로 노산대군의 실록을 고출[487]하는 일로 명을 받고 갔다.

수행원들과 나란히 명광전[488]을 나와	聯翩擁傳出明光
교지 받들고 와서 보관된 실록을 보았네	奉旨來窺玉版藏
명산의 바람과 구름이 엄숙히 펼쳐지고	名嶽風雲開肅肅
열성조의 훌륭한 정치가 찬란히 담겨 있네	列朝謨典貯煌煌
무거운 산처럼 튼튼한 요새라는 말 들어 기쁘고	欣聞鎖鑰如山重
긴 바다와 어우러진 돈대를 아득히 바라보네	極望臺隍並海長
졸렬한 재주로 감히 관직이 태사라고 말할 수 있으랴	薄劣敢言官太史
용문이 예전에 포장한 일[489]을 부질없이 떠올리네	龍門謾憶舊鋪張

487 고출(考出) : 실록(實錄)을 포쇄(曝曬)할 때 취래(取來)·고출(考出)·개장(改粧)·개궤(改櫃) 등의 작업을 하는데, 고출은 실록의 내용을 초록(抄錄)하는 것을 뜻한다. 실록의 포쇄관(曝曬官)으로는 예문관 봉교·대교·검열이 파견되었다.

488 명광전(明光殿) : 한대의 궁전 이름으로, 전하여 대궐을 가리킨다.

489 용문(龍門)이……일 : 용문은 사마천(司馬遷)을 말한다. 예전에 포장한 일이란 사마천이 《사기(史記)》에서 진 공자 완(陳公子完)과 필만(畢萬)의 세가(世家)를 기술하는 가운데, 점을 쳐 본 결과 후손이 크게 될 것이라든지, 또는 후손이 반드시 나라를 가지게 될 것이라든지 하여, 마치 그들이 왕기(王氣)를 타고난 인물들인 양 우상화한 것을 가리킨 말이다. 《史記 卷44 魏世家 田敬仲完世家》

박 사예[490] 수검 사장[491]에 대한 만사

挽朴司藝 守儉 詞丈

밤에 앉아 빨리 짓다.

예로부터 문예와 학술은	自古文藝與學術
계승하지 않고 특출한 것이 가장 어렵다고 하네	無承特起最稱難
비유하자면 상서로운 영지가 뿌리 없는 것과 같으니[492]	如瑞芝不根生
필시 천품이 빼어난 천품에 사람의 노력 다한 것이겠지	必是天分秀異人功殫
아름다운 자질 지닌 박공은 호서의 훌륭한 선비로	有美朴公湖鄉彦
젊은 나이에 빼어나 재주 걸출하였네	夙歲崛然才傑特
공의 집안은 깊은 골짜기에 있어 연원이 없었으니	公家深峽無淵源
어찌 남에게 배운 것이랴? 모두 타고난 것이라네	豈資擩染皆天得
더구나 다시 장막 드리우고서[493] 극진히 노력하였고	況復下帷極劬勤

490 박 사예(朴司藝) : 박수검(朴守儉, 1629~1698)을 말한다. 본관은 의흥(義興), 자는 양백(養伯), 호는 임호(林湖) 혹은 만곡(晩谷)이다.

491 사장(詞丈) : 문단의 어른이라는 뜻이다.

492 영지가……같으니 : 뛰어난 인재가 가문이나 출신에 상관없이 나온다는 뜻이다. 삼국 시대 오(吳)나라 우번(虞翻)이 아우에게 보낸 편지에 "지초는 뿌리가 없고 예천은 근원이 없다.〔芝草無根, 醴泉無源.〕" 하였다. 《太平御覽 卷510》

493 장막 드리우고서 : 부지런히 학문에 종사했다는 뜻이다. 서한(西漢)의 학자 동중서(董仲舒)가 장막을 드리운 채 강론을 하였으므로 제자들 중에서도 그 얼굴을 한 번도 보지 못한 자가 있었으며, 독서에 심취한 나머지 3년 동안 집의 뜨락을 내다보지도 않았다는 고사가 전한다. 《史記 卷121 儒林列傳 董仲舒傳》

여러 경전과 백가를 끝까지 탐구하였네 群經百家窮探討
문장으로 발현하면 아무도 예봉을 감당할 수 없었고 發爲辭章鋒莫當
과거 시험장에 나가면 그때마다 크게 떠들썩했네 出游場屋輒大噪
사십년 선비로 지내다 늦은 나이에 과거에 급제하여 四十布韋晩擢第
낮은 직책 전전하여 높은 관직에 오르지 못했네 郎潛吏隱宦名薄
고향 땅에서는 한 치의 농토도 증식하지 않았고 梓鄕不長尺寸田
권세가에는 본래 평소 발걸음 하지 않았네 權門本無平生跡
억지로 벼슬하여 성균관 관원이 되니 삼품의 관직인데 强起師儒且三品
때 묻은 적삼 늘어뜨리며 관직도 별 볼일 없었네 塵衫沓拖官猶冷
대문 닫고 외루[494]처럼 담박하게 지냈지만 杜門澹如似畏壘
정신은 왕성하여 오히려 문장에 힘을 쏟았네 神王尙騖文章境
일생의 탐구는 《주역》에 있었으니 一生硏覃在大易
자나깨나 희문[495]을 보려고 하였네 寤寐庶幾見羲文
마음에 합치하여 손으로 기록한 것 상자에 넘쳐나 心契手錄富溢篋
그저 아침저녁으로 양자운을 기다렸네[496] 只待朝暮揚子雲

494 외루(畏壘) : 순박한 사람이 모여 사는 시골을 말한다. 《장자(莊子)》 〈경상초(庚桑楚)〉에 "노담의 제자 중에 경상초라는 자가 있었다. 그는 노담의 도를 일부분만 터득하였는데, 북쪽의 외루라는 산에 가서 살면서 그 하인들 중에 분명하여 지혜로운 자는 쫓아 버리고 그 첩들 중에 의기양양하게 어진 자는 멀리하여, 순박한 사람하고만 같이 살고 부지런히 힘써 일하는 하인들만 부리고 살았다. 이렇게 산 지 3년 만에 외루 지방에 큰 풍년이 들었다."라고 하였다.

495 희문(羲文) : 복희씨(伏羲氏)와 문왕(文王)을 말한다. 복희씨가 맨 처음 팔괘(八卦)를 긋고〔畫〕거듭하여 육십사괘(六十四卦)를 만들었으며, 뒤에 주나라 문왕이 유리(羑里)에 갇혀 있으면서 복희씨의 《주역》에 괘(卦)마다 괘사(卦辭)인 단사(彖辭)를 붙였다.

객지에서 한 번 병들어 대산에 노닐었으니[497] 旅榻一疾遽游岱
칠십 평생 속세의 객으로 지냈네 七十年作塵間客
공의 문장과 학술을 혹 다시 조금 정리한다면 公之文術倘復少加理
어찌 천추에 손명복[498]에게 양보하랴 豈讓千秋孫明復
훌륭한 점은 이따금씩 옛 사람과 같아서 高處往往似古人
고운 말로 당시의 추이를 따르려 하지 않았네 不肯姸語循時趣
세상에 알아주는 이 없으니 어찌하리오 世無賞識可如何
아, 당세와 어긋나 불우하였네 嗟哉詭時以不遇
도관의 시명(詩名)을 어찌 가릴 수 있으랴[499] 都官詩聲豈掩沒

496 양자운(揚子雲)을 기다렸네 : 자신의 진가를 알아주는 사람을 기다린다는 뜻이다. 양자운은 한대(漢代)의 문장가인 양웅(揚雄)으로, 자운은 그의 자이다. 그가 《태현경(太玄經)》을 지었을 때 사람들이 모두 비웃자, 말하기를 "세상에서 나를 알아주지 않음이 해로울 것이 없다. 후세에 다시 양자운이 있어서 반드시 좋아할 것이다.〔世不我知無害也, 後世復有揚子雲必好之.〕"라고 하였다.

497 대산(岱山)에 노닐었으니 : 사람이 죽었음을 의미한다. 중국 삼국 시대 건안칠자(建安七子)의 한 사람인 유정(劉楨)이 〈증오관중랑장(贈五官中郎將)〉 시에서 "대종에 노닐러 갔다가 다시는 친구를 보지 못할까 늘 걱정이라네.〔常恐遊岱宗, 不復見故人.〕"라고 한 데서 생겨난 말이다. 대종은 태산(太山)이다. 《원신계(援神契)》에 이선(李善)의 주(注)에 "태산은 천제의 손자로 인간의 넋을 부르는 일을 주관한다.〔太山 天帝孫也, 主召人魂.〕"라고 하였다.

498 손명복(孫明復) : 송대(宋代)의 학자 손복(孫復)을 가리킨다. 명복은 그의 자이며, 호는 수양자(睢陽子)이다. 태산에 은거하여 문도를 모아서 가르치고 글을 저술하며 특히 《춘추(春秋)》를 전문으로 가르쳤는데, 세상에 널리 이름이 나서 '태산하유손명복(泰山下有孫明復)'이라 불렸다. 저서로 《역설(易說)》, 《춘추총론(春秋總論)》, 《손명복집(孫明復集)》 등이 있다. 《宋名臣言行錄》

499 도관의……있으랴 : 송대(宋代)의 유명한 시인 매요신(梅堯臣)을 가리킨다. 그가 도관 원외랑(都官員外郎)을 지냈다. 당(唐)나라 말기에 정곡(鄭谷)이 시를 잘 지어

정요의 사시를 누가 지어줄 수 있을까[500] 貞曜私謚誰發揮
내가 소년 시절부터 일찍 공에게 배웠으니 余從羈貫早習公
천거하려던 평소 마음 지키지 못해 늘 부끄럽네 每愧薦揚素心違
선친과 두터웠던 옛 정의를 추억해보니 感憶先子舊誼深
살뜰히 돌봐주시던 일 마음에 걸려 감히 잊지 못하네 中佩眷厚未敢忘
아득한 맑은 한강 너머에 공의 묘소가 있으니 清漢渺渺隔公葬
시를 지어 조문함에 눈물이 줄줄 흐르네 作詩誄公涕淚長

세상에서 유명하였는데, 그때 사람이 그 관직에 따라 정도관(鄭都官)이라 하였다. 매성유가 만년에 도관(都官)이 되었다. 어느 날 구양영숙(歐陽永叔)의 집에 모였는데, 유원보(劉元父)가 농담하기를, "매성유의 벼슬이 반드시 여기에 그칠 것이다. 예전에는 정도관(鄭都官)이 있었고 지금은 매도관(梅都官)이 있다." 하였다. 자리에 있는 손님들이 다 놀라고 매성유도 기뻐하지 않았는데, 얼마 되지 않아 매성유가 병들어 죽었다. 《大東野乘 筆苑雜記》

500 정요(貞曜)의……있을까 : 당(唐)나라 때의 시인 맹교(孟郊)가 64세로 죽자 장적(張籍)이 정요선생(貞曜先生)이라는 사시를 지어 주었던 고사가 있다. 《新唐書 卷176 孟郊傳》

현석[501] 댁의 연시연[502]에 참석했다가 돌아와 읊다
玄石宅延諡 與筵歸來吟成

산이 무너지는 슬픔[503]에 몇 년간 애통했는데	山頹深慟數年强
아득한 파수[504]는 굽이굽이 길이 흐르네	坡水悠悠九曲長
세상에 드리운 명성과 계책 여전히 빛나고	垂世聲猷留奕奕
역명의 은전[505] 영광스레 내려졌네	易名恩誥降煌煌
봄을 맞아 술잔 기울일 때 아름다운 명을 받았고	當春樽斝承嘉命
눈 위에 서있는 선비들은 성대한 모습 보았네	立雪衿紳覩盛光
애영[506]으로 높이는 방도 더 이상 서운함 없으니	尊道哀榮無復憾

501 현석(玄石) : 박세채(朴世采, 1631~1695)를 말한다. 본관은 반남(潘南), 자는 화숙(和叔), 호는 현석(玄石)·남계(南溪)이다.

502 연시연(延諡宴) : 조상에게 내리는 시호(諡號)를 받들어 모시라는 나라의 통고에 따라 그 본가(本家)에서 죽은 이의 신주(神主)를 받들고 나아가 선시(宣諡)하러 나온 선시관(宣諡官)을 맞이하여 의식을 행한 후에 베푸는 잔치이다.

503 산이 무너지는 듯한 : 스승의 죽음을 가리킨다. 82쪽 주144 참조.

504 파수(坡水) : 경기도 파주의 임진강을 말하는 것으로 보인다. 박세채는 1687년(숙종13)에 양주(楊州)에서 파주(坡州) 광탄(廣灘) 만성정(晩醒亭)으로 이거(移居)하였다. 《厚齋集 卷44 文純公南溪先生行狀, 韓國文集叢刊 156輯》

505 역명(易名)의 은전 : 역명은 이름을 바꾼다는 것으로, 시호(諡號)를 내림을 뜻한다. 춘추 시대에 위(衛)나라의 대부인 공숙문자(公叔文子)가 작고하자 그의 아들이 임금에게 시호를 청하기를, "세월이 흘러 장사를 지낼 때가 되었으니 이름을 바꿀 것을 청합니다.〔日月有時, 將葬矣, 請所以易名者.〕"라고 한 데서 나온 말이다. 《禮記 檀弓下》

506 애영(哀榮) : 생전에는 영예를 누리고 살며 사후엔 애도를 받았다는 말이다. 《논어》〈자장(子張)〉에 자공(子貢)이 공자를 두고 "그분이 살아 계시면 사람들이 영광으

옛 문과 담장에서 슬픈 기억을 견딜 수 없네　　不堪悲憶舊門墻

로 여기고, 그분이 돌아가시면 사람들이 슬퍼할 것이다.〔其生也榮, 其死也哀.〕" 한 데서 유래하였다.

왕세자의 천연두가 나아 건강이 회복되어 옥당의 여러 사람들이 기쁨을 기록하는 시를 짓고, 여러 정승과 여러 재신이 모두 차운하기에 삼가 차운하였다 기묘년(1699, 숙종25) 1월

王世子痘候平復 玉堂諸君作志喜詩 諸相公諸宰皆次之 敬次 己卯正月

신하들이 만세 부르며 성상에게 하례 올리니　簪佩呼嵩賀縣官
궁궐의 상서로운 운무가 아침의 찬 기운을 걷었네　千門瑞靄破朝寒
초 태자가 어찌 물결치기를 기다릴 필요 있으랴[507]　楚儲何待觀濤起
주나라 궁전에선 잠자리 안부 묻는 것을 거듭 들었네[508]　周殿重聞問寢安
마침 상서로운 기운 봄에 함께 모이는 것을 보고　政覩吉祥春共集
많은 복이 바다처럼 마르지 않기를 기도하네　更祈繁祉海無乾
옥좌를 우러러 봄에 환한 기색 퍼지니　仰瞻玉座敷腴色
어찌 팔도의 백성들만 기뻐 노래하리오　何獨民謠八域歡

507 초……있으랴 : 한(漢)나라 매승(枚乘)이 〈칠발팔수(七發八首)〉를 지어 초 태자(楚太子)의 병을 치유하였는데, 제5발에 이르기를 "팔월 보름날이 되면 여러 공후(公侯) 및 먼 지역에서 사귄 형제들과 함께 광릉의 곡강으로 물결치는 것을 구경하러 갈 것이다.〔將以八月之望, 與諸侯遠方交遊兄弟, 竝往觀濤于廣陵之曲江.〕"라고 한 고사에서 나온 말이다.

508 주나라……들었네 : 황태자가 효성스럽게 황제에게 문안을 드리는 것을 말한다. 주 문왕(周文王)이 세자로 있을 적에 아침과 점심과 저녁 등 하루에 세 차례씩 왕계(王季)에게 문안을 올렸다는 '문침시선(問寢視膳)'의 고사가 있다. 《禮記 文王世子》

인현왕비[509]에 대한 만사 신사년(1701, 숙종27)

仁顯王妃挽詞 辛巳

임사[510]의 아름다운 명성 멀리까지 전하니	任姒流芳遠
휘음[511]을 번갈아 이었네	徽音代有編
형통함을 실천하면 인이 절로 드러나고	履亨仁自著
복을 받으면 장수도 이어지건만	膺祉壽仍延
지극한 덕이 오직 오늘만	至德唯今日
징험함이 없으니 저 하늘을 어찌하리오	無徵奈彼天
신하와 백성 몹시 가슴아파하여	臣民偏結痛
적거[512] 앞에서 줄줄 눈물 흘리네	雨泣翟車前

509 인현왕비(仁顯王妃) : 인현왕후를 말한다. 숙종의 계비로, 아버지는 여양부원군(驪陽府院君) 민유중(閔維重)이고 어머니는 송준길(宋浚吉)의 딸이다. 1681년(숙종7) 가례(嘉禮)를 올리고 숙종의 계비가 되었고, 1701년 8월 14일에 승하하였다. 시호는 효경숙성장순의열정목인현 왕후(孝敬淑聖莊純懿烈貞穆仁顯王后)이고, 능호는 명릉(明陵)으로 경기도 고양시 신도읍 용두리 서오릉 묘역 내에 있다.

510 임사(任姒) : 문왕(文王)의 어머니인 태임(太任)과 무왕(武王)의 어머니인 태사(太姒)로 모두 성덕(聖德)을 지닌 왕후들이다.

511 휘음(徽音) : 후비(后妃)의 아름다운 덕을 표현할 때 쓰는 말이다. 《시경(詩經)》 대아(大雅) 사제(思齊)의 "태사께서 태임(太任)의 아름다운 덕을 이어 받으셨다.〔太姒嗣徽音〕"는 말에서 나온 것이다.

512 적거(翟車) : 옛날 후비(后妃)가 타던 수레로서, 꿩 털로 장식되었으며, 나중에는 후비를 가리키는 말로 쓰였다.

또
又

하늘이 거듭 경명[513]을 내려	上天申景命
중전(中殿)이 왕비의 덕을 재차 이루었네	中壼再陰功
성대한 덕으로 남을 포용한 일 많고	盛德多容物
자애로운 은혜는 세자를 기른 데서 알 수 있네	慈恩見育沖
한창 천세의 축수가 드높은데	方騰千歲祝
갑자기 이남의 풍교[514] 거두었네	遽輟二南風
무덤의 묘지(墓誌)가 밝게 빛나니	炳煥幽宮誌
성상의 깊은 슬픔을 알 수 있네[515]	深哀想聖衷

513 경명(景命) : 큰 명이라는 뜻으로, 하늘이 훌륭한 왕비를 내려주는 것을 말한다. 《시경》〈대아(大雅) 기취(旣醉)〉에, "군자에게 만년토록 하늘의 큰 명이 따르게 해 주리라. 큰 명이란 것이 무엇인가 하면, 바로 여사를 내려 주시는 것이라네.〔君子萬年, 景命有僕, 其僕維何? 釐以女士.〕"라고 하였다.

514 이남(二南)의 풍교 : 이남은 《시경》의 〈주남(周南)〉과 〈소남(召南)〉으로, 여기에 채록된 시들은 주로 문왕(文王)과 후비(后妃)의 덕화(德化)를 읊은 것이다. 이남의 교화는 왕과 왕비의 덕이 높아 백성들이 잘 교화됨을 말한다.

515 무덤의……있네 : 인현왕후가 승하한 뒤에 숙종이 친히 왕후의 행록(行錄)을 지었고, 이조 판서 이여(李畬)가 지문(誌文)을 지었는데, 그 일을 말한다. 《肅宗實錄 27年 11月 23日》

또
又

현(顯)은 아름다운 행실이 드러났기 때문이고	顯爲嘉行著
인(仁)은 성스러운 자질이 순수함에서 알 수 있네	仁見聖資純
아름다운 공열 어찌 다 열거할 수 있으랴	徽烈摸何盡
높은 명성 옛날에도 짝할 이 없네	尊名古莫倫
어머니 잃은 세자를 걱정하고	失慈憂貳極
보좌하던 아내 슬퍼하는 성상을 우러러보네	悼佐仰重宸
마지막 유언은 선대의 아름다움 따랐으니	末命遵先美
혜택이 새로움을 더욱 볼 수 있다네[516]	彌看惠澤新

'도(悼)'가 어떤 본에는 '사(思)'로 되어 있다.

516 마지막……있다네 : 인현왕후가 임종할 적에 경계의 말씀을 올려 숙종을 감동시키고, 백성들의 재력을 아껴 자신의 장례를 검소하게 치르라고 유언하여 백성들을 감동시켜 울게 하였음을 말한 것이다.《陶谷集 卷1 仁顯王后挽》

또
又

옥체가 일 년 동안 병을 앓아	玉體周年疾
종묘사직 몹시 걱정하였네	深憂係廟祧
팔십일 동안 보호하는 직임 맡아	八旬叨保護
한밤중에 오래도록 마음 졸였네	中夜久熬焦
약시중 들며 정성 다하지 못해 부끄럽건만	嘗藥慙誠格
어사주 베풀어 넉넉한 은택 입었네	宣觴荷澤饒
저승 가는 길 따를 수가 없으니	眞游攀莫及
피눈물 흘리며 높은 하늘을 바라보네	霑血望重霄

삼재(三宰)[517]에 새로 임명되었다는 소식을 듣고 황급히 압구정 강촌으로 나가서 우선 머물렀다. 아우 이 덕수 가 와서 돌아가신 숙부[518]의 강변 누각에 머무르고 있다는 소식을 듣고는 가서 만나보았다 그 기행시 몇 편을 얻어 밤에 앉아 붓 가는 대로 차운하여 감회를 쓰다

聞有三宰新命 遽出狎鷗亭江村 姑留之 聞李弟 德壽 來留先叔江閣 往見之 得其紀行詩數篇 夜坐信筆次之 以抒感懷

명철하던 숙부 얼마 살지 못하고 오십에 세상 떴으니	哲叔無年半百忙
훌륭한 말 응당 역사책에 길이 빛나리라	昌言應照簡編長
밝은 시대에 평소 품은 뜻 더욱 궁구했다면	明時益究平生蘊
성대한 업적의 찬란한 빛 어찌 헤아릴 수 있으랴	盛業輝光詎可量
아득히 흐르는 맑은 한강에 저녁놀 넘실대는데	淸漢悠悠漾暮暉
작은 정자 고요하고 대낮에 문은 닫혀있네	小亭虛関晝關扉
그 옛날 준충이 느꼈던 산하의 감정이 드니[519]	山河千古濬沖感
그대가 아니면 저승으로 누구와 돌아갈까	微子九京誰與歸

517 삼재(三宰) : 186쪽 주447 참조.

518 돌아가신 숙부 : 이덕수의 부친 이징명(1648~1699)을 말한다. 이징명의 모친은 서종태의 증조부인 달성위(達城尉) 서경주(徐景霌)의 딸이므로, 이징명은 서경주에게 외손자가 된다. 그러므로 이징명은 서종태에게 인척으로 숙부가 된다.

519 그……드니 : 89쪽 주167 참조.

풍경은 변하지 않아 예전과 같으니	雲物依依似昔年
서루의 그림자 흰 갈매기 앞으로 드리우네	書樓影落白鷗前
음성과 모습 모시고 노닐던 곳에서 어렴풋이 보이는 듯	聲容怳覩陪游地
한밤중에 슬픔에 목이 메여 절로 잠을 못이루네	悽咽中宵自廢眠

온화한 풍모 어찌 다시 뵙겠는가	和風那復襲
넓은 의론 예전에 들었지	竑論記曾聞
나는 실로 공경하여 의표로 삼았건만	余實欽爲表
공은 늘 낮추어 벗으로 대하였네	公常降與群
도도히 흘러가는 물결에 놀라고	滔滔驚逝水
아득하기는 높은 구름과 같네	渺渺似高雲
그래도 청상의 가업[520]을 기뻐하니	猶喜青箱業
집안을 이을 그대가 있어서라네	承家乃有君

520 청상(青箱)의 가업 : 집안에 대대로 전해지는 학문을 이른다. 《송서(宋書)》 권60 〈왕준지열전(王准之列傳)〉에 왕준지의 증조 왕표지(王彪之) 때부터 박학한 지식과 사실(史實) 등을 푸른 궤[青箱]에 넣어 대대로 전수하였으므로 사람들이 '왕씨 청상학(王氏青箱學)'이라고 일컬은 데서 유래하는 말이다.

잠시 경양루[521]에서 쉬다가 읊어서 주인에게 보여주다 누각은 관사 서쪽에 있다 누각은 연못을 판 뒤에 지어졌는데, 연못은 바로 내가 만든 것이다[522]

暫憩慶陽樓 吟成示主人 在衙舍西 樓成於池沼鑿後 池卽拙政也

임오년(1702, 숙종28)에 함경도 별견 시관으로 지나던 때이다.

내가 수령으로 있던 해에는 연못만 팠는데	拙政當年但鑿斯
다시 보니 아름다운 누각이 이전보다 화려하네	更看華閣侈前規
지금부터 한 고을에 풍류가 성대해질 터이니	從今一縣風流盛
얼마나 많은 산공이 습지에서 취하려나[523]	幾許山公醉習池

521 경양루(慶陽樓) : 강원도 금성현(金城縣) 읍내에 있는 누각이다.

522 연못은……것이다 : 서종태는 1684년(숙종10)에 금성 현령으로 부임한 적이 있다.

523 산공(山公)이 습지에서 취하려나 : 산공은 진(晉)나라 때 인물인 산간(山簡)을 말하고, 습지(習池)는 옛날 양양(襄陽)의 호족인 습씨(習氏)의 원지(園池)인 습가지(習家池)의 준말로, 일명 고양지(高陽池)라 한다. 산간이 술을 매우 좋아했는데, 그가 일찍이 양양 태수(襄陽太守)로 있을 적에 현산(峴山) 아래 위치한 이 원지(園池)의 경치가 매우 좋아서 매일 그곳에 나가 온종일 술을 마시고 곤드레가 되어 돌아오곤 하여 풍류를 만끽했던 고사가 있다. 《晉書 卷43 山濤列傳 山簡》

안변에 이르러 슬픔을 기록하다

到安邊志哀

약관의 나이에 유람 왔던 일 아득히 생각나니	弱冠游蹤想黯然
당시에는 색동옷 앞에서 즐거움 넘쳐났었지[524]	當時樂洽綵衣前
여생은 근심 안고 더부살이 하는 듯하고	餘生抱恤身如寄
옛 부임지에 수레 멈추자 애통함 감도네	舊府停軺痛自纏
아전을 보니 풍속은 예전 그대로이고	謠俗依依看吏隸
울창한 풍경에서 산천을 알아보겠네	風光鬱鬱認山川
어찌 다만 낭군의 얼굴만 기억하리오	何徒記識郎君面
노인들이 응당 옛 은택 이야기하리라	耆老唯應惠澤傳

'포휼(抱恤)'이 어떤 본에는 '함색(含索)'으로 되어 있다.

524 약관의……넘쳐났었지 : 1674년(현종15)에 서종태의 부친인 서문상(徐文尙, 1630~1677)이 안변 부사로 부임을 하였고, 그 해에 서종태가 부친의 부임지인 안변과 덕원(德源) 지역을 유람하였다.

함관령을 넘을 때 입으로 읊다

踰咸關嶺時口成

함관령 위에서 동해 바다 바라보니	咸關嶺上眺東溟
구름 아득하고 온통 푸른빛이네	雲氣茫茫大約青
변방에 이어진 산들은 온통 눈으로 덮여있고	接塞群峰渾有雪
바다 위의 여러 섬은 아득히 부평초인 듯	涵空列嶼渺如萍
이렇게 구획을 지은 것은 응당 하늘의 뜻이고	區分如許應天意
남달리 우뚝 솟은 모습은 지형에서 알 수 있네	雄拔殊他見地形
북쪽 바라보며 가장 시름 깊은 곳은	最是北望愁絶處
오랑캐 땅 가까운 쓸쓸한 변방이라네	蕭蕭邊色近戎庭

북청에서 출발하면서 홍 절도사[525] 시주 에게 주다

在北青臨發 書贈洪節度 時疇

거대하고 웅장한 고을에 절도사의 병영 있으니	雄府槃槃節度營
공은 평안 병사로 위엄과 명성을 드러내었네	公從西閫著威聲
지형은 북쪽을 향해 멀리 변방에 이어지고	地形北控連遙塞
바다는 동쪽으로 흘러 큰 성을 두르고 있네	海色東來繞大城
큰 관문으로 역마 내달려 먼 길에 수고롭고	擁傳脩關勞遠役
화려한 누각의 술자리에서 깊은 정을 보네	開尊華閣見深情
변방 안정에는 예부터 인화가 중요하니	安邊自古人和重
상책이 어찌 다만 군사조련에만 있겠는가	上策何徒在甲兵

525 홍 절도사 : 남병사(南兵使) 홍시주(洪時疇 , 1638~1707)를 말한다. 본관은 남양(南陽), 자는 서중(叙仲)이다. 병사(兵使)는 병마절도사의 이칭이다. 조선 시대에 함경도를 남도와 북도로 나누고, 남도의 북청(北青)에 둔 병사를 남병사, 북도의 경성(鏡城)에 둔 병사를 북병사라고 하였다. 품계는 종2품이었다.

마운령[526]에서 입으로 읊다

磨雲嶺吟成

마운령이 흰 구름 너머로 드러나니	磨雲嶺出白雲端
고개 아래로는 아득히 푸른 바다 넘실대네	嶺底茫茫滄海瀾
수많은 봉우리 들쭉날쭉 겹겹이 솟아있고	衆嶽崩騰蟠萬疊
한 갈래 오솔길이 천 굽이 비탈을 관통하네	一蹊開鑿度千盤
지금부터 안목은 이곳에서 커지고	從今眼目斯爲大
이 마음속이 절로 넓어짐을 깨닫네	覺此胸懷頓自寬
비로소 산하의 웅장한 기상을 알겠으니	始識山河雄氣象
그동안의 유람은 볼품이 없었네	向來游覽只彈丸

526 마운령(磨雲嶺) : 함경도 이성현(利城縣) 동쪽 44리쯤에 있는 고개로, 단천군과의 경계에 있다. 옛날에 오랑캐를 막던 곳으로 문기(門基)와 추석(樞石)이 있다. 또한 문현(門峴)이라고도 한다. 《국역 신증동국여지승람 제49권 함경도 이성현》

거산 역관의 월파헌은 바다가 정원 너머에 있어 경관이 아주 빼어나다 벽 위에 문곡이 갑진년(1664, 현종5)에 길주의 시관으로 나가면서[527] 지은 시 1수가 있기에 삼가 차운하여 무과 찰방 홍하석[528]에게 주다

居山驛館月波軒 海在庭畔 景殊絶特 壁上有文谷甲辰赴吉州試官時一詩 謹次將贈洪武夏錫督郵

시관(試官)이 되어 이름난 역을 지나니	掌試經名驛
이번 행차가 옛날과 비슷하네	斯行似昔時
정자는 높이 솟아 온전히 승경을 차지하고	亭高全得勝
경관은 드넓어 시에 담아내기 몹시 어렵네	景大絶難詩
마구간 아래의 명마를 역마로 삼고	櫪下龍爲馹
뜰 앞의 바다는 연못으로 삼네	庭前海作池
나그네 유람 길에 이런 경치 만났으니	旅遊坐此境
벼슬길 더딘 것은 한탄하지 않네	莫恨宦途遲

527 문곡(文谷)이……나가면서 : 문곡은 김수항(金壽恒, 1629~1689)의 호이다. 김수항은 1664년(현종5) 윤 6월에 함경북도 시관(試官)으로 뽑혀, 7월에 우참찬으로 길주(吉州)에서 개장(開場)한 일이 있다.

528 홍하석(洪夏錫) : 1658~?. 본관 남양(南陽), 자(字)는 응삼(應三)이다. 1701년(숙종27)에 함경도 거산 찰방(居山察訪)에 제수되었다. 《承政院日記 肅宗 27年 1月 25日》

성진에 머물며 날마다 여러 사람과 바다에 배를 띄우고서 입으로 읊어 보이다

在城津 日與諸人泛舟海浦 口成示之

성진의 성 밖으로 바다가 아득하니	城津城外海茫茫
층층파도 작은 배를 흔들도록 내버려두네	一任層濤撼小航
뱃사공에게 돛대 달지 않도록 경계를 하니	爲勑長年莫懸颿
한번 뛰어올라 부상으로 옮겨갈까 두려워서지	恐他一踔轉扶桑

아산 현감 재종 김여유[529] 성후 와 이별하며 주다

贈別牙山宰金再從汝裕 盛後

그대 지금 새로이 작은 경륜을 시험하니 子今新試小經綸

관리의 도는 누에고치 실 뽑는 일과 같아 정신을 소모하기 쉽네 吏道蠶絲易弊神

초탈하여 속박을 받는 일 없으리니 超脫能無被纏縛

매화 아래서 시 읊던 모습 그대로리라 依然梅下舊詩人

여유가 늘 매화를 보며 시를 읊었기 때문에 말한 것이다.

호해에서 한가로워 관리의 정취 맑으니 湖海婆娑吏趣淸

새 가을에 에워싼 쌍 깃발 아득하네[530] 新秋渺渺擁雙旌

그대의 훌륭한 형님 인끈 내던진 일 늘 고상히 여겼으니[531] 每高賢伯輕投紱

병생[532]처럼 돌아와 언덕에 누웠었네 歸臥江皐似邴生

529 김여유(金汝裕) : 김성후(金盛後, 1659년~1713)를 말한다. 자는 중유(仲裕) 혹은 여유(汝裕), 호는 초창(蕉窓), 본관은 안동(安東)이다. 김성후는 1702년(숙종28)에 아산 현감에 제수되었다. 《承政院日記 肅宗 28年 5月 22日》

530 쌍 깃발 에워쌓네 : 쌍 깃발은 지방관이 되어 부임하는 것을 말한다. 당(唐)나라 때에 절도사나 관찰사에게는 조정을 하직하는 날 쌍정과 쌍절(雙節)을 하사하였다. 《新唐書 卷49 百官志》

531 그대의……여겼으니 : 김성후의 형인 김성최(金盛最, 1645~1713)의 일을 말하는 것으로 보인다. 《三淵集拾遺 卷25 族兄牧使公墓表》

532 병생(邴生) : 115쪽 주221 참조.

직산 현감 심 차천 응 에 대한 만사

沈稷山次川 灜 挽

현감 벼슬 전전하며 여전히 유산[533]으로 지내더니　低徊縣紱尙儒酸
빼어난 기운 모두 그만이라 널 하나에 들었네　秀氣都休戢一棺
장수와 복은 자신에게서 얻지 못했으니　壽祿不從身裏得
오직 몇 개의 사정난[534]에서 보리라　唯看數箇謝庭蘭

화려한 글재주 일찍부터 남달리 빼어나　詞采彬然夙出群
사람들이 반걸음에 높은 벼슬 오르리라 기대했네　衆期跬武踏靑雲
분분히 교제하던 벗들은 대부분 고관들인데　紛紛交友多軒轂
재주를 비교하면 그대만한 이 드무네　較却才華少似君

533 유산(儒酸) : 한산(寒酸)과 같은 말로, 가난에 찌든 선비의 모습을 말한다. 글을 읽는 사람은 빈한하고 검소한 자가 많으므로 이렇게 말하는 것이다. 송나라 주돈이(周敦頤)의 〈임소에서 고향에 있는 옛 친구에게 부치다〔任所寄鄕關故舊〕〉 시에 이르기를 "늙은 나는 나서부터 골성이 차가워서, 벼슬 정은 옛날의 유산함을 고치지 아니했네.〔老子生來骨性寒, 宦情不改舊儒酸.〕" 하였다.

534 사정난(謝庭蘭) : 사정난옥(謝庭蘭玉)의 준말로, 가문을 빛낼 만한 어진 아들을 가리킨다. 진(晉)나라 태부(太傅) 사안(謝安)의 집안에는 인재들이 많았는데, 사안이 일찍이 여러 자질(子姪)들에게 "어찌하여 사람들은 자기 자제가 출중하기를 바라는가?"라고 묻자, 그의 조카인 사현(謝玄)이 "비유하자면 지란옥수가 자기 집 뜰에서 자라기를 바라는 것과 같습니다.〔譬如芝蘭玉樹, 欲使其生於階庭耳.〕"라고 대답하였다. 《晉書 卷79 謝玄列傳》

병사[535]에 머물면서 감회를 기록하다 9월

在丙舍書感懷 九月

봄 내내 명을 받고 북관에 있다가[536]	春牛銜綸在北關
서리 밟는 지금에야 옛 묘소로 돌아왔네	履霜今始舊阡還
묘소로 돌아오고픈 마음으로 시름겨웠고	歸心黯黯松楸裏
고개와 바다사이 여정 길은 아득했네	征路迢迢嶺海間
가을 언덕 서성대다 피눈물 더 흐르고	躑躅秋原增抆血
늘그막에 분주히 오가다가 안색 더 초췌하네	棲遑晩境頓凋顔
억지로 마음잡고 때때로 보통사람처럼 지내니	强情時作恒人事
덧없는 여생에 점점 완악해짐을 알겠네	浮繫餘生轉覺頑

535 병사(丙舍) : 산소 근처에 세워둔 재실(齋室)을 말한다.

536 봄……있다가 : 1702(숙종28) 3월에 서종태가 북도(北道) 별시고관(別試考官)이 되어 길주(吉州)에 다녀온 일을 말한다.

허 동지[537] 찬 에 대한 만사

許同知 纘 挽

두 고을의 수령을 지냈으며, 89세의 나이로 동지중추부사를 지냈다. 아들이 셋이다. 일찍 관직을 사양하고 남원으로 물러나 일생동안 독서를 즐겼다.

홀로 평화로운 기운 보전하여	獨葆沖和氣
기쁘게 아흔의 장수를 누렸네	嬉怡九袠尊
한창 벼슬에 힘쓸 나이에 일찍 물러났고	早休方仕歲
거의 손자를 알아보지 못했네[538]	殆見不知孫
성대한 복은 마땅히 하늘이 내린 것이고	盛祉宜天餉
높은 자급은 또 임금의 은혜라네	高資更主恩
훌쩍 이 세상을 떠나버렸으니	翛然乘大化
덕을 그리워하여 동네 사람들 서둘러 문상오네	慕德里閭奔

537 허 동지 : 동지중추부사 허찬(許纘, 1614～1702)을 말한다. 본관은 양천(陽川), 자는 계창(季昌), 호는 학암(鶴巖)이다.

538 거의……못했네 : 곽자의(郭子儀)는 당(唐)나라 때의 명장(名將)으로, 벼슬이 태위 중서령(太尉中書令)에 이르고 분양군왕(汾陽郡王)에 봉해졌다. 그는 특히 부귀영화를 최고로 누린 다복한 사람으로서 8인의 아들과 7인의 사위가 모두 귀현(貴顯)하게 되었고, 손자는 수십 인이나 되어 얼굴도 다 알지 못했으므로, 문안을 올리면 그저 턱만 끄덕일 뿐이었다고 한다.《新唐書 卷137 郭子儀列傳》

판서 조자직[539]이 풍양으로 나와 머물면서 인편에 기약이 있어 오지 못한다고 편지를 보내고는 성 안에 오래 머물렀다 조롱하여 절구 2수를 지어 답서에 시를 넣어 희롱하다

趙判書子直 出留豐壤 因便有書以有期不來 淹留城裏 嘲之成二絶 入謝柬以戲

성시에서도 산림에 있는 것처럼 마음 한가로우니 心閒塵闠等山皐
마음은 가고 몸만 남아 은거 더욱 견고하네 神往形留臥益牢
대은은 원래 대부분 사람들과 섞여 지내니 大隱元來多混跡
운림[540]에 있어야만 고상하다고 칭송할 필요 없네 雲林不必始稱高

근래에 경월[541]이 동강[542]을 비춘다고 들었으니 近聞卿月照東岡
원숭이와 학[543]이 그리워하여 물러남을 기뻐하네 猿鶴依依喜退藏
다만 세상에 대한 미련 떨치지 못할까 염려하니 只恐未能消世念
조만간 대궐에서 신발 끄는 소리[544] 길어지리 金門不日履聲長

539 조자직(趙子直) : 조상우(趙相愚, 1640~1718)를 말한다. 본관은 풍양(豐壤), 호는 동강(東岡)이며, 자직은 그의 자이다.

540 운림(雲林) : 64쪽 주87 참조.

541 경월(卿月) : 88쪽 주165 참조.

542 동강(東岡) : 88쪽 주164 참조.

543 원숭이와 학 : 남제(南齊)의 공치규(孔稚圭)가 지은 〈북산이문(北山移文)〉에 "혜초 장막은 텅 비어 밤 학이 원망하고, 산중 사람이 떠나가매 새벽 원숭이가 놀란다.〔蕙帳空兮夜鶴怨, 山人去兮曉猿驚.〕"라고 한 데서 따온 것으로, 흔히 은사(隱士)가 사는 곳의 배경을 묘사하는 말로 쓰인다.

544 신발 끄는 소리 : 신하가 간쟁하는 것을 말한다. 한(漢)나라 정숭(鄭崇)이 간쟁

(諫爭)하러 갈 때마다 가죽신을 끌면서 갔는데, 그럴 때마다 황제가 웃으면서 "정 상서의 발자국 소리를 내가 안다.〔我識鄭尙書履聲〕"라고 했다고 한다. 《漢書 卷77 鄭崇傳》

부질없이 두포의 새집에 쓰다

謾題杜浦新舍

서리 내린 긴 강은 맑고	霜落脩江淨
층층 숲에는 아름다운 돌 곱네	層林錦石鮮
물고기와 새의 모습은 그대로이고	依依魚鳥色
십리에 가을 하늘 아득하네	十里渺秋天

나의 벗 심[545] 정희 이 선영의 고송재에 지은 시에 차운하다

계미년(1703, 숙종29)

次沈友 廷熙 墓舍孤松齋韻 癸未

산림에 한가로이 노닐겠다는 만년의 계책	婆娑晩計着林泉
운명에 맡길 일을 어찌 묘 앞에서 번거로이 맹세하나	委命何煩誓墓前
좋구나, 번화한 꽃 다 떨어지고 나서	好是芬華搖落盡
눈서리 가에 나무 한그루 홀로 솟아 있는 모습이	一株孤秀雪霜邊

545 나의 벗 심 : 심정희(沈廷熙, 1656~1714)로, 본관은 청송(青松), 자는 명중(明仲), 호는 고송재(孤松齋)이다.

매화 아래에 소년들이 와서 구경하기에 장난삼아 상사 정백승[546] 석명 에게 지어주다

梅下諸少年來看 戲贈鄭上舍伯承 錫命

새 봄에 봄빛이 몇 그루 매화나무에 있으니	新春春色數叢梅
아름다운 꽃술 드리운 채 집안 가득 피었네	瓊蘂垂垂滿院開
술동이 앞에 운치와 격조 더하여 기쁘니	喜見尊前添韻格
봉문[547]에 아름다운 사람이 방문해서라네	蓬門爲有玉人來

546 정백승(鄭伯承) : 정석명(鄭錫命, 1683~1704)을 말한다. 본관은 동래(東萊)이며, 백승은 그의 자(字)이다.

547 봉문(蓬門) : 쑥대나 가시나무 가지를 얽어서 만든 '봉문필호(蓬門蓽戶)'의 약칭으로, 빈천한 자의 오막살이를 비유하는데, 여기서는 지봉 자신의 거처를 낮추어 이른 말이다.

나산[548]잡영

羅山雜詠

층층 봉우리에 외로운 산 우뚝 솟아있으니　　孤山特秀聳層巒
저녁에 피어오르는 봉화연기 몇 점 보겠네　　夕燧生煙數點看
서쪽 변방 백년간 외적의 침입 없으니　　西塞百年無外警
너에 의지에 밤마다 도성에 알리네　　憑渠夜夜報長安

위는 나산 근처의 봉화를 읊은 것이다.

화악[549]은 아득한 아지랑이 속에 희미하고　　華嶽依微杳靄中
남쪽으로 봉성[550]을 보니 오운[551]이 겹겹이네　　鳳城南望五雲重
하늘까지 솟은 산색 멀리 푸르게 가로지르니　　浮天秀色橫遙黛
임금을 그리워하는 도망친 신하의 마음 이 덕분에 위로가 되네　　賴慰逋臣戀闕衷

위는 화악의 먼 아지랑이를 읊은 것이다.

548 나산(羅山) : 장단(長湍)의 도라산(都羅山)을 말한다.

549 화악(華嶽) : 북한산의 이칭이다. 신정하(申靖夏)가 북한산에 대하여 "도성에 가장 가까우면서 승경으로 일컬어지는 곳은 화악(華嶽)이다.〔距都城最近而以勝稱者曰華嶽〕"라고 말한 예가 보인다. 《恕菴集 卷10 送鄭生來僑遊華嶽序》

550 봉성(鳳城) : 단봉성(丹鳳城) 또는 단봉궐(丹鳳闕)로, 황제의 도성이나 대궐을 가리킨다.

551 오운(五雲) : 오색구름으로, 상서(祥瑞)를 뜻하는 말이다. 보통 제왕의 거처를 나타낼 때 쓰는 표현이다.

승려들 훌쩍 여러 차례 오가면서　釋子飄然數往還
서로 여러 명산을 가봤다고 자랑하네　爭誇曾踏衆名山
부들방석에 누워 흥미진진한 말 듣자니　蒲團臥聽津津語
산과 바다의 구름과 노을이 안석에 가득 차는 듯　嶽海雲霞滿几間

위는 승려가 와서 산을 이야기하는 것을 읊은 것이다.

야객과 서로 만나 그저 농사 이야기만 하고　野客相看只語田
이미 초연하여 당세의 시사는 이야기하지 않네　不談時事已超然
김매고 수확한 일 자랑하고 비교해 말마다 진실하니　誇耘較穫言言實
남묘(南畝)[552]의 농사꾼들은 하늘의 근본이라네　南畝吾人是本天

위는 손님이 와서 농사이야기 한 것을 읊은 것이다.

희미한 숲에 저녁밥 짓는 연기 피어오르니　林霏靄靄夕煙生
산허리를 가로질러 만 가닥이 푸른빛이네　橫抹山腰萬縷靑
용면[553]이 가장 그리기 어려운 곳이니　最是龍眠難畫處
날아가는 흰 갈매기 더욱 분명해지네　白鷗飛過轉分明

위는 숲 너머의 저녁밥 짓는 연기를 읊은 것이다.

552 남묘(南畝) : 농작물이 잘 자라는 양지 바른 농토를 말한다. 《시경》〈대전(大田)〉에 "나의 날카로운 보습으로, 남녘 두렁에 일을 시작하여, 백곡의 씨를 뿌린다.〔以我覃耜, 俶載南畝, 播厥百穀.〕"라는 말이 나온다.

553 용면(龍眠) : 송나라의 문인화가(文人畫家) 이공린(李公麟)의 호이다. 명문가 출신인데 용면산(龍眠山)에 은거하여 회화에 전념하였다. 특히 인물 묘사에 뛰어나 고개지(顧愷之)와 장승요(張僧繇)에 버금간다는 평가를 받았다. 명승지를 탐방하는 것을 낙으로 삼았고, 문인·명승(名僧)들과 친교를 맺었다. 《宋史 卷444 李公麟列傳》

동이로 퍼붓는 폭우 기세가 산을 덮을 듯　　翻盆急雨勢襄陵
흰 물이 불어나 모든 밭두둑 무너져내렸네　　白水漫漫萬畝崩
평원을 바라보니 모두 물에 잠기었고　　一望平原沈沒盡
냇가를 막고 있는 언덕만이 층층이 있네　　障川岡阜獨層層

위는 장맛비로 물이 불어난 들판을 읊은 것이다.

밥 짓고 채소 삶아 저녁상 향기로우니　　炊爨烹蔬晩飯香
팔진미[554]와 같아 배를 채울 수 있네　　同他八俎可充腸
고기 먹는 벼슬아치들은 근심이 많아서　　紛紛肉食憂多少
시골에서 먹는 이 좋은 맛을 알지 못하네　　不解田間此味長

위는 밭의 채소가 고기에 맞먹음을 읊은 것이다.

유옹[555]이 왼손에 잡았던 게[556]를 얻기가 어려워　　難得劉翁左手螯

554 팔진미 : 여덟 가지의 진미(珍味)이다. 곧 순오(淳熬)・순모(淳母)・포돈(炮豚)・포장(炮牂)・도진(擣珍)・지(漬)・오(熬)・간료(肝膋)를 말하거나, 용간(龍肝)・봉수(鳳髓)・표태(豹胎)・이미(鯉尾)・악적(鶚炙)・성순(猩脣)・웅장(熊掌)・수락선(酥酪蟬) 등을 말하기도 한다.

555 유옹(劉翁) : 진(晉)나라 때 죽림칠현(竹林七賢) 중의 한 사람인 유령(劉伶)을 말한다. 그는 술을 매우 좋아하여 항상 술병을 휴대하고 다녔는데, 언제나 하인을 시켜 삽을 메고 따르게 하면서 "내가 죽으면 바로 나를 묻으라."라고 했다. 《晉書 卷49 劉伶列傳》

556 왼손에……잡기 : 진대(晉代)의 주호(酒豪)로 이름이 높았던 필탁(畢卓)의 고사이다. 그는 게의 집게다리를 유독 좋아하여 일찍이 사람들에게 말하기를 "술을 수백 곡의 배에 가득 싣고, 사철의 맛 좋은 음식들을 배의 양쪽 머리에 쌓아 두고, 오른손으로는 술잔을 들고, 왼손에는 게의 집게다리를 들고서 술 실은 배에 둥둥 떠서 노닌다면

손가락만한 물고기 잡아 막걸리 안주로 하네　釣魚如指佐山醪
세간의 진미는 모두 동일한 물건이니　世間雋味同爲物
바닷가에서 큰 게를 안주 삼는 것이 뭐 부러우랴　何羡臨溟腊巨鰲

위는 냇가 물고기로 게를 대신한 것을 읊은 것이다.

일생을 보내기에 넉넉할 것이다.〔得酒滿數百斛船, 四時甘味置兩頭, 右手持酒杯, 左手持蟹螯, 拍浮酒船中, 便足了一生矣.〕"라고 했던 데서 온 말이다.

암자의 승려가 본부로 들어가기에 부백 박여후[557]에게 부치다

菴僧入本府 寄府伯朴汝厚

펄럭이는 깃발과 창으로 시골집 찾아주었으니	旌戟翩然款野扉
그윽한 골짜기에서 광채 나서 문득 놀랐었지	忽驚雲壑自生輝
번거로이 왕홍의 술로 안부 물을 것 없이	不煩候路王弘酒
승려를 백의인으로 변하게 만들어야지[558]	須使山僧幻白衣

557 박여후(朴汝厚) : 박태순(朴泰淳, 1653~1704)을 말한다. 본관은 반남(潘南), 자는 여후(汝厚), 호는 동계(東溪)이다.

558 번거로이……만들어야지 : 도연명(陶淵明)이 중양절(重陽節)에 술 생각은 간절한데 마실 술이 없던 차에, 마침 자사(刺史)인 왕홍(王弘)이 백의인(白衣人)을 보내 술을 전달했다는 고사가 있다. 《宋書 卷93 隱逸列傳 陶潛》

오 판서[559] 도일 에 대한 만사

吳判書 道一 挽

높은 기상 여러 인걸들을 압도하고	乘陵氣宇壓群英
한번 말을 내뱉으면 세상이 모두 놀랐네	一吐言辭世共驚
유감[560]이 서로 뒤섞여도 성상이 돌보아주었고	流坎相參猶上眷
비방과 칭찬 함께 모여 맑은 명성 더욱 드러났네	謗譽交集轉淸名
뛰어난 문장으로 여러 차례 대제학을 역임하였고	屢看鴻藻持文柄
젊어서부터 통달한 재주 지녀 병조 판서 맡았네	少得通才試本兵
남에게 비방 받아 먼 길 가는 수레 멈추었으니[561]	傷椓由人脩駕輟
정승 집안의 옛 명성 영락하였네[562]	相門零落舊家聲

559 오 판서(吳判書) : 오도일(吳道一, 1645~1703)을 말한다. 본관은 해주(海州), 자는 관지(貫之), 호는 서파(西坡)이다.

560 유감(流坎) : 49쪽 주49 참조.

561 남에게…멈추었으니 : 장희빈(張禧賓)의 오빠 장희재(張希載)의 가노인 업동(業同)의 옥사가 있었는데 오도일은 이 때 업동의 옥사를 옹호했다는 이유로 사헌부와 사간원의 탄핵을 받아 유배형에 처해져 유배지에서 죽은 일을 말한다.《肅宗實錄 22年 6月 5日, 7日, 9日》

562 정승……영락하였네 : 오도일의 조부 오윤겸(吳允謙, 1559~1636)이 영의정을 역임하였기 때문에 말한 것이다.

두모포[563]에서 배를 타고 압구정으로 숙부 이계장씨[564]를 방문하였다. 배에서 절구 두 수를 지어 드렸는데, 당시에 계장 숙부는 엄한 전지를 받았고, 또 가벼운 탄핵을 받았다

自豆毛浦乘舟 訪李叔季章氏於狎鷗亭 舟中得二絶書奉 時章叔被嚴旨且見微彈

배 한척으로 거센 여울 거슬러 올라가니	一棹沿洄度急灘
강과 산에 비치는 경월[565]이 가까이 보이네	近瞻卿月映江關
거센 바람과 파도는 잠깐 사이의 일이니	顚風駭浪須臾事
인간 세상에 이 벼슬길이 어려움을 알아야 하네	須識人間此路難

발길 닿는 강과 호수는 참으로 머무를 한하니	湖山着處儘堪留
벼슬의 거취는 지금 스스로 선택할 수 있네	仕止今來可自由
함께 맑은 한강에 낚시 드리운 객이 되어	同作垂綸淸漢客
봉성[566]에 떠 있는 오운[567]을 바라보네	鳳城瞻望五雲浮

563 두모포(豆毛浦) : 지금의 한강 동호대교 북단인 서울 성동구 옥수동 옥정초등학교 부근에 있던 유명한 나루였다. 우리말로는 '두뭇개'라고 했는데, 이는 한강과 중랑천의 두 물이 합류하는 곳이라는 뜻에서 유래한 지명이라 한다.

564 이계장씨(李季章氏) : 이인엽(李寅燁, 1656~1710)을 말한다. 본관은 경주(慶州), 호는 회와(晦窩)이며, 계장은 그의 자이다.

565 경월(卿月) : 88쪽 주165 참조.

566 봉성(鳳城) : 117쪽 주231 참조.

567 오운(五雲) : 234쪽 주551 참조.

이 좌의정[568] 세백 에 대한 만사
李左相 世白 挽

만년에야 지위와 명망으로 정승이 되었으니	晩來位望儼台司
오늘날에 공만이 동량의 자질 지녔네	今日公唯棟幹姿
침착한 법도 있었음을 원래부터 알았고	元知規範沈凝在
모의와 계책 독실함을 늘 존경하였네	每仰謨猷篤實爲
시종 몸에는 관절[569]의 일이 없었고	終始身無關節事
평상시 집의 모습은 포위[570] 때와 같았네	尋常門似布韋時
그 많던 원로대신 세상 떠나 놀라니[571]	耆碩滔滔驚殄瘁
이 슬픔이 어찌 다만 나만의 슬픔이랴	此哀何但念吾私

568 이 좌의정 : 이세백(李世白, 1635~1703)을 말한다. 본관은 용인(龍仁), 자는 중경(仲庚), 호는 우사(雩沙)・북계(北溪)이다.

569 관절(關節) : 요로(要路)에 있는 사람에게 뇌물을 바쳐 청탁하는 일을 이른다.

570 포위(布韋) : 무명옷을 입고 가죽띠를 맨 사람'이라는 뜻인 '포의위대(布衣韋帶)'의 준말로 벼슬하지 못한 빈천한 선비를 뜻한다.

571 도도하던……놀라니 : 160쪽 주360 참조.

부평 부사 박 태원 의 아내[572]에 대한 만사

挽朴富平 泰遠 內室

군자가 훌륭한 배필을 잃었으니　君子喪嘉耦
누군들 마음 아파하지 않겠는가　疇不心內傷
노인은 죽음이 가깝다고 위로를 삼고　老人慰近化
젊은이는 금방 잊어버리네　少年隨境忘
오직 중년인 사람은　其惟中年者
슬픔이 마음에 남아 길이 그리워하네　永念悲結腸
나의 벗 박 수령은　余友朴明宰
나이 사십에 막 아내를 잃었네　四十新悼亡
가을바람 불면 원망이 절절하고　切切秋風怨
침상머리는 썰렁하여 처량하구나　凄凄床簟涼
딸아이가 날마다 울부짖으니　奼兒日以啼
어미 부르는 소리 차마 들을 수 있으랴　那忍聽呼孃
평산 신씨는 가문 성대하니　平山門第盛
버들가지 읊은 시 아름다웠네[573]　詠絮委芬芳
봉황의 점괘[574] 일찍이 길하다고 했으니　鳳占夙云吉

572 부평……아내 : 박태원(朴泰遠, 1660~1722)의 처 평산 신씨(平山申氏)를 말한다. 부인의 부친은 성천 부사(成川府使)를 지낸 신여석(申汝晳, 1632~1695)이다. 박태원의 본관은 반남(潘南), 자는 경구(景久), 호는 회와(悔窩), 송담(松潭)이다.

573 버들가지……시들었네 : 29쪽 주9 참조. 부인이 뛰어난 시적 재능을 지녔으나 일찍 죽었다는 뜻이다.

금슬 좋아 즐겁고 편안하였네	琴瑟偕樂康
저 사람 내조하는 아내를 얻어	夫子得內裨
수령노릇 할 적에 훌륭한 관리로 칭송받았네	作郡稱循良
무릎 가득 둘러앉은 자식들 많으니	滿膝多瑤環
아들 딸 무슨 상관이랴	何論瓦與璋
백년 인생 아직 남았건만	百年未渠央
갑자기 밝은 달 빛 물에 잠겼네	遽淪明月光
상여수레가 한강을 건너	輀車度淸漢
선영에 새 묏자리 잡았네	新岡在桐鄕
그대가 귀해져 영화로이 봉작 된다면	君貴倘榮封
지하에서 길이 위로가 되리라	庶慰泉下長
지하에서 만날 기약 아득하니	泉下後期長
그대의 슬픔을 짐작할 수 있으랴	君哀可斟量

574 봉황의 점괘 : 사위를 고르는 것을 말한다. 춘추 시대 진 대부(陳大夫) 의씨(懿氏)가 그 딸을 경중(敬仲)에게 시집보내려고 하였는데, 그의 아내가 점을 쳐 보고는 말하기를 "길하다. 이것을 일러 봉황이 날며 서로 화답하는 울음소리가 낭낭하다〔鳳凰于飛, 和鳴鏘鏘.〕고 하는 것이다."라고 하였다. 《春秋左氏傳 莊公 22年》

만정당집

제4권

詩 시

고양 가는 도중에 시를 지어 부사 조태동 공 와 서장관 김재 공 에게 보여주고 화운시를 구하다 계미년(1703, 숙종29)[1]

高陽途中 示副使 趙公泰東 書狀 金公栽 求和 癸未

10월에 연행을 갈 때이다.

사신 행렬 줄줄이 도성을 나오는데	使蓋聯翩出鳳城
뒤돌아보니 궁궐에 오색 구름 밝구나	回瞻雙闕五雲明
홍제교[2] 다리 옆으로 흐르는 강물 소리	潺潺弘濟橋邊水
헤어진 이의 만리 정을 하소연하는 듯하네	似訴離人萬里情

1 계미년……때이다 : 1703년(숙종29)에 저자는 동지사(冬至使)로서 부사 조태동(趙泰東), 서장관 김재(金栽)와 함께 연경(燕京)으로 갔다.

2 홍제교(弘濟橋) : 지금의 서대문구 홍제천(弘濟川) 위에 놓여있던 다리로, 중국을 왕래할 때 주로 건너다녔던 다리였다.

옥류천[3]

玉溜泉

총수산의 수려한 경색이 긴 냇물을 굽어보는데　　蔥山秀色俯長川
벼랑 중턱의 신령한 샘물이 방울져 떨어지는구나　　半壁靈泉玉溜懸
날아갈 듯한 필세로 품평한 글씨[4] 있으니　　筆勢翩翩題品在
자양[5] 등의 중국 사신은 바로 신선이로다　　紫陽華使是天仙

3 옥류천(玉溜泉) : 황해도 평산군 안성면(安城面) 총수리(蔥秀里)에 있는 샘이다. 바위틈에서 구슬 같은 샘물이 방울져 떨어진다고 한다. 주지번(朱之蕃), 당고(唐皐), 유홍훈(柳鴻訓)등 중국의 사신들이 이곳을 지나면서 글씨를 새기고 시문을 지었다고 한다.

4 품평한 글씨 : 옥류천에는 명(明)나라 주지번(朱之蕃)의 '옥류천(玉溜泉)', '청천선탑(聽泉仙榻)', 유홍훈(柳鴻訓)의 '영암옥류(靈巖玉溜)'라는 글씨가 새겨져 있다.

5 자양(紫陽) : 당고(唐皐, 1469~1526)를 가리킨다. 그의 자는 수지(守之), 호는 심암(心庵)·신암(新庵), 별호는 자양산인(紫陽山人)이다. 1521년(중종16) 12월에 황제등극 반조정사(新皇帝登極頒詔正使)로 조선을 다녀갔다.

연광정[6]에서 황홀하게 온갖 경물에 정신을 빼앗겨 시를 짓지 못하다가 술 마신 후에 단지 절구 한 수를 읊어 좌중의 여러 사람들에게 보이다

在練光亭 怳然爲萬色所奪 不能爲詩酒 後秪吟一絶 示席上諸君

연경으로 가는 사신 기자의 도성[7]에 이르니	薊北行人箕子城
눈 내리는 겨울날 대동강은 맑구나	寒天雲雪大江淸
연광정에 올라 풍광을 보지 못한다면	練光亭上不登望
해동에 살더라도 인생을 헛산 게지	雖在海東虛此生

'차(此)'가 어떤 본(本)에는 '일(一)'로 되어있다.

6 연광정(練光亭) : 평양의 대동강(大同江) 가 덕암(德巖)의 절벽 위에 있는 정자이다. 조선 중종(中宗) 때 감사 허굉(許硡)이 건립하였으며, 조선에 온 명나라 사신 당고(唐皐)의 기문(記文)과 사도(史道)의 시가 걸려 있다.

7 기자의 도성 : 기자(箕子)가 도읍했던 평양(平壤)을 가리킨다.

기성잡영 10수

箕城雜詠 十首

사신 행렬 쉬지 않고 날마다 서쪽으로 달려	征車靡靡日西馳
마침내 대동강 가에 이르렀네	遂到大同江水湄
수면의 겹겹의 얼음이 두껍지 않아	江上層氷未堅腹
깨부수어 한줄기 뱃길을 열었네	鑿開容舫一條歧
십 리의 강 풍경이 누인 베를 길게 펼친 듯한데	十里江光匹練長
영접하는 큰 배엔 푸른 휘장 드리워져 있네	迎賓峩舸翠帷張
언덕에 두루 늘어선 군사는 뿔피리 크게 불고	鞞刀遍岸大吹角
배에 가득한 비녀 쪽진 여인들은 분분히 술상 올리네	釵髻滿船紛進觴
강물을 굽어보는 아름다운 정자 연광정이라 하니	壓水華亭號練光
산수의 기상이 끝없이 드넓구나	山河氣象浩茫茫
우리나라의 누각 수없이 많은데	我東樓觀知何限
온갖 아름다움을 겸비함이 악양루[8]와 비슷하네	衆美兼該似岳陽
우뚝 솟은 부벽루[9]가 공중에 걸쳐있는데	浮碧岧嶢跨混茫

8 악양루(岳陽樓) : 중국 호남성(湖南省) 악양현(岳陽縣)에 있는 누각으로, 동정호(洞庭湖)를 한눈에 내려다볼 수 있는 곳에 위치해 있다.

9 부벽루(浮碧樓) : 평양의 금수산(錦繡山) 동쪽 청류벽(淸流壁)에 있는 누각이다.

중국 사신의 화려한 글씨 성대히 펼쳐져있네　皇華綵筆盛鋪張
연광정과 비교하면 어느 것이 뛰어난가　練光與較誰軒輊
기성을 더욱 장식하여 크게 광채를 내네　增飾箕城大有光

백마 타고 동쪽으로 왔으니 어찌 봉함을 받았으리　白馬東來豈受封
〈채미가〉와 〈맥수가〉는 똑같이 일편단심이었네[10]　採薇歌麥片心同
영령이 백 대토록 구름기운을 타고서　英靈百代乘雲氣
길이 난하와 함께 하여 두 사당[11]이 통하네　長與灤河二廟通

기린마는 하늘로 돌아가고 돌 조각 푸르른데[12]　麟馬歸天片石蒼
지금도 신선의 자취가 동명왕이라 얘기하네　至今仙跡說東王
저 흰 구름은 천 년 오랫동안 말이 없으니　白雲無語千年遠
근거 없는 허무맹랑한 말이 될까 걱정이네　只恐巵言近渺茫

10 백마……일편단심이었네 : 기자(箕子)는 은(殷)나라가 멸망하자 주(周)나라의 신하 되기를 거부하고 동쪽으로 가서 기자조선(箕子朝鮮)을 세웠다. 이후 주 무왕(周武王)의 봉함을 받고 백마를 타고 주나라에 조회하러 가는 길에 옛 은허(殷墟)를 지나다가, 궁실이 허물어져 그 터에 벼와 기장이 자라는 것을 보고 〈맥수가(麥秀歌)〉를 지어 은(殷)나라의 멸망을 슬퍼하였다.

11 두 사당 : 난하(灤河)의 이제묘(夷齊廟)와 평양(平壤)의 기자묘(箕子廟)를 가리킨다. 난하는 중국 영평성(永平城) 서쪽 5리 지점에 있는 강물로, 이곳에서 10 리쯤 떨어진 곳에 백이(伯夷)와 숙제(叔齊)를 모신 이제묘가 있었다.

12 기린마는……푸르른데 : 평양(平壤) 부벽루(浮碧樓) 아래 기린굴(麒麟窟)이 있는데, 동명왕(東明王)이 기린마(麒麟馬)를 타고 이 굴을 통해 땅속으로 들어갔다가 조천석(朝天石) 위로 나와 승천(昇天)하였으며, 거기에 말발굽 자국이 남아 있다고 한다.

팔조의 가르침 홍범구주에서 나왔으니 八條敎自九疇流
정전의 구획이 여전히 백 대토록 남아있네[13] 井畫依然百代留
당시에 팔조의 가르침 모두 시행되었다면 若使當時施設盡
우리나라가 곧장 상구[14]로 변했으리 靑丘便見變商丘

모란봉 아래에서 오랑캐를 크게 섬멸했으니[15] 牧丹峰下大殲夷
하늘이 중흥을 도운 것이 바로 이때였네 天祚中興此一時
제독이 동쪽으로 와서 맨 먼저 싸운 곳이니 提督東來先一着
지금도 군대의 깃발을 어렴풋이 보이는 듯하네 至今怳惚見旌旗

부잣집에는 가녀(歌女) 두고 마구간에 총마 있으니 華屋藏歌廄有驄
천금을 운용함[16]이 계연[17]과 똑같네 千金廢著計然同

13 팔조의……남아있네 : 기자(箕子)가 조선에 들어와 팔조금법(八條禁法)과 정전법(井田法)을 시행하였는데, 이 가운데 정전법을 시행한 흔적만이 평양 남쪽에 남아있었다. 팔조금법을 팔조지교(八條之敎)라고도 하는데, 그중 세 조목만 전하고 있다. 홍범구주(洪範九疇)는 기자가 무왕(武王)에게 대답한 천하를 다스리는 아홉 가지 큰 법칙이다.

14 상구(商丘) : 은(殷)나라 탕왕(湯王)이 도읍한 곳이다.

15 모란봉……섬멸했으니 : 임진왜란 때 이여송(李如松)이 제독(提督)으로 원병(援兵)을 거느리고 와서, 평양의 모란봉(牧丹峰) 아래에서 왜군의 선봉장인 소서행장(小西行長)을 크게 격파시켰다.

16 운용함 : 원문의 폐저(廢著)는 비싸게 내다 팔고 싸게 사들여서 쌓아둔다는 뜻으로, 치부(致富)에 뛰어남을 가리킨다.

17 계연(計然) : 춘추시대 월(越)나라 사람으로, 치부술(致富術)에 뛰어나서 월나라를 부강하게 만들었다.

북경의 비단과 내주의 재화를 北京絲錦萊州貨
장악하여 물 흐르듯 유통 시키네 運轉如流在握中

선비들 많으나 문풍은 부족하니 儒衿雖盛少文風
뛰어난 인재들 오직 급제하여 출사하기만 바라네 翹楚唯睎科宦通
언제쯤 아름다운 교화가 비루함을 씻어낼까 美化何時一洗陋
독서엔 진덕수업(進德修業)의 공부 있음을 알아야 하네
讀書知有進修功

안주의 역관에서 부사의 말로 인하여 장난삼아 〈효아가〉를 짓다

安州館 因副使語 戲作孝娥歌

급히 썼다.

안릉의 효아가 노래로 이름났으니 安陵孝娥以歌鳴
당시의 명성이 전춘앵[18]과 짝하였네 一時名侔囀春鶯
도성에 노래 잘하는 기생 매우 많았으나 京國善歌多百數
모두 그 밑이라 입 다물고 노래하지 못했네 皆在下風喑無聲
시인은 천금의 준마와 바꾸려고 하였고[19] 騷人欲換千金馬
호객은 평안도를 밟고자 하였네 豪客求踏西關路
가인은 쉬이 늙어 어느덧 쇠하였으니 佳人易老忽蹉跎
꽃다운 시절 흘러 마침내 노년이 되었네 年華冉冉遂遲暮
객을 대접하는 자리에 드물게 나왔으나 명성은 높으니 客筵稀進名猶盛
목구멍에서 나오는 성대한 소리 금석의 음향이었네 喉吻鬱鬱金石音
계문으로 가는 사신은 가던 수레를 멈추었고 薊門使者駐征車
재잘대는 민간의 노래는 벌레 우는 소리와 같네 俚謠啁哳同蟲唫

18 전춘앵(囀春鶯) : 송(宋)나라 왕진경(王晉卿)의 첩으로 노래를 잘 불렀던 기생이었다.

19 시인은……하였고 : 이백(李白)의 〈양양가(襄陽歌)〉에 "천금의 준마를 어린 첩과 바꾸어, 웃으며 아로새긴 안장에 앉아 낙매화를 노래하네.〔千金駿馬換小妾, 笑坐雕鞍歌落梅.〕"라고 한 데서 나온 말이다.

명성을 흠모하여 초대하고 나이를 물어보니　慕名招來使之年
무창의 피리 부는 노인[20]과 나이가 맞먹었네　年與武昌笛老對
아름다운 용모는 쇠하였으나 목소리는 좋으니　容華凋落語音好
옛날 기생이었을 때 풍모를 알만 하네　尙識綺羅舊風態
시험 삼아 몇 가락 뽑으니 이내 목소리 청아하여　試發數調倏淸越
자리 가득한 가기들 기가 억눌렸네　滿筵歌妓氣欲奪
깊숙한 곳 화려한 역관에 달은 정녕 희미한데　華館深深政微月
슬픈 노래 들보를 휘감아 가던 구름도 멈추네[21]　餘音繞梁行雲遏
〈양아〉[22]의 오묘함이 〈황고〉[23]를 씻어내니　陽阿要妙掃皇荂
이 덕에 행인의 온갖 시름 풀어지네　賴解征人愁緒多
심양강 가의 곡조[24]를 방불케 하고　髣髴潯陽江上曲

20 무창의……노인 : 유우석(劉禹錫)의 〈무창노인설적가(武昌老人說笛歌)〉에 "무창의 노인 일흔이 넘었는데 유령의 안부 편지를 쥐고 왔네.〔武昌老人七十餘, 手把庾令相問書.〕"라고 하였다.

21 슬픈……멈추네 : 노래가 아주 뛰어나다는 뜻이다. 옛날 진(秦)나라에 노래를 아주 잘했던 진청(秦靑)이란 사람이 일찍이 자기 제자 설담(薛譚)을 전송하는 자리에서 손수 박자를 치며 슬피 노래하니, 구슬픈 노랫소리가 숲을 진동하여 그 애절한 메아리가 멀리 가는 구름을 멈추게 했다고 한다.《列子 湯問》

22 양아(陽阿) : 전국시대 초(楚)나라의 고상하고 수준 높은 곡조 이름이다.

23 황고(皇荂) : 속인들이 즐기는 속악(俗樂)의 하나이다.《장자(莊子)》〈천지(天地)〉에 "정대한 소리는 시골 사람의 귀에 들어가지 않고, 〈절양(折楊)〉과 〈황과(皇荂)〉의 노래 소리는 입을 벌리고 웃게 만든다.〔大聲不入於里耳, 折楊皇荂, 則嗑然而笑.〕"라고 하였다.

24 심양강 가의 곡조 : 백거이(白居易)의 〈비파행(琵琶行)〉을 가리킨다. 백거이가 구강군(九江郡)에 사마로 좌천된 이듬해 가을에 분포(湓浦) 어귀에서 손님을 전송하였다. 이때 어떤 배 안에서 들려오는 비파 소리를 듣고 그가 누구인지 물어보았다. 그는

부풍 역관의 노래[25]처럼 처량하네 慘悽扶風驛裏歌
그대는 지금 곤궁하고 늙어 목소리가 미약해졌으나 爾今窮老聲氣微
절창의 재주는 바로 그대가 지녔다네 猶抱絶響乃爾爲
명성은 거저 얻는 게 아님이 어찌 선비만 그러하랴 名下無虛豈但士
그대의 젊은 시절 노래를 듣지 못한 게 한스럽네 恨不聽爾盛年時
인생의 한 가지 기예도 모두 하늘에게 얻은 것이니 人生一藝皆天得
그대의 소리는 절로 악기 소리를 압도하네 爾音自然傾絲竹
아, 그대 효아여 늙음을 어찌하겠는가 嗟爾孝娥奈老何
세상엔 구유에 엎드린 천리마[26]가 무수히 많다네 世間何限驥伏櫪

장안(長安)의 창녀(娼女)로 비파를 배웠는데, 젊어서는 호화롭게 지냈지만 늙어서는 용모가 쇠퇴하여 장사꾼의 아내가 되었다고 말했다. 이 말을 듣고 백거이는 그녀에게 몇 곡조를 청하여 들은 다음 〈비파행〉을 지었다. 〈비파행〉의 처음은 "심양강 가에서 밤에 손님을 전송하니 단풍잎 갈대꽃에 가을바람은 쓸쓸하네.〔潯陽江頭夜送客, 楓葉荻花秋瑟瑟.〕"로 시작한다.

25 부풍 역관의 노래 : 진(晉)나라 유곤(劉琨)의 〈부풍가(扶風歌)〉를 가리키는 듯하다. 〈부풍가〉는 원래 전쟁의 참상을 노래한 시로 정조가 매우 처량한데, 이러한 정조를 효아(孝娥)가 부른 노래에 비유한 것이다.

26 구유에 엎드린 천리마 : 자신의 뜻을 이루지 못한 채 늙어가는 것을 뜻한다. 조조(曹操)의 〈보출하문행(步出夏門行)〉에 "늙은 천리마가 구유에 엎드려있어도 뜻은 천 리 밖에 있네.〔老驥伏櫪, 志在千里.〕"라고 하였다.

선천의 역관에서 다시 '성' 자 운을 거듭 써서 부사의 시에 차운하다

宣川館 復疊城字韻 次副使

이날이 동지였다.

바람 따라 돌아가는 꿈 서울을 맴도니	隨風歸夢繞秦城
궁궐[27]에서 송축하는 소리[28] 들리는 듯하네	恍聽嵩呼賀紫淸
변새의 섣달 추위[29]를 걱정할 필요 없으니	邊塞不須憂栗烈
지금 눈 속에서 작은 봄이 생기는 것[30]을 보네	雪中今見小春生

27 궁궐 : 원문의 자청(紫淸)은 원래 천상의 신선이 사는 자청궁(紫淸宮)을 가리키는데, 여기서는 궁궐이나 조정을 뜻한다.

28 송축하는 소리 : 157쪽 주358 참조.

29 섣달 추위 : 《시경》 〈칠월(七月)〉에 "일양(一陽)의 동짓달에는 바람이 차가워지고, 이양(二陽)의 섣달에는 몹시 춥다.〔一之日觱發, 二之日栗烈.〕"라고 한 데서 나온 말이다.

30 작은……것 : 원문의 소춘(小春)은 원래 10월의 별칭이지만, 여기서는 11월 동짓날에 일양(一陽)이 처음 생겼음을 뜻한다.

철산 가는 도중에 느낌이 있어 읊다

鐵山途中感吟

명나라에 조회갈 때 배를 띄우던 곳이 철산부 경계에 있다.

바닷가 뭇 산들 변새와 접한 곳 많고	海上群山接塞多
서쪽으로 중원을 바라보니 요하와 가까이 있네	中原西望近遼河
천추에 누가 존주의 의리를 알겠는가	千秋誰識尊周義
당시에 은하수까지 거슬러갔던 뗏목[31]이 생각나네	感憶當時泝漢槎

31 은하수까지 거슬러갔던 뗏목 : 63쪽 주83 참조.

용만부로 들어가는 길에 읊다

入灣府途吟

부사와 서장관 모두 차운시를 지었다.

사신 행렬 오늘 용만에 이르러	征車今日到龍灣
단속하며 쉼 없이 달려와 서쪽으로 관문을 나서네	約束行行西出關
하늘 밖 구름장에 발해가 보이는 듯하고	天外層陰看渤海
구름 가 북풍에 오랑캐 산인 줄 알겠네	雲邊朔氣認胡山
금성탕지의 지세 얼마나 웅장한가	金湯地勢雄如許
중국와 오랑캐 풍속이 이곳에서 나뉘네	夷夏風謠界此間
왕의 위엄이 사절을 편안하게 할 줄 알겠으니	已識王靈安使節
압록강의 봄 나무는 내가 돌아오길 기다리겠지	鴨江春樹待吾還

평안도 절도사 유성채는 그 집안이 5대 동안 여섯 번 평안도 절도사에 제수되었다. 강서 현령을 지낸 조정이 정만 가 그 성대함을 시로 읊조리니 유성채가 여러 공들에게 화답시를 청하여 그 시가 십여 편에 이르렀다. 유성채의 요청으로 졸렬함을 무릅쓰고 차운하다

平安柳節度星彩 其家五世 六拜西閫 趙江西定而 正萬 有詩詠其盛 柳令請諸公和之 至十餘篇 因柳令請强拙次之

위엄과 은혜를 온 군대에 베풀어야 하는데 威惠要須洽一軍
평안도 백성의 강퍅함을 내 일찌감치 들었네 關氓獷忮我曾聞
시서를 어릴 때부터 알아 유자의 학업에 힘썼고 詩書早識敦儒業
방비하는 법을 익히 보아 국문을 굳게 지켰네 鎖鑰行看鞏國門
달빛 비치는 용만의 요새에 딱따기소리 한가하고 寒柝應閒龍塞月
구름 가 봉성에 경보 알리는 봉화 꺼졌네 警烽休照鳳城雲
대대로 평안 절도사 독차지했으니 그 은혜를 어찌 갚으랴 世專西閫恩何報
태평시대에 힘써서 변방을 안정시키는 공훈[32] 이루시게 努力明時定遠勳

32 변방을 안정시키는 공훈 : 원문의 정훈(定遠)은 정원후(定遠侯) 반초(班超)의 의미로도 볼 수 있으니, 여기서는 중의적으로 표현한 것이다. 반초는 후한(後漢)의 무장으로 흉노의 지배하에 있던 50여 나라를 한(漢)나라에 복종시켰고, 중국과 서역(西域) 간의 경제와 문화 교류를 촉진시키는 데 지대한 공헌을 하였다. 탁월한 전공(戰功)으로 정원후(定遠侯)에 봉해졌다. 《後漢書 卷47 班超列傳》

용만잡영 10수, 《식암집》 가운데 〈용만십절〉[33]에 차운하다
龍灣雜詠十首 次息菴集中龍灣十絶韻

요동 땅이 이 관문으로 구분되니	區絶全遼有是關
경계의 서쪽으로 발해를 접하고 있네	地疆西接浡溟灣
통군정[34]에서 바람에 기대 멀리까지 보이니	統軍一眺憑風逈
북쪽 변방[35] 수많은 산을 굽어 헤아리네	俯數龍荒萬點山
강은 길고 정자는 우뚝 솟아[36] 승경이라 불리니	江長亭逈稱雄勝
이름난 솜씨로 읊은 시들 매우 많네	名手題吟不翅多
빼어난 시로 근래에 삼대수[37]라 읊은 것 있으니	雋語近吟三大水
영중의 노래에〈절양〉같은 곡조 모두 버려졌지[38]	折楊皆廢郢中歌

33 식암집 소재 용만십절 : 김석주(金錫胄)의 《식암유고(息庵遺稿)》 권6〈용만잡영 절구 10수를 지어 부사의 시에 화답하다〔龍灣雜詠十絶和副使〕〉를 가리킨다.

34 통군정(統軍亭) : 평안북도 의주군 의주읍에 있는 정자로, 의주성에서 가장 높은 북쪽 삼각산 봉우리에 위치해 있었다.

35 북쪽 변방 : 원문의 용황(龍荒)은 흉노족이 하늘에 제사를 지내던 용성(龍城)과 북부의 황막한 지역인 황복(荒服)을 가리키는데, 북쪽 변방을 뜻한다.

36 강은……솟아 : 강은 압록강(鴨綠江)을 가리키고, 정자는 통군정(統軍亭)을 가리킨다.

37 삼대수(三大水) : 주희(朱熹)가 "천하에는 세 개의 큰 강이 있는데, 양자강과 황하와 혼동강(混同江)이 바로 그것이다. 혼동강은 오랑캐 땅에 있다."라고 하였다. 《朱子語類 卷79 尙書 禹貢》 주희가 말한 혼동강은 바로 의주(義州)의 압록강(鴨綠江)을 가리킨다.

38 영중의……버려졌지 : 영중(郢中)의 노래는〈양춘(陽春)〉과 〈백설(白雪)〉 등의 고아한 곡조를 가리키는데, 품격이 높아 남들이 화답하기 힘들었다고 한다. 〈절양(折

제영시(題詠詩) 가운데 김식암(金息菴 김석주(金錫冑))의 작품도 있는데, 그 시에 "천하에 큰 강 셋인데, 중국과 오랑캐 통틀어 외로운 정자 하나라네.〔乾坤三大水, 夷夏一孤亭.〕"[39]라고 하였다. 사람들이 이 시구가 이전 사람의 여러 작품들을 압도한다고 하였다.

태평시대에 가장 번화한 곳이라 불렸는데	盛時最號繁華窟
옛날의 모습이 지금에 와서 절반만 남았네	舊樣于今只半存
근래 흉년이 들어 더욱 피폐해졌으니	比歲災荒凋又甚
성에서 만가 촌락이 또 줄었겠지	一城應減萬家村

삼천 리 옛 나라를 중흥시킨 것은	重恢舊國三千里
전적으로 중국의 십만 원병 덕분이었네	全賴大邦十萬兵
선왕이 서쪽으로 몽진했던 곳[40]에서 눈물 흘리니	攬涕先王西狩地
황제의 은혜 드넓어 동해까지 이르렀지	皇恩汪濊遍東瀛

병자년에 변방의 봉홧불 타오르지 않은 것은	丙歲邊烽未及紅

楊)〉은 이별의 정을 노래한 곡조인데, 세속 사람들이 좋아하는 저급한 곡조이다. 왕안석(王安石)의 〈기제영주백설루(寄題郢州白雪樓)〉에 "〈절양〉과 〈황화〉 듣곤 좋아서들 활짝 웃고, 〈양춘〉과 〈백설〉에는 화답하는 사람 적지.〔折楊黃華笑者多, 陽春白雪和者少.〕"라고 하였다. 여기서는 김석주(金錫冑)의 시가 영중의 노래처럼 뛰어나서 다른 작품들을 압도했음을 뜻한다.

39 천하에……하나라네 : 김석주(金錫冑)의 《식암유고(息庵遺稿)》 권6에 수록되어 있는 〈압록강에서 의주 부윤과 이별하다〔鴨江離別灣尹〕〉 시 가운데 3-4구를 가리킨다.

40 선왕이……곳 : 임진왜란 때 선조(宣祖)가 의주(義州)로 파천(播遷)했던 일을 가리킨다.

목숨 구걸한 용렬한 장수[41]가 귀머거리마냥 웃고만 있어서지[42]
偸生庸帥褎如聾

알겠구나, 이곳이 오랑캐를 막는 금성탕지는 須知禦虜金湯地
교만한 훈신이 아니라 충신에게 맡겨야 하는 것을 不任勳驕只任忠

의주 부윤은 군무(軍務)를 겸하니 龍灣大尹兼兵馬
군민(軍民) 다스리는 재능 갖추어야 맡을 수 있네 牧御材全可秉旄
위급할 때 걸출한 인재를 선발해야 하니 緩急應收才傑士
고을 안을 살펴보면 호걸들이 많다네 郡中刁瞯且多豪

변방 성의 방비가 매우 쓸모없고 허술하니 邊城兵備殊隳疏
평상시 거의 만 명의 군사를 길러야 하네 合養常時近萬甲
규율을 두려워하며 지킴이 끝날 때가 없으니 畏約守條無已時
변새의 아이들 어찌 군법에 해이할 수 있으리 塞兒那得解軍法

관기가 다재다능하여 사나운 말을 타는데 官妓多能怒馬騎
배자 위에 칼을 차고 쇠고삐를 당기네 裲襠劍佩按金鞿
매번 사신 행렬 따라 달리다 馳鶩每隨星使出

41 목숨……장수 : 김자점(金自點)을 가리킨다. 그는 병자호란이 일어나자 임진강 이북에서 청(淸)나라 군대를 저지해야 할 총책임을 맡고도 전투를 회피하여 적군이 급속히 남하하는 것을 수수방관하였다.

42 귀머거리마냥 웃고만 있어서지 : 원문의 수여롱(褎如聾)은 귀머거리처럼 멍청하게 웃는 모양을 나타낸다. 《시경》 〈패풍(邶風) 모구(旄丘)〉에 "숙(叔)이여 백(伯)이여, 귀를 막은 듯 웃고만 있네.〔叔兮伯兮, 褎如充耳.〕"라고 한 데서 나온 말이다.

큰 강에서 마침내 두꺼운 얼음 밟고 돌아가네　　大江遂踏層氷歸

건아들 산서의 기풍[43] 많으니　　健兒多有山西風
반드시 무장하고 비단 띠를 두른 채 출타하네　　出必韡刀帶錦帊
오랑캐 산의 사나운 범[44]을 죽일 만하고　　可殺胡山白額虎
북녘 들판의 푸른 말[45]을 빼앗을 만하네　　可奪朔野青駹馬

성스런 조정이 내수외양[46]의 방도 얻었다면　　聖朝如得修攘術
한 번에 쓸어내어 영고탑 소굴[47]을 맑게 했으리　　一掃可清寧古窟
하늘이 이렇게 험요한 형세의 산하를 만들었거늘　　天設山河此氣勢
묘당에선 그저 길이 근심하며 벌벌 떨기만 하네　　廟堂徒爾長憂栗

43 산서의 기풍 : 무인(武人)의 기풍을 뜻한다. 《한서(漢書)》 권69 〈조충국전(趙充國傳)〉에 "산동 지방에서는 재상이 나오고, 산서 지방에서는 장수가 나온다.〔山東出相, 山西出將.〕"라는 속어(俗語)가 나온다.

44 사나운 범 : 원문의 백액호(白額虎)는 이마와 눈썹의 털이 하얗게 된 범을 가리키는데, 범이 늙으면 이마가 하얗게 변하고 기세가 사나워진다고 한다.

45 푸른 말 : 원문의 청방마(青駹馬)는 청회색 빛깔의 말을 가리키는데, 청방마(青駹馬)라고도 쓴다. 북방의 흉노들 가운데 서쪽 사람들은 백마를 타고 동쪽 사람들은 청방마를 탄다고 하였다. 《史記 卷110 匈奴列傳》

46 내수외양(內修外攘) : 안으로는 나라를 잘 다스리고 밖으로는 외적을 물리치는 것을 뜻한다.

47 영고탑(寧古塔) 소굴 : 영고탑은 청(淸)나라의 발상지로 지금의 만주 길림성(吉林省) 영안현(寧安縣)을 가리킨다.

용만의 역관에서 밤에 앉아 장난삼아 장구시(長句詩)를 급히 지어 〈용만행(龍灣行)〉이라 제목을 붙여 부사에게 보여주다

灣館夜坐 戱作長句走草 以龍灣行爲名 示副使

용만의 성 안에는 촌락이 만가이고 龍灣城中邑萬家
용만의 성 밖에는 초소가 많네 龍灣城外亭障多
용만의 여아들 자취 빛깔 치마를 입고서 龍灣女兒紫翠裙
객을 보면 너도나도 〈위성가〉[48]를 노래하네 見客爭唱渭城歌
배자 입은 건아들 옷과 말[49]을 자랑하고 裲襠健兒誇輕肥
매일 무리지어 술마시고 범사냥 갔다가 돌아오네 日日群飮射虎歸
상인들 줄지은 점포에선 천금이 넘치고 商人列肆多千金
구름 같은 비단에서 광채가 흘러넘치네 錦綺如雲光霏霏
화려한 누각 깊숙한 곳에선 붉은 촛불 둘러싸고 앉았고 華閣深深圍紅燭
강 건너에선 호가로 〈양류곡〉을 연주하네 隔水胡笳楊柳曲
옥관[50]의 변새 기운 번번이 객을 시름겹게 하지만 玉關邊色動愁人

48 위성가(渭城歌) : 〈양관곡(陽關曲)〉이라고도 한다. 변방으로 떠난 이를 그리워하는 노래인데, 왕유(王維)의 〈위성가(渭城歌)〉를 악곡으로 만든 것이다.

49 옷과 말 : 원문의 경비(輕肥)는 좋은 갖옷과 살진 말을 뜻한다.

50 옥관(玉關) : 중국과 서역(西域)의 경계 지역에 있는 옥문관(玉門關)을 가리키는데, 흔히 변경으로 가는 관문을 뜻하는 말로 쓰인다.

오창[51]의 번화함이 또한 객을 즐겁게 하네	吳閶繁華亦娛客
성대하구나, 서쪽 관문의 한 도회지	壯哉西關一都會
산하가 안팎으로 띠처럼 둘러있네	山河表裏作襟帶
지형은 북쪽으로 오랑캐 땅에 닿아 끝나고	地形北臨胡羯盡
강은 서쪽으로 창해에 들어가 넓어지네	江流西入滄海大
성 모퉁이의 통군정[52] 백 길 높이의 누대이니	城隅統軍百丈臺
아득한 원기가 누대 아래에 펼쳐지네	元氣混茫臺下開
올라가 중원의 모습을 아득히 바라보는데	登望莽莽中原色
갈석산[53]의 파도 소리 어렴풋이 들려오네	恍惚碣石濤聲來
변방은 겨울날 삼 장 높이로 눈이 쌓였는데	塞垣天寒三丈雪
네 필의 말이 끄는 사신 수레 출발하려고 하네	行人四牡將欲發
고향 그리워 때때로 중선의 누각[54]에 오르고	望鄉時登仲宣樓
술 마시며 함께 원규의 달[55]을 감상하네	對酒共賞元規月
고죽성과 계문의 숲[56]이	孤竹城　薊門樹

51 오창(吳閶) : 춘추시대 오(吳)나라의 서북문인 창문(閶門)을 가리키는데, 당시 오나라 서울의 문물이 번창하였다고 한다. 여기서는 번화한 의주의 풍경을 묘사한 것이다.

52 통군정(統軍亭) : 261쪽 주34 참조.

53 갈석산(碣石山) : 150쪽 주338 참조.

54 중선(仲宣)의 누각 : 한나라 헌제(獻帝) 때 왕찬(王粲)이 동탁(董卓)의 난을 피하여 형주(荊州)에 있으면서 강릉(江陵)의 누각에 올라가 고향을 그리워하여 〈등루부(登樓賦)〉를 지었는데, 나중에 왕찬의 자(字)인 중선(仲宣)을 써서 그 누각을 중선루(仲宣樓)라고 불렀다. 《三國志 卷21 魏書 王粲傳》

55 원규(元規)의 달 : 원규(元規)는 진(晉)나라 유량(庾亮)의 자(字)이다. 87쪽 주161 참조.

북쪽으로 연경 가는 길에 있네 是乃北走幽燕路

지금 나는 무엇 때문에 이곳을 떠나야 하는가 今我胡爲從此去

울어대는 검기(劍氣)는 이글거리고 나는 비처럼 눈물 흘리네 鳴劍勃勃淚如雨

56 고죽성(孤竹城)과 계문(薊門)의 숲 : 고죽성은 백이(伯夷)와 숙제(叔齊)가 은(殷)나라에서 봉(封)을 받은 나라인 고죽국(孤竹國)에 있는 성으로, 연경(燕京)에 사신 가는 사람들이 경유하는 곳이었다. 계문(薊門)은 연경 덕승문(德勝門)의 서북쪽에 있는데, 이곳의 숲이 안개에 쌓여 몹시 아름다웠기 때문에 계문연수(薊門煙樹)라 부르며 승경(勝景)으로 삼았다.

봉황산을 지나는데 산의 웅장함과 수려함, 우뚝한 높이가 우리의 화악산 같았다. 그 높이는 화악산보다 조금 미치지 못한 듯한데, 온통 바위로 이루어진 산이고 그 겹겹의 산들이 서로 끌어안아 깊고 웅장한 것은 화악산보다 훨씬 나았다. 산 중턱에 옛 성의 성가퀴가 남아있는데, 고구려 때 성 위에서 당나라 황제에게 절한 곳이 여기인 듯하여 시를 읊조리다

過鳳凰山 山之雄秀標峻 如我華嶽 其崇高似少不及 而渾是石山 其複巒相抱 深邃盤礡 則不翅過之 山腰有故城餘堞 句麗時 城上拜唐帝處 想在此也吟成

장수가 성에 올라 황제에게 절하니[57] 登城介胄拜龍顔
무기 거둔 황제의 군대는 기운 이미 쇠잔했네 捲甲王師氣已殘
나라를 보위하는 충성 깊고 대체를 알았으니 衛國忠深仍識體
초목에게 그 이름을 물어보고 돌아오려고 하네 欲從草木問名還

일찍이 우리나라의 역사에서 "역사책에서 장수의 성명을 쓰지 않아 안타깝다."[58]라고 한 것을 보았기 때문에 초목에게라도 묻고자 한 것이다.

57 장수가……절하니 : 봉황성(鳳凰城)은 안시성(安市城)을 가리킨다. 당(唐)나라 태종(太宗)이 요(遼)를 정벌할 때 이곳에 주둔하였다. 안시성의 장수 양만춘(楊萬春)이 굳게 지키고 나가 싸우지 않으며 성 위에서 배사(拜辭)하자, 당나라 태종이 마침내 성을 공격했지만 끝내 함락시키지 못하였다. 이 사건과 안시성 장수의 이름은 정사(正史)에는 전하지 않고 야사(野史)에만 전한다.

58 역사책에서……안타깝다 : 《삼국사기(三國史記)》에 기록된 내용을 가리킨다. "동방 정벌의 공이 안시성(安市城)에서 무너졌으니, 그 성주는 비상한 호걸이라고 말할

수 있다. 그러나 역사책에는 그의 성명을 전하지 않고 있다. 이는 양자(楊子)가 이른바 제(齊)나라와 노(魯)나라의 대신은 역사책에 그 이름이 전해지지 않는다는 것과 다름이 없으니 매우 애석하다." 《三國史記 卷21 高句麗本紀9 寶臧王上》

청석령[59]으로 가는 도중에

青石嶺途中

청석령 높고 길은 굽이굽이 얽혀있는데	青石嶺高鬱百盤
요동 산이 북쪽 흰 구름 사이로 보이네	遼山北指白雲間
풍경이 반드시 모두 변방의 모습은 아닐진대	風煙未必皆邊色
시름겨운 이에게 달리 보일 뿐이네	秖是愁人異樣看

59 청석령(青石嶺) : 요동의 봉황성(鳳凰城)에서 서북쪽으로 195 리 되는 곳에 있는 고개로, 푸른 돌이 많아 청석령이라 불린다. 효종(孝宗)이 봉림대군(鳳林大君) 시절 심양(瀋陽)에 끌려갈 적에 청석령을 넘으면서 〈청석령가(青石嶺歌)〉라는 시조를 지은 바 있다.

심양성

瀋陽城

요동이 우리의 강역임을 예전부터 알았으니	曾識遼東是我疆
고구려 북쪽 경계는 북방 오랑캐 땅과 가까웠네	高句北界近龍荒
수, 당나라가 멀리 통할하여 우리 강역 좁아졌고	隋唐遙統提封蹙
거란, 말갈과 싸우느라 벽루를 길게 쌓았네	丹鞨交爭壁壘長
태평시대 백 년엔 한나라 삼보[60]와 같았으니	昭代百年同漢輔
우리 조정은 언제쯤 하황[61]을 회복하리	本朝何日復河湟
한밤에 〈칙륵가〉[62]를 무엇하러 노래하랴	中宵勑勒奚歌發
산천을 돌아보며 몇 줄기 눈물만 흘리네	俛仰山川淚數行

'근(近)'이 어떤 본에는 '접(接)'으로 되어있다.

60 한(漢)나라 삼보(三輔) : 서울을 중심으로 한 근교 지역을 가리킨다. 한(漢)나라 때 도성을 중심으로 경기(京畿) 지역을 경조(京兆)・풍익(馮翊)・부풍(扶風)의 세 구역으로 나누고는 삼보라고 하였다. 여기서는 과거에 요동 땅이 우리나라가 다스리던 근교 지역이었음을 뜻한다.

61 하황(河湟) : 하수(河水)와 황수(湟水) 일대로, 서융(西戎)이 사는 지역이다.

62 칙륵가(勅勒歌) : 빼앗긴 영토를 수복하려는 의지를 담은 노래를 지칭한다. 중국 남북조시대 황하 이북의 선비족 사이에서 유행하던 민요인데, 동위(東魏)의 고환(高歡)이 옥벽성(玉壁城)을 공격하였으나 함락하지 못하고 군사의 절반을 잃게 되자 그의 장수 곡률금(斛律金)에게 〈칙륵가(勅勒歌)〉를 부르게 하여 사기를 진작하였다고 한다.

변방의 성에서 밤에 앉아 부사가 감회를 쓴 시에 차운하다
邊城夜坐 次副使述感韻

이날 부사가 부모님 기일을 겪었다.

부모님 제삿날을 예전에 북쪽의 시험관[63]일 때 만났으니 家諱曾逢北試時
오늘 아침 부사(副使)의 시를 어찌 차마 읽으리오 今朝忍讀侍郎詩
살고 싶지 않은 애통함 세상에서 같이 지녔는데 人間共結無生痛
제사 못 지낸 슬픔까지 변새에서 함께 깊어지네 塞外同深不祭悲
바람 부는 나무[64] 쓸쓸하여 거듭 눈물 흘리고 風木凄凄增涕淚
봄날 같은 햇볕[65] 따뜻하여 더욱 그립네 春暉曖曖倍思惟
흰 구름에 매번 감회 일어 시로 풀어내는데 白雲每感懷英語
먼 유람은 그래도 잠깐 떠난 것임이 부럽다네[66] 却羨遊方只暫離

63 예전에 북쪽의 시험관 : 저자는 1702년(숙종28)에 북도(北道)의 별시고관(別試考官)이 되어 길주(吉州)에 다녀온 적이 있다.

64 바람 부는 나무 : 40쪽 주31 참조.

65 봄날 같은 햇볕 : 34쪽 주16 참조.

66 흰……부럽다네 : 당(唐)나라 적인걸(狄仁傑)이 태항산(太行山)을 넘어가던 중에 흰 구름이 떠가는 남쪽 하늘을 바라보면서 "저 구름 아래에 어버이가 계신다."라고 하고는 한참 동안 서 있다가 구름이 다른 곳으로 옮겨 간 뒤에야 다시 길을 떠났다고 한다.《舊唐書 卷89 狄仁傑列傳》 부모님을 이미 여읜 저자가 적인걸처럼 타지에서 흰 구름을 보며 살아계시는 부모님을 그리워하는 것이 부럽다고 한 것이다.

백기보에서 한밤에 앉아 감회가 일어 눈물 흘리며 쓰다

白旗堡夜坐 感泣以書

부사와 서장관 모두 차운시를 지었다.

예전에 내가 잠시 노닐 적에[67]	昔余暫有遊
아침저녁으로 고향을 바라보았네	日夕望庭闈
이제는 부모 잃은 자식이 되어	今作銜恤人
슬퍼하며 봄날의 햇볕[68]을 그리워하네	哀哀戀春暉
임금의 명 받들고 타국에 왔으니	含命來異國
한 해를 보내야 돌아갈 수 있으리	經歲可言歸
고향을 생각해도 우러를 데 없으니	思家靡所仰
멀리 떠났어도 원망하지 않네	不復怨離違
머리 들어 동쪽 하늘을 바라보자니	矯首望天東
떠다니는 외로운 구름을 어찌 차마 보리오	忍見孤雲飛
공연히 선영의 측백나무 생각나서	空懷故山柏
매번 눈물로 나그네 옷을 적시네	每泣游子衣
내 생애 부모님 안 계시니	人生無父母
살아있으나 숨만 겨우 붙어있네	雖存一息微
이 세상에 부모처럼 똑같이 섬겨 받들 분은	斯世事一尊

67 예전에……적에 : 저자는 젊은 시절 함경도의 안변(安邊), 덕원(德源) 등을 유람한 적이 있다.

68 봄날의 햇볕 : 34쪽 주16 참조.

오직 임금이니 우러러 의지하네 唯君有瞻依
한 달 넘게 임금과 떨어져 彌月辭聖明
꿈속에서 궁궐을 맴도네 有夢繞宸扉
우리 늙은 숙부를 생각하니 念我叔父老
평안하다는 편지가 드문 것이 늘 걱정이네 常憂安信稀
아래로 병든 아내와 자식을 생각하니 下思病妻兒
춥고 굶주릴까 염려하네 或慮寒與饑
밤에 앉아있으니 온갖 감회가 일어나 夜坐百感集
시로 써내고 다시 길게 탄식하네 抒寫復長唏

도중에 《식암집》 가운데 운자[69]를 써서 의무려산을 노래하다

途中 詠醫巫閭 用息菴集中韻

하늘이 높은 산을 만들어 동쪽 구역 비호하였는데	天作高山護甸東
궁벽하고 멀어 한나라, 당나라 봉지에 못 들어갔네	窮遐未入漢唐封
지형이 북쪽으로 몽인의 소굴을 엿보고	地形北瞰蒙人窟
노을빛이 남쪽으로 태산(泰山)과 이어져있네	霞色南連岱嶽峰
세찬 형세는 평원을 달리는 만 마리 말 같고	怒勢平原馳萬馬
여러 산맥들은 바다에서 노니는 뭇 용들 같네	餘支滄海戲群龍
원기를 품은 걸출한 이가 나와서	應知特秀含元氣
신령한 재능으로 탁월한 종적을 드러내리라	倘有靈眞著異蹤

69 식암집 가운데 운자 : 김석주(金錫胄)의 《식암유고(息庵遺稿)》 권6에 수록되어 있는 〈요양(遼陽)〉 시를 가리킨다.

오가자 가는 길에 느낀 바 있어 절구 6수를 읊다
吳家子途中 感吟六絶

위무와 책략의 웅과 원[70]은 범이 산에 있는 듯하여	威略熊袁虎在山
매번 오랑캐를 꺾어 변방을 안정시켰네	每摧狂猘靖邊關
억울하게 모함 받아[71] 장성이 무너졌으니	掄辜太枉長城壞
누가 오랑캐 격파하고 화살촉 하나까지 가져오리[72]	片鏃誰能破虜還

웅정필(熊廷弼)과 원숭환(袁崇煥)이다.

오랑캐 막음에 어리석은 계책은 근본을 망침이니	防虜愚謀弊本根
평원에 봉수대만 별처럼 어지러이 벌여있네	平原星錯列煙墩
어찌하면 인재를 골라 간성[73]의 중책 맡겨	何如擇任干城重
흉노가 변방을 얼씬거리지 못하게 할까	不使匈奴近塞垣

요양과 심양 모두 함락되어 왼팔을 잃은 격이니	遼瀋俱淪左臂空

70 웅과 원 : 웅정필(熊廷弼)과 원숭환(袁崇煥)을 가리킨다. 둘 다 명나라 말기의 장군으로, 요동경략(遼東經略)을 맡아 요동을 방어하였다.

71 억울하게 모함 받아 : 웅정필은 요동을 지키다가 왕화정(王化貞)과 불화하여 패전하게 되자 사형에 처해졌고, 원숭환 역시 요동을 방비하다가 모함을 받아 처형당하였다.

72 화살촉 하나까지 가져오리 : 화살촉 하나까지 허비하지 않을 정도로 완벽하게 승리하고 돌아오는 것을 뜻한다.

73 간성(干城) : 나라의 방패와 성이 되어 외적을 방어하는 것을 뜻한다. 혹은 그러한 일을 하는 훌륭한 장수를 뜻한다 .

중원의 대세는 오랑캐로 정해졌네　中原大勢定爲戎
조정 가득한 못나고 약한 신하들 아무런 계책 없어　滿廷庸懦無籌策
밝은 임금은 대궐에 앉아 노심초사하네　明主憂勞坐法宮

금으로 장식한 사원이 고을마다 있고　飾金蘭若遍閭村
또 사사로이 감실을 두어 불상을 모셔놓았네　又有私龕養佛尊
비루한 오랑캐 풍속을 이제 누가 씻어내리　夷俗從今誰洗陋
누린내 나는 유락(乳酪)이 중원을 더럽힌 것뿐만 아니네　不徒羶酪穢中原

바람 없는 너른 들판에 모래먼지 불어난데다　無風曠野漲塵沙
황야의 연무와 뒤섞여 밝은 해를 가리었네　更雜荒煙翳日華
다만 이것은 본래부터 요동 땅의 모습이니　只此本來遼路事
지금 오랑캐 요기가 많아져서 그런 것 아니네　不應今爲虜氛多

웅진이었던 옛 광녕성(廣寧城) 멀리 보이는데　雄鎭遙瞻舊廣寧
구름 위로 솟은 쌍탑이 황량한 성을 비호하네　挿雲雙塔護荒城
성량 부자[74]의 훈명 찬란하니　成樑父子勳名爛
동쪽에서의 공업만이 역사책에 빛날 뿐 아니네　不獨東功照汗靑

74 성량(成樑) 부자 : 이성량(李成樑)과 이여송(李如松) 부자를 가리킨다. 이성량은 요동총병(遼東總兵)이 되어 요동 지역의 군권을 장악하고 몽고와 여진에 대한 방위와 교역을 총괄하였으며, 이여송 역시 부친을 따라 요동 좌도독(遼東左都督)의 봉호를 습봉하고 임진왜란 때 제독(提督)으로 원병을 이끌고 조선에 파견되었다.

의무려산을 지나다 하낭중[75]의 옛집에 대해 느낀 바를 쓴 부사의 시에 차운하다
次副使過巫閭山感賀郎中舊居韻

관민의 정통 학문[76]은 대중지정[77]에 근본하였는데	關閩正學本大中
강서학파[78]가 총령[79]의 풍조를 몰래 도습하였네	江西竊襲蔥嶺風
차츰차츰 세상에 횡행한[80] 지 수백 년인데	浸淫懷襄數百載
그 학설은 공허하고 조리가 없었네	其說空渺無次第

75 하낭중(賀郎中) : 명(明)나라 효종(孝宗) 때의 저명한 학자인 하흠(賀欽, 1437~1510)을 가리킨다. 진헌장(陳獻章)의 문인이다. 절강성(浙江省) 정해현(定海縣) 사람으로 자는 극공(克恭)이고, 호는 의려산인(醫閭山人)이다. 요동 광녕위(廣寧衛)로 왔다가 의무려산(醫巫閭山)에 우거하여 학문에 전념하였는데, 사람들이 그를 의려선생(醫閭先生)이라고 칭하였다.

76 관민(關閩)의 정통 학문 : 염락관민(濂洛關閩), 즉 주돈이(周敦頤), 정자(程子), 장재(張載), 주희(朱熹)로 대표되는 송(宋)나라의 정통 성리학을 가리킨다.

77 대중지정(大中至正) : 유가에서 말하는 지극히 공명정대한 도리를 뜻한다.

78 강서학파(江西學派) : 송(宋)나라의 상산(象山) 육구연(陸九淵)을 종주로 하는 학파를 가리키는데, 그가 강서(江西) 금계(金溪) 출신이기 때문에 이렇게 불렀다. 육구연은 '심즉리설(心卽理說)'을 주창하여 정주학(程朱學)을 반대하였는데, 그의 학설이 명(明)나라 때 왕수인(王守仁)에게 이르러 집대성되었다. 육구연은 강학(講學)보다는 돈오(頓悟)를 강조하였기 때문에 정주학파에게 불교에 가깝다고 비난을 받았다.

79 총령(蔥嶺) : 중국과 인도의 국경 근처에 있는 파미르고원을 가리키는데, 이곳은 불교가 인도에서 중국으로 들어온 길목이었다. 이 때문에 총령은 흔히 불교나 선학(禪學)을 비유하는 말로 사용된다.

80 세상에 횡행한 : 원문의 회양(懷襄)은 회산양릉(懷山襄陵)의 준말로, 홍수가 산과 언덕을 뒤덮는 것처럼 수습할 수 없는 지경을 뜻한다.

명나라의 진공[81]은 자질이 비범했으니 盛明陳公資高人

그의 학문은 끝내 나 나근계(羅近溪)를 가리킴・왕[82]의 무리가 아니었네 其學終非羅王倫

이기에 환하지 않아 식견이 막혔고 理氣未透識有壅

선도(禪道)를 공부하여 체용이 없는 듯하네 帶禪恐亦無體用

그의 무리 하옹이 변방 모퉁이에 살았는데 其徒賀翁居關陬

문로가 가장 순수하여 편벽하고 비루함을 제거했네 門路最醇祛側幽

근세의 학자 중에 특출하여 나쁜 기운을 쓸어내고 獨超近世掃翳氛

도를 지키며 은둔함이 하분[83]과 비슷하였네 守道幽潛似河汾

나는 공을 따르며 강학하고 싶으나 공은 돌아오지 않으니 我欲從公論學公不還

고상한 풍도만이 아득히 세상을 비추네 高風渺邈映塵寰

81 진공(陳公) : 진헌장(陳獻章, 1428~1500)을 가리킨다. 자는 공보(公甫)이고 호는 석재(石齋)인데, 백사현(白沙鄕)에 살았기 때문에 사람들이 백사선생(白沙先生)이라고 칭하였다.

82 나왕(羅王) : 나여방(羅汝芳, 1515~1588)과 왕기(王畿, 1498~1583)를 가리킨다. 나여방의 자는 회덕(惟德)이고 호는 근계(近溪)이며, 왕기의 자는 여중(汝中)이고 호는 용계(龍溪)이다. 왕기는 왕수인(王守仁)에게 수학하여 이른바 왕문칠파(王門七派) 가운데 절중파(浙中派)의 수장이었으며, 나여방은 태주학파(泰州學派)의 대표 인물로 왕기의 재전제자(再傳弟子)였다.

83 하분(河汾) : 원래는 하수(河水)와 분수(汾水)을 가리키는데, 이곳에서 수(隋)나라의 학자인 왕통(王通)이 은거하면서 강학하였다. 그는 일찍이 장안(長安)에 들어가서 〈태평십이책(太平十二策)〉을 올렸으나 쓰이지 않자, 하분(河汾)에 은거하면서 1,000여 명의 제자들을 가르쳤다.

우뚝 솟은 의무려산에서 일생을 보냈으니 醫巫崔崔百年過
산언덕에 옛집이 남아있네 舊廬應記山之阿
아, 백사(진헌장)가 남긴 학설의 여파가 남아있는데
嗟哉白沙遺說餘波流
공만이 청출어람하여 남들과 같지 않네 公獨出藍不相猶

《식암집》 가운데 운자[84]를 사용하여 십삼산[85]을 노래한 부사의 시에 차운하다

次副使用息庵集中韻 詠十三山韻

십주삼도[86]를 세상에서 보기 어려워	十洲三島世難看
조화옹이 그 형상을 옮겨다 이 산에 깎아놓았네	造化移形斲此山
뾰족하게 솟은 바위 형세는 형객[87]의 검 같고	石勢尖騰荊客劍
붉은 노을 속 푸른 산은 월희[88]의 쪽진 머리 같네	霞標翠綴越姬鬟
알겠노라 요망한 기운이 궁벽한 변방에서 사라짐은	會知氛祲收窮塞
풍운에게 뭇 산들을 비호하게 해서임을	爲飭風雲護列巒
용면[89]에게 빼어난 모습을 그리게 하여	欲倩龍眠描秀色

84 식암집 가운데 운자 : 《식암유고(息庵遺稿)》 권6에 수록되어 있는 〈여양역으로 가는 길에 십삼산을 바라보다〔閭陽途中望十三山〕〉 시를 가리킨다.

85 십삼산(十三山) : 요동성 광녕(廣寧)과 소릉하(小凌河) 사이에 있는 산인데, 산봉우리가 13개이므로 이런 이름이 붙었다고 한다. 우리나라 사신이 연경에 갈 때 경유하던 곳이었다.

86 십주삼도(十洲三島) : 도교에서 말하는 선경(仙境)으로, 십주는 조주(祖洲)·영주(瀛洲)·현주(玄洲)·염주(炎洲)·장주(長洲)·원주(元洲)·유주(流洲)·생주(生洲)·봉린주(鳳麟洲)·취굴주(聚窟洲)이고, 삼도는 봉래(蓬萊)·방장(方丈)·영주(瀛洲)이다.

87 형객(荊客) : 전국시대의 자객 형가(荊軻)를 가리킨다. 그는 연(燕)나라에서 벼슬하던 중 태자(太子)인 단(丹)을 위해 진(秦)나라에 사신으로 가서 검으로 진나라 임금을 암살하려고 했으나 뜻을 이루지 못하고 피살되었다.

88 월희(越姬) : 춘추시대 월(越)나라 미인(美人) 서시(西施)를 가리킨다. 혹은 이른바 오희월녀(吳姬越女)로 오월(吳越) 지방의 미녀를 가리킨다.

동쪽으로 돌아와 와유하면서 길이 보고 싶구나　　東歸長對臥游間

89 용면(龍眠) : 235쪽 주553 참조.

도중에 《식암집》의 시[90]에 차운하여 대릉하의 옛일에 대해 느낀 바를 쓰다
途間 次息庵集中韻 感大淩河舊事

기세등등한 오랑캐 북명(北溟)의 물고기[91]를 잡아끌 듯하였으니
憑陵虜似掣溟魚
명(明)나라의 옛 역사책을 보며 눈물 흘리네　流涕皇朝舊史書
황성 근방에는 천 개의 벽루가 이어져있는데　關輔連綿千壁壘
민가에는 온통 폐허만이 아득히 펼쳐져있네　人煙莽蕩一丘墟
변방의 용맹한 장수 누차 패하였으니 하늘은 어찌 이리도 취하였나
邊鋒屢衂天何醉
중등의 계책 늘 실패했으니 한나라도 서툴렀네[92]　中策常乖漢亦疏
노 장수는 목숨을 바치고 원은 억울하게 죄를 받았으니[93]

90 식암집의 시 : 《식암유고(息庵遺稿)》 권6에 수록되어 있는 〈대릉하에서 옛일을 애도하며 어자 운(魚)자 운을 거듭 쓰다〔大凌河弔古仍疊魚字韻〕〉 시를 가리킨다.

91 북명(北溟)의 물고기 : 북쪽 바다의 곤(鯤)이라는 물고기인데 그 크기가 몇 천리가 되는지 모를 정도라고 한다. 《莊子 逍遙遊》

92 중등의……서툴렀네 : 《한서(漢書)》 권94 하 〈흉노전(匈奴傳)〉에 "주나라는 중책을 얻었고, 한나라는 하책을 얻었고, 진나라는 계책이 전혀 없었다.〔周得中策, 漢得下策, 秦無策焉.〕"라고 한 말이 보인다. 한편 이백(李白)의 〈새상곡(塞上曲)〉에서 "한나라는 중책도 없었기에, 흉노가 위수 다리까지 범했었네.〔大漢無中策, 匈奴犯渭橋.〕"라고 하였다. 《李太白集 卷4》

93 노……받았으니 : 노 장수는 노상승(盧象昇)을 가리키고, 원은 원숭환(袁崇煥)을 가리킨다. 노상승은 요동(遼東)과 계주(薊州) 지역에서 청나라 군대와 싸우다가 전사

盧帥死綏袁罪枉

오늘날 그 충렬은 정려되기에 마땅하네 노상승(盧象昇)을 가리킴

至今忠烈合旌閭

하였으며, 원숭환도 이 지역에서 청나라 군대와 싸워 공을 세웠으나 청나라의 이간책으로 모반죄를 입어 처형되었다. 일설에 송산(松山)과 행산(杏山)이 함락되자 노상승이 형세가 지탱할 수 없음을 알고 전 부하들을 이끌고 포화에 몸을 던져 죽었다고 한다.

사하를 지나며

沙河途中

동쪽 기내 지역이라 변새와는 다르니	地是東畿異塞疆
성 곁으로 인가들이 쭉 이어져있네	傍城煙火鬱相望
오랑캐 산이 그림 같이 멀리서 연경을 둘러싸고	胡山似畫圍燕遠
만리장성이 무지개처럼 길게 뻗어 바다에 드리웠네	秦堞如虹飮海長
늘어선 점포는 온갖 재화 넘쳐나 휘황찬란하고	金碧列廛千貨亂
긴 제방은 수레들 바삐 다녀 먼지 일어나네	塵沙脩坂衆車忙
내일 아침 서쪽으로 관문 들어가면	明朝西入關門路
백양을 알아보는 참다운 사람[94] 있을지	倘有眞人識伯陽

94 백양(伯陽)을……사람 : 백양(伯陽)은 노자(老子)의 자(字)이다. 149쪽 주334 참조.

망부석 정녀사[95]에서 소견을 기록하다

望夫石貞女祠記所見

무창산 앞에 촉석 하나가 있으니	武昌山前一石矗
여인이 남편을 기다리다 돌로 변한 것이네[96]	有女望夫化爲石
왕건의 시[97]가 악부로 전해져	王建之詩傳樂府
지금까지 사람들이 신령한 자취라 일컫네	至今人稱靈異蹟
만리장성 길가의 높은 언덕에	長城路畔有高阜

95 망부석(望夫石) 정녀사(貞女祠) : 산해관(山海關) 동쪽에 위치한 사당으로, 정부(貞婦) 맹강(孟姜)을 모신 곳이다. 사당의 뒤편에 망부석(望夫石)이 있었다. 이항복(李恒福)의 〈망부대 정녀사에서 월사의 서악묘 시에 차운하다〔望夫臺貞女祠次月沙西嶽廟韻〕〉라는 시의 서문에 "세상에 전하는 말에 의하면, 진(秦)나라가 만리장성을 쌓을 적에 범랑(范郎)이라는 역도(役徒)가 있었는데 공사 중에 죽었다. 그의 아내 허씨(許氏)가 남편과 헤어진 지 오래되어 남편이 죽은 줄을 알지 못하고 직접 와서 찾아보니, 남편은 이미 죽어 해도(海島)에 장례한 뒤였다. 허씨는 망부대 위에서 남편을 위해 곡하다가 마침내 그 자리에서 죽어 돌아가지 못했는데, 뒤에 산해관 주사(山海關主事) 장동(張棟)이 이 대에 사당을 세우고 장시현(張時顯)이 비문을 지어 비를 세웠다."라고 하였다.

96 무창산……것이네 : 중국 호북성(湖北省) 악성현(鄂城縣) 무창산(武昌山)에 망부석(望夫石)이 있는데, 전설에 어떤 부인이 남편이 멀리 병역(兵役)에 나갈 때에 어린 아들과 함께 이 산에서 남편을 전송하고는, 서서 남편이 가는 것을 바라보다가 돌로 변하였으므로 망부석(望夫石)이라 이름했다 한다. 《太平御覽 卷48》

97 왕건(王建)의 시 : 왕건(王建)이 지은 〈망부석(望夫石)〉을 가리킨다. 그 전문은 다음과 같다. "남편 바라보던 곳 강물은 유유히 흐르는데, 돌로 변하여 고개 돌리지 않네. 산머리에 날마다 바람 불고 비 내리는데, 떠난 님 돌아오면 돌이 응당 입을 열리라.〔望夫處江悠悠, 化爲石不回頭. 山頭日日風和雨, 行人歸來石應語.〕"

똑같이 망부석이라 불리는 돌이 오랫동안 전하네　有石同稱流傳久
나는 처음에 이 얘기를 듣고 의심이 생겨　始余聞之心然疑
세상에 두 부인이 있었으리라 생각했네　或意世間有二婦
지금 수레를 멈추고 옛 사당에 들어가니　今來停軺入古祠
휘황찬란하게 높은 비석들[98]이 늘어서있네　金碧輝煌列崇碑
빛나는 글귀에 성대히 서술되어 있으니　有文煌煌盛鋪述
명분과 실상의 어긋남이 이와 같다네　名實乖異乃如斯
만리장성 축조에 동원된 역부들이 요산 아래에서 절반이 죽어
秦城役夫半死遼山下
어진 부인 맹강이 남편을 찾아 이 들판에 이르렀네
賢婦孟姜訪夫至此野
서성거리다 눈물을 흘리며 언덕 위 바위에 올라　躑躅泣登原頭石
하루 종일 만리장성을 바라보았네　瞻望長城朝復夜
남편이 끝내 돌아오지 않아 죽었다고 여겨　夫竟不來定有凶
가슴속 슬픔이 응어리져 마침내 따라 죽었네　含愁鬱結遂下從
그 곁에 성대히 쌓은 무덤이 있고　有墳在旁盛封殖
높은 바위 위에는 부인의 자취가 완연히 남아있네
有石巋嵲其上宛留夫人蹤
지극한 정성에 감동함은 매한가지이니　至悃感徹頗同軌
두 이름이 길이 훌륭한 여인의 모범이 되는 데 문제가 없네

98 높은 비석들 : 1594년 장동(張棟)이 글을 지은 비석, 1596년 장시현(張時顯)이 글을 지은 비석, 1669년 정관이(程觀頤)가 글을 지은 비석, 1688년 고제대(高齊岱)가 글을 지은 비석 등 총 4개의 비석이 사당 뒤에 있었다.《陶谷集 卷29 庚子燕行雜識》

	不害並名永爲哲女宗
영령이 서로 따르며 흐릿하게 비구름이 되고	幽靈相隨曖曖爲雨雲
강이나 산봉우리에서 바람이 화답하네	有風和之在河或在峰
나는 비로소 의심이 풀려 더욱 슬퍼하며	余乃釋然增嗟歎
아름다운 모습의 소상[99]을 공경히 바라보네	敬觀土塑婉婉容

99 아름다운 모습의 소상(塑像) : 정녀사(貞女祠)에는 한 여자의 소상이 있고 그 곁에 두 동자(童子)가 시립하고 있다. 장동(張棟)의 비문에 따르면, 왼쪽의 동자는 우산을 들고 있고 오른쪽의 동자는 보따리를 가지고 있는데, 두 동자는 바로 정녀의 아들이고, 우산은 그 여행 제구를 본뜬 것이며 보따리는 그 남편이 평소에 입던 옷을 상징한 것이라고 한다.《燕轅直指 出疆錄 12月 11日》

산해관에서 《식암집》의 시[100]에 차운하다

山海關 次息庵集中韻

구불구불한 석벽이 아득히 눈앞에 펼쳐지고　石色逶迤極目遙
우뚝 솟은 꼭대기마다 높은 망루(望樓)가 보이네　崇巓處處見危譙
기세는 뻗어나가 산과 바다까지 이르고　開張氣勢彌山海
풍광은 구분되어 계주·요동과 경계를 짓네　分截風煙限薊遼
만 리의 중원에 지리적 이로움 갖추어　萬里中原成地利
천 년 동안 동쪽 변방에서 오랑캐[101]를 제압하였네　千年東塞制天驕
지금은 모두 선우[102]의 집이 되었으니　秪今渾作單于宅
무너진 해자를 내버려두어 쑥대밭이 되었네　一任崩隍半艾蕭

100 식암의 시 : 《식암유고(息庵遺稿)》 권6에 수록되어 있는 〈산해관을 출발하며 거듭 소(蕭) 자 운을 쓰다〔發山海關疊蕭字韻〕〉를 가리킨다.

101 오랑캐 : 원문의 천교(天驕)는 북방의 오랑캐를 가리킨다. 한(漢)나라 때 흉노(匈奴)의 선우(單于)가 한나라에 보낸 외교문서에 "남쪽에는 큰 한나라가 있고 북쪽엔 강한 오랑캐가 있으니, 오랑캐라는 것은 하늘이 아끼는 자식이다.〔南有大漢, 北有强胡, 胡者, 天之驕子也.〕"라고 한 데서 나온 말이다. 《前漢書 卷94 匈奴傳》

102 선우(單于) : 한(漢)나라 때 흉노족을 다스리던 우두머리의 칭호인데, 흔히 오랑캐나 이민족을 범칭하는 말로 쓰인다.

각산사[103]에 오르다

登角山寺

오늘에서야 산하의 거대함을 알게 되었으니　今來始識大山河
겹겹의 구름이 만 리 멀리까지 아득히 뻗어있네　積氣茫茫萬里遐
비단을 펼친 듯한 서쪽의 발해를 굽어보고　匹練俯臨西浡海
아홉 점의 연기[104]가 중화의 땅인 경우를 얼마나 지켜보았나　九煙幾見半中華
진시황이 쌓은 장성이 이 산에서 끝났는데　嬴家建築當峰盡
태조가 방비하여 변새를 제압함이 훌륭하였네[105]　文祖經營壓塞多
그 옛날 태산에 올랐던 뜻[106]을 우러러 상상하니　仰想千秋登岱意
눈앞엔 온통 오랑캐 땅이라 눈물만 비껴 흐르네　戎塵極目淚橫斜

'필련(匹練)'이 어떤 본에는 '일대(一帶)'로 되어있다.

103 각산사(角山寺) : 산해관(山海關) 북쪽에 있는 사찰로 각산(角山) 정상에 있다.

104 아홉 점의 연기 : 원문의 구연(九煙)은 구점연(九點煙)의 준말로, 높은 곳에서 바라보면 중국의 구주(九州)도 아홉 개의 점처럼 보인다는 뜻이다. 이하(李賀)의 〈몽천(夢天)〉에 "멀리 중국을 멀리 바라보니 아홉 점의 연기 같고, 깊은 바닷물도 한 잔을 쏟은 듯하네.〔遙望齊州九點煙 一泓海水杯中瀉〕"라고 한 데서 나온 말이다.

105 진시황이……훌륭하였네 : 원문의 영가(嬴家)는 성(姓)이 영씨(嬴氏)인 진시황(秦始皇)을 가리킨다. 문조(文祖)는 원래 요(堯)임금의 시조(始祖)를 모신 사당인데 후세에 태조(太祖)를 뜻하는 말로 쓰였다. 여기서는 명(明)나라의 태조인 주원장(朱元璋)을 가리킨다. 진시황이 축조한 만리장성이 각산(角山)에서 끝났는데, 주원장이 위국공(魏國公) 서달(徐達)을 시켜 만리장성을 보수하여 바다까지 연결하게 하였다.

106 태산에 올랐던 뜻 : 156쪽 주357 참조.

육사형의 북쪽으로 북방의 성을 지나다〔北過幽朔城〕 시[107]에 차운하다

次陸士衡北過幽朔城韻

요동의 산 아득히 울창한데　　遼山鬱茫茫
수레를 몰아 여러 험난한 길 지나왔네　　驅車越重艱
사나운 호랑이 숲속에서 으르렁대고　　猛虎依林嘷
높이 나는 독수리 하늘에서 빙빙 노니네　　高鵰遊天盤
마침내 혼하[108]를 건너니　　遂涉渾河水
길 곁에는 의무려산이 있네　　行傍醫巫巒
수레에 기대어 골짜기를 건너고　　憑轅度谷底
소매를 떨치며 구름 끝을 나왔네　　抗袂出雲端
먼지 나는 전거[109] 소리 요란하니　　塵起氈車亂
밝은 달 아래 어찌 시끄럽게 노래하랴　　月明奚歌喧
황금과 비단으로 오랑캐를 섬기니　　金繒奉殊隣

107 육사형의……시 : 사형(士衡)은 진(晉)나라 육기(陸機)의 자이다. "북쪽으로 북방의 성을 지나는데 황량한 들판이 매우 험난하네.〔北遊幽朔城, 涼野多嶮難.〕"로 시작하는 〈고한행(苦寒行)〉을 가리킨다.

108 혼하(渾河) : 침수(沈水), 소요하(小遼河), 소매하(小梅河) 등으로 일컬어진다. 요하(遼河)와 함께 태자하(太子河)로 모여 바다로 들어간다. 심양(瀋陽)에서 9리 되는 곳에 있다

109 전거(氈車) : 모전(毛氈)으로 장식한 수레로, 북쪽의 추운 지방에서 타는 수레이다.

걱정하며 길이 탄식하네	憂慨以永嘆
고향은 날로 멀어져	丘原日以遠
가족과의 즐거움 이별한 지 오래되었네	久隔親懿懽
왕사를 견고히 해야 함[110]을 걱정하여	王事懼靡盬
애써 밥을 더 챙겨먹네	勉焉加飯餐
만나는 이들 모두 오랑캐인지라	所遇皆異類
입 다문 채 정담을 나누지 않네	墨墨莫晤言
너른 들판에 매서운 바람 자주 부니	曠野多疾風
저 추위를 헤쳐 걸어가는 가는 무리가 애처롭구나	哀彼徒御寒

110 왕사(王事)를……함 : 133쪽 주289 참조.

통주를 지나는 길에 북경성을 바라보다

通州途中 望北京城

해동의 못난 내가 늦게 태어나	左海鯫生生世遲
태평시대에 천자에게 조회가질 못하였네	朝天不及盛明時
누런 먼지 속에서 융마는 시끄러이 울어대니	喧喧戎馬黃塵裏
성궐은 예전 그대로인데 석양빛이 서글프네	城闕依然夕照悲

원일에 조참하다 갑신년(1704, 숙종30)

元日朝參 甲申

오만관[111] 안에서 봄기운 생김을 보는데[112]	烏蠻館裏看春生
의관을 차려입고 궁궐로 나아가네	結束冠紳進禁城
현란한 궁궐은 모두 중국의 제도이건만	鳳闕參差皆漢制
붐비는 전거에는 절반이 오랑캐 음성이네	氈車雜沓半夷聲
시끄러운 악기소리가 붉은 섬돌 앞에 요란하고	啁啾金石喧丹陛
서글픈 풍운이 채색 깃발을 둘러싸네	慘憺風雲繞彩旌
태평시대 천 년 동안 패옥 울린 곳이라	昭代千年鳴珮地
옛 문물 생각하며 눈물만 줄줄 흘리네	緬懷文物淚縱橫

'관리(館裏)'가 어떤 본에는 '반야(半夜)'로 되어있다.

111 오만관(烏蠻館) : 중국 남쪽 지방의 오랑캐인 오만(烏蠻)의 사신들이 북경(北京)에 왔을 적에 묵던 관소(館所)인데, 조선의 사신들도 여기에 묵었다.

112 봄기운 생김을 보는데 : 봄기운이 살아나는 정월 초하루임을 뜻한다.

계부께서 절구 세 수를 지어 보여주고 의주(義州)에 머물러 있었다. 나는 길을 가는 동안 삼가 차운하여 북경에 도착한 후에 드렸다

季父有下示三絶 留灣上途間謹次 到北京後呈上

사은 사행이 마침 십방원(十芳院)에 머물고 있었다.

함께 재상에 올라 이미 영광스러운데 同升宰路已光華
지금은 다시 나란히 사행을 떠났네[113] 今復聯翩泛漢槎
오랑캐도 묻고서 벼슬이 성대한 줄 아니 夷問亦應知宦盛
돌아가 이소의 집안[114]을 본받고자 하네 願言歸學二疏家

노년의 사행길은 온갖 음식 입에 맞지 않아 征役衰年百味酸
야위면 조섭하기 더욱 어렵네 淸羸益復節宣難
몹시 걱정하여 신명이 보호해주길 늘 축원하니 深憂每祝神明護
가는 곳마다 앞길의 추위를 미리 겪어서라네 處處先經首路寒

앞에 다가오는 푸른 산들 모두 낯설고 馬首蒼山面面生
변방의 날씨 흐렸다가 개였다 하네 塞天雲日半陰晴
나중에서야 역관(驛官)을 통해 보고를 받으니 後來只得郵人報
우리 사신 행렬이 늘 십일 앞서네 征駕常先十日程

113 지금은……떠났네 : 저자의 계부인 서문유(徐文裕)가 1704년(숙종30)에 사은 부사(謝恩副使)로 청나라에 갔다.

114 이소(二疏)의 집안 : 61쪽 주79 참조.

사은사 서장관 이사상 언경 이 함께 북경에 있었는데, 율시 한 수를 오는 인편에 부쳐 보여주기에 차운하여 답하다

謝恩使書狀李士常 彦經 同在北京 以一律因來便寄示 次韻以謝

북녘 땅 황량하고 추워 머물기 힘든 곳이라	北地荒寒不可留
나그네 마음 외롭고 쓸쓸하여 머리 온통 세었네	客心孤逈雪渾頭
드넓은 중원에 봄이 처음 생동하는데	中原莽蕩春初動
아득한 해동을 꿈속에서 홀로 그리워하네	左海蒼茫夢獨悠
이역 땅에서 연이은 사절을 몹시 기뻐하는데	異域政欣聯使節
같은 성안에서 이별의 시름을 어찌 견디랴	同城何耐抱離愁
동쪽으로 돌아갈 적에 관산과 하천을 같이 달리며	東還並轍關河路
가는 곳마다 누대에 올라 함께 바라보며 노니리라	處處樓臺共眺遊

연관에서 매일 밤잠을 이루지 못하여 월사 문충공이 연관에서 회포를 적어 필운 상공(弼雲相公 이항복(李恒福))에게 바친 시[115]에 삼가 차운하다 배율
燕館 每夜無寐 敬次月沙文忠公燕館書懷上弼雲相公韻 排律

범용한 자질 원래부터 나약한 날개이니	凡姿元弱羽
어찌 높은 하늘[116]로 날아오르길 바라나	詎敢望丹霄
재능은 쓸모없는 상수리나무와 같은데	材具同微櫟
집안의 명성은 유서 깊은 세족에 가까웠네	家聲近故喬
시문은 거칠어 수호[117]에 부끄럽고	文疏慙繡虎
요직에 갑자기 올라 고관을 함부로 차지했네	班驟濫金貂
근심만 하다 노년에 이르렀고	戚悴臻衰暮
유유자적하며 성스런 조정을 저버렸네	優游負聖朝
조정으로 부르는 글엔 임금의 은혜 늘 두터웠고	徵書恩屢渥
벼슬을 사양한 글의 내 말은 거짓이 없었네	辭牘語非雕

115 월사……시 : 이정귀(李廷龜)의 《월사집(月沙集)》 권3에 수록되어 있는 〈연관에서 회포를 적어 필운 상국에게 바치다〔燕館書懷上弼雲相國〕〉 시를 가리키는데, 총 오십운(五十韻)으로 구성되어 있다.

116 높은 하늘 : 원문의 단소(丹霄)는 구소(九霄) 가운데의 하나로 하늘에서 가장 높은 곳이다. 흔히 임금이 거처하는 곳인 궁궐 또는 조정을 가리킨다.

117 수호(繡虎) : 문사가 화려하고 문사를 짓는 것이 민첩함을 뜻한다. 삼국시대 위(魏)나라 조식(曹植)은 문재(文才)가 뛰어났는데, 송(宋)나라 증조(曾慥)의 《유설(類說)》에 "조식이 7걸음 만에 문장을 지었기 때문에 수호라 불렀다.〔曹植, 七步成章, 號繡虎.〕"라고 하였다.

자취를 거두어 홀로 고요히 사는 것을 즐기고 斂跡安孤靜
들끓는 비방은 사람들의 시끄러운 소리로 내버려두었네 騰訕任衆囂
심약(沈約)처럼 허리 나날이 줄어들고[118] 沈腰看日減
반악(潘岳)처럼 흰머리 시든 지 오래되었네[119] 潘鬢久霜凋
사신의 선발에 내 이름이 올라 選使名仍忝
진정을 아뢰었으나 성상은 허락하지 않았네 陳情聖不搖
젊은 나이의 소무(蘇武)보다 나이 많음을 탄식하고[120] 丁年嗟過武
공손교(公孫僑)와 같은 사신[121]을 어찌 감히 바라랴 聘禮敢希僑

118 심약(沈約)처럼……줄어들고 : 남북조시대 양(梁)나라 심약(沈約)은 몸이 약하여 늘 병을 앓았는데, 그의 친구인 서면(徐勉)에게 준 편지에 "뒤의 차도(差度)가 앞의 차도만 못하고 뒤의 위독함이 앞의 위독함보다 심하여 허리가 줄었으므로 백 일에 수십 일은 늘 혁대(革帶)의 구멍을 옮겨야 합니다."라고 하였다. 《梁書 卷13 沈約列傳》

119 반악(潘岳)처럼……오래되었네 : 진(晉)나라 반악(潘岳)의 〈추흥부(秋興賦)〉 서(序)에 "나는 32세에 흰머리가 나기 시작했다.〔余春秋三十有二, 始見二毛.〕"라고 하였다.

120 젊은……탄식하고 : 소무(蘇武)처럼 젊은 나이가 아니라, 늙은 나이에 사신을 떠나는 자신의 처지를 탄식한 것이다. 소무는 한(漢)나라 무제(武帝) 때 젊은 나이에 중랑장(中郎將)으로 있다가 흉노(匈奴)에 사신으로 갔는데, 흉노의 선우(單于)가 갖은 협박을 하는데도 굴하지 않다가 큰 구덩이 속에 갇혀 눈을 먹고 가죽을 씹으면서 지냈다. 그러다가 다시 북해(北海)로 옮겨져서 양을 치며 지냈는데, 그때까지도 한나라의 부절(符節)을 그대로 잡고 있었다. 그 뒤 갖은 고생을 하면서 19년 동안 머물러 있다가 소제(昭帝) 때 흉노와 화친하게 되면서 비로소 한나라로 돌아왔다. 《漢書 卷54 蘇武列傳》 한(漢)나라 무제(武帝) 때 이릉(李陵)의 〈소무에게 답한 편지〔答蘇武書〕〉에 "족하께서는 젊은 나이에 명을 받들고 사신을 갔다가 머리가 세어서 돌아왔습니다.〔足下丁年奉使, 皓皓首而歸.〕"라고 한 내용이 보인다.

121 공손교(公孫僑)와 같은 사신 : 공손교는 춘추시대 정(鄭)나라의 신하 정자산(鄭子産)을 가리킨다. 그는 정나라의 간공(簡公)·정공(定公)·헌공(獻公)·성공(聲公)

풍기를 다스려 역관을 단속하고　東譯須風裁
법도를 보여 이웃 적에게 위엄을 떨쳐야하네　威隣要貌標
어찌 사나운 오랑캐를 감당하리오　曷堪當悍虜
그저 뛰어난 동료들 얻음이 다행이네　秖幸得英僚
대궐에서 인사하고 용절[122]을 지닌 채　拜闕持龍節
도성을 떠나 사신 행렬을 정비하였네　離城整馬鑣
친지들은 교외에서 성대하게 전별하고　親知郊餞厚
동복들은 길에서 재앙 쫓는 푸닥거리하였네　僮僕道禳妖
수고롭다고 감히 원습[123]을 마다하랴　勞敢辭原隰
종묘에 한창 부끄러운데　羞方在廟祧
노년에 얼음을 마시네[124]　飮氷當急景
깊은 밤에 마부를 꾸짖으며[125] 달려왔네　叱馭犯深宵

등 네 조정에서 40여 년간 재상으로 국정을 담당하여 훌륭한 정치를 펼쳤으며, 외교적 수완을 발휘하였다. 또한 그는 외교문서를 잘 짓는 것으로 유명하였는데, 《논어》〈헌문(憲問)〉에 공자(孔子)의 말씀에 "사명(辭命 외교문서)을 만들 때 비침(裨諶)이 초고를 만들고 세숙(世叔)이 토론하고 행인(行人) 자우(子羽)가 수식하고 동리(東里) 자산(子産)이 윤색하였다.〔爲命, 裨諶草創之, 世叔討論之, 行人子羽修飾之, 東里子産潤色之.〕"라고 한 내용이 보인다.

122 용절(龍節) : 사신이 왕명을 받들고 외국으로 사신 갈 때 가지고 가는 부절을 가리킨다.

123 원습(原隰) : 174쪽 주412 참조.

124 얼음을 마시네 : 170쪽 주399 참조.

125 마부를 꾸짖으며 : 국은(國恩)에 보답하기 위해 험한 길도 주저하지 않고 달리는 것을 뜻한다. 한(漢)나라 왕양(王陽)이 익주 자사(益州刺史)에 제수되어 험난한 구절판(九折阪)을 넘으면서 혹시 몸을 상해 어버이에게 누를 끼칠까 염려하여 그냥 돌아왔는데, 뒤에 왕존(王尊)이 이 고개를 넘으면서 마부를 꾸짖어 말하기를 "왕양은 효자라서

야위고 나약함을 남들이 모두 걱정하는데	癯弱人同愍
자빠질까 스스로 예상했네	顚僵我自料
장단(長湍)의 선영 나무에 눈물이 흐르고	涕霑湍壟樹
옛 도성을 수레타고 지나니 마음이 찢어졌네	心折舊都軺
늘그막에 유람하는 일 장하니	臨老游爲壯
걱정하는 마음 절로 초연하네	懷憂意自超
기성(箕城)에선 밤새도록 악기 연주되고	箕城絲咽夜
용만(龍灣)의 역관에선 아침까지 술에 젖었네	灣館酒醺朝
하얀 풀[126]이 오랑캐 조정까지 펼쳐지고	白草戎庭闊
붉은 구름이 한나라 궁궐에 아득히 떠있네	紅雲漢闕遙
강을 건너니 얼음이 녹으려하고	涉江氷欲裂
책문을 넘으니 눈이 세차게 내리네	度柵雪方瀌
아름다운 경관은 사탕수수를 먹는 듯하고[127]	境美如啖蔗
고생을 생각하면 산초를 찧는 듯하네[128]	懷辛似擣椒
옛 심양(瀋陽)은 번화하여 웅대하고	繁華雄舊瀋
요동(遼東) 땅은 풍물이 장관이네	風物壯全遼

자기 몸을 아꼈지만, 나는 충신이니 말을 빨리 몰아라." 했던 고사가 전해진다. 《漢書 卷76 王尊傳》

126 하얀 풀 : 원문의 백초(白草)는 북방 오랑캐 땅에서 많이 자라는 풀이다.

127 아름다운……듯하고 : 원문의 담자(啖蔗)는 점입가경(漸入佳境)과 같은 뜻이다. 진(晉)나라 고개지(顧愷之)가 사탕수수〔甘蔗〕를 꼬리 부분부터 맛보자, 어떤 사람이 그 이유를 물으니 "점점 더 좋은 맛을 보려고 해서이다.〔漸至佳境〕"라고 한 데서 나온 말이다. 《晉書 卷92 文苑列傳 顧愷之》

128 산초를 찧는 듯하네 : 산초는 찧을수록 신 맛이 더 강해지는데, 여정이 점점 더 고생스러웠음을 비유한 것이다.

오랑캐와 한족이 뒤섞여 살고	夷漢人煙雜
산하의 기력이 넉넉하네	山河氣力饒
난하(灤河)의 생선회도 입맛이 없고	口酸灤膾美
계주(薊州)의 술로도 불평한 마음 여전하네	胸磊薊醪澆
수풀 곁의 늘어선 장막에서 휴식하고	竝幕依林歇
달빛 아래 줄지은 행랑에서 맞이해주네	聯廊對月邀
집집마다 말이 마구간에 가득하고	家皆駒滿廄
사람들은 모두 허리에 검을 차고 있네	人輒劍藏腰
드넓은 들판에 먼지만 자욱하고	野曠唯塵漲
장풍에 모래폭풍이 일어나네	風長見礫飄
진나라 성곽에서 지세를 살펴보고	秦城觀地勢
연나라 시장에서 풍요를 확인하였네[129]	燕市驗風謠
만 마리 말들이 도성 거리에 시끄러이 울어대고	萬馬喧都路
천 척의 돛단배가 노하(潞河)[130]의 다리에 모여 있네	千檣集潞橋
황제가 있는 대궐은 아득하고	帝居雙闕逈
제왕의 상스러운 기운 오랫동안 사라졌네	王氣百年消
지금은 오랑캐 풍속으로 온통 더럽혀져	氈羯渾今穢
옛날의 밝은 문물을 쓸어버렸네	聲明蕩舊昭
채찍을 던지면 장강(長江)도 끊을 수 있고[131]	投鞭江可斷

129 연나라……확인하였네 : 281쪽 주87 참조.

130 노하(潞河) : 북경과 항주를 연결하는 대운하의 북쪽 종착지이다.

131 채찍을……있고 : 막강한 군사력을 뜻한다. 전진(前秦)의 부견(苻堅)이 동진(東晉)을 공격하려 할 때, 그의 부하 석월(石越)이 동진에는 장강(長江)의 험고함이 있어

입으로 불면 산악도 떠내려 보낼 수 있네[132] 吹口嶽堪漂
만수 만세산(萬歲山)[133] 에는 시름겨운 구름이 어두컴컴하고 萬岫愁雲暗
천릉 천수산(天壽山)[134]의 여러 능 에는 무덤가 나무들이 불타버렸네 天陵宰樹焦
굉대한 계책으로 태평성대를 열었으니 宏規開盛代
요임금 시절부터 옛 고을이었네[135] 舊邑自唐堯
안타깝도다 중화의 시절엔 傷矣中華會
의연히 변방의 요충지였네 依然裔服要
침범한 이들의 재주 말타기이고 憑陵其技馬
교활한 이들의 소리 사악하였네 桀黠厥音梟

서 함부로 군대를 출동시켜서는 안 된다고 하자, 부견이 말하기를 "이렇게 많은 우리 군대로 장강에 채찍만 던져도 그 흐름을 단절시킬 수 있는데, 무슨 험고함을 믿을 수 있겠는가.〔以吾之衆旅, 投鞭於江, 足斷其流, 何險之足恃?〕"라고 하면서 공격을 감행하였다.《晉書 卷114 苻堅載記》

132 입으로……있네 : 인력이 막대함을 뜻한다. 한(漢)나라 중산정왕(中山靖王) 유승(劉勝)이 무제(武帝)에게 말하기를 "뭇사람의 입김에 산이 떠내려가고, 모기 소리가 모여 우레가 됩니다.〔衆煦漂山, 聚蟁成靁.〕"라고 하였다.《漢書 卷53 中山靖王劉勝傳》

133 만세산(萬歲山) : 북경(北京) 서원(西苑)의 태액지(太液池) 북쪽에다 인공으로 조성한 산 이름이다. 명(明)나라 마지막 황제인 의종(毅宗)이 이자성(李自成)의 난을 맞아 이곳에서 자결했다.

134 천수산(天壽山) : 북경에서 서북쪽으로 1백 리 정도 떨어진 창평현(昌平縣)에 있는 산으로, 명(明)나라 성조(成祖)의 장릉(長陵)으로부터 회종(懷宗)의 사릉(思陵)에 이르기까지 모두 13기의 능(陵)이 있다.

135 요임금……고을이었네 : 연경(燕京)은 요(堯)임금 때의 북방의 땅으로 유주(幽州)라 하였다.《서경》〈요전(堯典)〉에 "화숙에게 거듭 명하여 삭방에 머물게 하시니 유도라는 곳이다.〔申命和叔, 宅朔方, 曰幽都.〕"라고 하였다.

예악은 따라서 어지러워지고	禮樂從波蕩
천지가 오랫동안 불탔네	乾坤久火燒
하늘이 응당 제왕의 정통을 복귀시켜	天應還帝統
운세가 주[136]의 후손을 열어주리	運庶啓朱苗
자극궁이 별들에 둘러싸이고	紫極環星緯
용지는 바다의 조수와 접하였네	龍池接海潮
양이 율관에서 움직일 때[137]를 지나서 떠났고	行經陽動管
북두성이 자루를 돌릴 때[138]를 기다려 돌아가리	歸俟斗旋杓
오랫동안 구속되어 있으니 시름을 어찌하랴	久縶愁無奈
소리 높여 읊조린들 마음은 무료하네	高吟意不聊
버드나무에서 오랑캐 아이의 피리 연주 듣고	柳聞羌笛曲
매화를 보며 고향의 매화 가지를 그리워하네	梅憶故園條
북쪽 변방에 봄이 막 생동하는데	塞北春初動
동쪽 하늘은 꿈속에서 아득하네	天東夢政迢
모래바람을 답답한 심정으로 바라보고	風沙望黯黯
술 마시고 노래하며 쓸쓸한 마음 달래네	觴詠慰寥寥
만 리 길에 진나라 채찍[139] 간직하고	萬里携秦策

136 주(朱) : 명(明)나라 태조 주원장(朱元璋)을 가리킨다.

137 양이……때 : 동지(冬至)를 가리킨다. 57쪽 주67 참조.

138 북두성이……때 : 북두칠성(北斗七星)의 자루가 가리키는 방향에 따라 계절(季節)이 바뀌는데, 봄이 되면 자루가 동쪽을 향하고 겨울이 되면 북쪽을 가리킨다. 여기서는 북두성이 자루가 동쪽으로 돌아가는 봄을 뜻한다.

139 진나라 채찍 : 귀국하여 훌륭한 계책을 쓰기를 다짐한다는 뜻이다. 춘추시대 진(晉)나라의 사회(士會)가 진(秦)나라에 망명하였는데, 진(晉)나라에서는 사회가 진

천금을 하사한 월나라의 돈[140]을 경계하네　千金戒越刀
우리나라는 다행히 평안한 시절이라　青丘時幸靖
태평성대의 교화가 더욱 조화롭네　玉燭化彌調
동료들 분분히 높이 날아올라 모범이 되고[141]　諸彦紛儀陸
미천한 몸 돌아가 나무나 하는 것이 알맞네　微軀合返樵
밝은 임금을 깊이 그리워하지만　雖深明主戀
고향의 부름을 받았으니 어쩌랴　奈被故山招
초수와 삽수[142]의 안개 물결 따뜻하니　苕霅煙波暖
돌아가 육 노인[143]의 배를 따르리라　歸隨陸老橈

(秦)나라에 쓰일까 염려한 나머지, 계책을 써서 사회를 다시 진(晉)나라로 유인하여 갔다. 이때 진(秦)나라의 대부(大夫)인 요조(繞朝)가 사회와 작별할 때 말채찍을 주며 말하기를 "그대는 진(秦)나라에 인물이 없다고 이르지 마라. 나의 계책이 마침 쓰이지 않았을 뿐이다."라고 하였다. 《春秋左氏傳 文公13年》

140 월나라의 돈 : 173쪽 주407 참조.

141 높이……되고 : 훌륭한 재주를 지닌 이가 조정에 나아가 벼슬하는 것을 뜻한다. 《주역》〈점괘(漸卦) 상구(上九)〉 효사(爻辭)에 "기러기가 높은 곳으로 점차 나아감이다. 그 깃이 의법(儀法)이 될 만하니 길(吉)하다.〔鴻漸于陸, 其羽可用爲儀, 吉.〕"라고 한 데서 나온 말이다.

142 초수(苕水)와 삽수(霅水) : 중국 절강성(浙江省) 호주시(湖州市) 경내에 있는 강줄기인데, 당(唐)나라의 장지화(張志和)가 은거했던 곳이다. 안진경(顔眞卿)이 호주 자사(湖州刺史)가 되었을 때 장지화의 배가 낡은 것을 보고 새것으로 바꿔 주겠다고 하자, 장지화가 "나는 이 배를 물 위에 뜬 집으로 삼아 초수와 삽수 사이를 오가며 지내기를 바랄 뿐입니다."라며 사양하였다. 《新唐書 卷196 隱逸列傳 張志和》

143 육(陸) 노인 : 당(唐)나라 은자인 육귀몽(陸龜蒙)를 가리키는 듯하다. 그는 일찍부터 속인(俗人)들과 교유하지 않고 배 한 척을 마련하여 거기에다 항상 서책, 다조(茶竈), 필상(筆牀), 조구(釣具) 등을 싣고 강호(江湖) 사이를 이리저리 유람하며 지냈다. 《新唐書 卷196 隱逸列傳 陸龜蒙》

포명원의 〈승천행〉[144]에 차운하다

次鮑明遠昇天行韻

천하의 등뼈처럼 우뚝 솟아	嶷嶷天下脊
오대 제왕의 도성이었네	五代帝王城
요(遼)나라, 금(金)나라, 원(元)나라, 명(明)나라, 지금의 청(淸)나라이다.	
이민족에게 더럽혀짐이 거의 천 년이라	穢染近千年
오랑캐와 중화의 풍속이 뒤섞여있네	哤雜夷漢情
명나라가 중화의 운세에 끼여	華運間我明
삼백 년 태평시대를 열었네	三百開太平
문명의 교화로 한바탕 씻어내니	文明一蕩洗
백성에게 크나큰 영광이었네	斯民大有榮
또 어찌 금나라, 원나라 같은 전철을 밟아서	又何金元轍
으르렁대는 외적이 나타났나	狺然外寇生
해와 달과 별이 변새의 요기에 가려져	三精翳塞祲
천하에 제왕의 영령이 사라졌네	九宇消帝靈
저 아득한 하늘은 무슨 뜻인가	玄縡莽何意
제왕의 정통이 늘 법도와 어긋나네	大統乖常經
신령이 어찌 비린내 나는 제물을 흠향하리오	神豈羶酪饗
의관을 갖추고 다니는 백성들 끊어졌네	氓絶冠裳行

144 포명원(鮑明遠)의 승천행(昇天行) : 남조(南朝) 송(宋)나라의 포조(鮑照)가 지은 〈대승천행(代昇天行)〉을 가리킨다.

아, 나는 약소국의 사람인지라	嗟我弱國人
폐백을 가지고 청나라 조정에 왔네	將幣來北庭
옛 궁궐을 우러러 바라보니	仰瞻舊鳳闕
만세를 축복하던 일이 생각나네	感憶祝萬齡
찬란한 문물이 모인 곳에	煌煌文物會
시끄럽게 융마의 울음소리뿐이네	喧喧戎馬聲
하늘이 한 갑자 순환하였건만	天回一甲子
비린내 나는 천지를 탄식하노라	歎息乾坤腥

육조(六朝)시대부터 모용씨(慕容氏)의 연(燕)나라가 이곳에 도읍하였는데, 석경당(石敬塘)의 후진(後晉)이 거란에게 뇌물로 바치게 되자 오랑캐 소굴이 되었다.

밤에 앉아있으니 무료하여 김식암의 〈연관감회〉 시[145]에 차운하다

夜坐亡聊 次金息菴燕館感懷韻

연경에서의 일을 노래하다.

성궐은 하늘 높이 솟아있고 구중문은 엄연한데 城闕當天儼九門
아골타[146]가 오이처럼 천하를 쪼갠 것과는 다르네 事殊阿骨只瓜分
이미 심양을 근거로 해서 오랑캐 소굴 되었으니 已憑瀋府爲狐窟
어째서 준화주에 황제의 봉분을 세웠나 那向遵州起帝墳
문명은 중화를 따를 줄 몰라 더러운 풍속이 많고 文昧從華多穢俗
법은 엄정함을 지켜야 사람들을 통제할 수 있네 法能持簡統人群
천인과 귀인 구분 없이 뒤섞여 어깨를 스치고 肩磨卑貴渾無別
거마 다니는 네거리에 날로 먼지가 넘쳐나네 車馬通逵日漲氛

준화주(遵化州)는 관내(關內) 지역으로 순치제(順治帝)를 이곳에 안장하였다.

연경의 백성들 가련하니 幽燕民物可哀憐
노인들 어찌 화려한 옛 시대를 알겠는가 垂老那知舊煥然
근래에 황명의 밝은 한 시대를 겪었지만 近閱皇明昭一代

145 김식암의 연관감회 시 : 김석주(金錫胄)의 《식암유고(息庵遺稿)》 권7에 수록되어 있는 〈연경감회(燕京感懷)〉 8수(首)를 가리킨다.

146 아골타(阿骨打) : 금(金)나라 태조(太祖)의 이름이다.

본래 야율[147]시절부터 천 년토록 더럽혀졌네　初從耶律汙千年
의관은 중원의 복색을 온통 변화시키고　衣冠渾變中原色
성궐은 사막의 모래먼지에 떠있는 듯하네　城闕如浮大漠煙
찬란한 황제의 자리를 어찌 오랫동안 차지하리　赫赫帝居寧久假
오랑캐 별[148] 금방 떨어져 전복되고 말리라　旄頭倏落定摧顚

고양이 문무를 겸비하여 요동을 진무하였으니[149]　高陽文武鎭遼封
위무와 책략 용맹스러워 오랑캐를 떨게 하였네　威略桓桓讋建戎
천 개의 성루가 우뚝 솟은 산처럼 둘러싸고　千壘包羅同嶽峙
삼군이 봄 향기에 젖은 듯 기뻐하였네　三軍歡咢似春濃
밝은 시절 참소로 인해 여한을 남겼는데[150]　明時萋斐留餘恨
비린내 나는 오늘날 위대한 공업이 생각나네　今日腥羶想偉功

147 야율(耶律) : 거란족의 국성(國姓)으로 요(遼)나라를 뜻한다.

148 오랑캐 별 : 원문의 모두(旄頭)는 이십팔수의 하나인 묘성(昴星)으로, 오랑캐 별을 뜻한다. 이 별이 환하게 빛나면 홍수가 지고 호병(胡兵)이 전쟁을 일으킨다 한다. 《史記 天官書》

149 고양(高陽)이……진무하였으니 : 고양(高陽)은 명(明)나라 말기의 손승종(孫承宗)을 가리킨다. 그의 자는 치승(稚繩)이고 호는 개양(愷陽)이며 고양(高陽) 사람이다. 일찍이 계요 독사(薊遼督師), 요동 경략(遼東經略) 등을 역임하여 요동 지역을 다스린 적이 있었다.

150 밝은……남겼는데 : 손승종(孫承宗)이 요동 지역을 다스리면서 방어선을 구축하고 10만의 군대를 통솔하는 등 공훈이 혁혁하였으나, 위충현(魏忠賢)의 참소로 인해 관직을 사퇴하고 고향으로 돌아갔다. 이후 청(淸)나라 태종(太宗)이 경도(京都)를 포위했을 때 명(明)나라 의종(毅宗)이 불러들여 청나라 군대를 격퇴하게 하였으나, 대신들의 탄핵을 받아 사퇴하고 고향으로 물러났다.

늘그막의 순절[151]이 더욱 찬란하니 殉節晩來尤炳炳
수만 병사 본래 공의 가슴속에 있었음을 알겠네 知公萬甲本藏胸

토벌하는 대의를 어찌 다시 논하리 懲膺大義更何論
드넓은 세상이 요기로 뒤덮여있네 區宇茫茫滿翳氛
상례와 제례가 비록 각기 풍속이 다르다고 하지만 喪祭縱云猶異俗
중화인과 오랑캐가 오늘날 통혼함을 보네 滿蠻今見互通婚
옥하교[152]의 천추토록 흐르는 물이 오열하고 玉河橋咽千秋水
만세산[153]의 상서로운 오색 구름 사라졌네 萬歲山消五色雲
강남의 면면한 옛 국운을 다시 볼 수 없으니 不復江南緜舊籙
북벌하려는 환온[154]을 어찌 볼 수 있으랴 那看北伐有桓溫

화인(華人)은 융족(戎族)을 만자(滿子)라 부르고, 융인(戎人)은 화인을 만자(蠻子)라 불렀다.

채색 패방이 양 길가의 늘어선 가게에 다 걸렸으니 彩牓聯街盡列廛
백성을 이익을 추구하여 재화가 끝없이 샘솟네 民資機利貨如泉

151 늘그막의 순절 : 청나라 군대가 이 손승종(孫承宗)의 고향인 고양(高陽)을 포위하자, 집안사람들을 이끌고 고양을 수비하였다. 성이 함락되어 온 가족은 모두 전사하였고, 그는 사로잡히자 스스로 목을 매어 죽었다.

152 옥하교(玉河橋) : 133쪽 주287 참조.

153 만세산(萬歲山) : 302쪽 주133 참조.

154 북벌하려는 환온(桓溫) : 환온은 동진(東晉) 때의 권신(權臣)으로, 일찍이 연(燕)나라를 대상으로 하는 북벌(北伐)을 세 차례 시도하였다. 다만 북벌하고 돌아와 권세가 높아짐에 따라 반역심이 생겨 끝내는 간문제(簡文帝)를 옹립한 뒤, 은밀히 제위(帝位)를 찬탈하려고 꾀하다가 이루지 못하고 병사하였다. 《晉書 卷98 桓溫列傳》

서역(西域) 관문 서쪽에서 천 필의 말을 팔고	番關西市千群馬
노하(潞河) 남쪽에 만 리를 항해하는 배가 오가네	潞水南通萬里船
예물을 바치러 이역에서는 아직도 이르는데	賮玉尙看殊域至
금을 보내어 유독 옛 몽고와 연합하네	輸金獨與舊蒙連
황제의 사냥하는 행차 그칠 날 없으니	游畋駕幸無休日
오랑캐[155]의 본성이 그러함을 알겠네	認是穹廬素性然

연(連)은 연합함이다. 청(淸)나라 사람은 몽인(蒙人)을 두려워하여 해마다 백만 금(百萬金)을 몽고(蒙古)에게 보내고, 또 서번(西番 서역)에 말을 팔았다.

155 오랑캐 : 원문의 궁려(穹廬)는 북방의 오랑캐가 거주하는 집으로, 지붕이 둥글고 높은 모양의 천막이다.

북경탄

北京歎

봉산점(蜂山店)을 지날 때 장난삼아 짓다.

통역관은 도철[156] 같고	通官如饕餮
서반[157]은 거간꾼 같네	序班如駔儈
하급 병사는 지극히 고달픈 무리이고	甲軍極苦件
장경[158]은 몹시 미혹된 무리이네	章京甚迷輩
제독은 문단속을 엄격하게 하고	提督門禁密
관아의 심부름꾼이 부르는 물가는 곱절이네	館夫物價倍
서화는 대부분 가짜이고	書畫多贗假
기물마다 아로새기고 채색하였네	器用輒雕繪
온갖 물건을 반드시 일일이 달아보고	百物必稱量
작은 이익에도 반드시 연연하네	些利必靳愛
한 잔의 물도 그냥 마실 수 없고	勺水不堪飮
한 조각 땔나무도 빌리기 어렵네	片柴難可貸

156 도철(饕餮) : 사람을 잡아먹는다는 악수(惡獸)의 이름인데, 재물과 음식을 탐하는 악한 사람을 비유하는 데 쓰인다.

157 서반(序班) : 명(明)·청(淸) 시기에 대외 관계를 관장하던 홍려시(鴻臚寺)나 외국 사절의 숙소인 회동관(會同館) 등에 소속되어 외국 사절의 접대 등을 맡아보던 관직 이름이다.

158 장경(章京) : 처음에는 팔기(八旗)의 여러 부대를 통솔하거나 관할하는 무관을 가리켰으나, 점차 각 아문(衙門)에서 책임을 맡은 문무의 사관(司官)을 가리키게 되었다.

오만방자한 모습 가증스럽고	慢肆看可憎
떠들어대는 소리 놀랄 따름이네	叫呶聽可駭
악인과 마주한 듯하더니	如與惡人對
헤어지고 나서야 마음이 몹시 상쾌해지네	別來心甚快
단지 수많은 서적에	只是千牙籤
그 그리움 마음속에 맺혀있네	戀結在心內

탄식하다

歎息

중국이 또 한 번 오욕을 당하여	汙辱黃圖又一遭
선비의 의관이 온통 활과 칼로 변해버렸네	冠紳夷蕩變弓刀
무리지어 다니는 모습은 수많은 까마귀 모인 듯하고	群行色似千鴉集
목청 높여 부르는 노래는 뭇 개들이 짖는 듯하네	高唱聲疑衆狗嗥
온갖 일을 영위함은 모두 말을 이용하고	百事營爲皆馬力
일신의 몸치장은 절반이 새 털이구나	一身粧束半禽毛
만 년 동안 찬란했던 문명의 땅에	萬年赫赫文明地
비린내 나는 너희 오랑캐를 오래 용납하겠는가	腥羯那容久爾曹

영평부
永平府

번화한 도회지였던 옛날 북평성(北平城)이니	都會槃槃古北平
사통의 길에 수레 분주함이 제나라 도성 같네	通逵擊轂似齊城
산천은 서쪽으로 웅장한 황성 주변을 둘러싸	山川西拱關畿壯
구름은 남쪽으로 맑은 발해까지 이어지네	雲物南連浡海淸
명나라 때 군대를 주둔시켜 원대한 계책 세우고[159]	明代宿兵曾遠略
한나라 때 비장이 옛날에 위명을 떨친 곳이네[160]	漢時飛將舊威名
강둑의 만 그루 버드나무[161]에 신록이 나부끼니	河堤萬柳搖新綠
나를 짝한 봄볕이 문득 정겹네	伴我春光却有情

159 명나라……세우고 : 명나라가 설치한 건주위(建州衛)를 가리키는 듯하다. 건주위는 중국 명(明)나라 영락(永樂) 원년(1403)에 두만강과 압록강 유역 남만주 일대의 여진족을 통치하기 위해 설치한 위소(衛所)로서 지방 군사행정기구이다.

160 한나라……곳이네 : 한(漢)나라 때의 명장 이광(李廣)을 가리킨다. 그가 북평태수(北平太守)로 북방을 방어할 적에 흉노와의 크고 작은 전투에서 승리하여 당시 흉노족들이 두려워하면서 그를 '한나라의 비장군(飛將軍)'이라고 불렀다고 한다. 《史記 卷109 李將軍列傳》

161 만 그루 버드나무 : 만류장(萬柳莊)을 가리키는 듯하다. 광록경(光祿卿) 이원(李瑗)이 은퇴하여 노년을 보낸 별장으로, 영평부(永平府)에서 5리 떨어진 곳에 있다.

도중에 일을 적다
途中記事

민가의 노래가 오늘날 바뀌었으나	民謠今縱變
중국의 산하는 예전 그대로이네	依舊漢山河
벽돌을 쓰느라 인력을 적게 쓰고	塼用人功少
황금은 불당에 많이 들어갔네	金歸梵宇多
마을에는 온통 버드나무를 심었는데	有村渾種柳
모래먼지 날리지 않는 날이 없네	無日不揚沙
우리나라의 복식이 사람을 놀라게 하지만	東服驚人眼
외려 소중화(小中華)임을 알 수 있네	猶能識小華

산해관을 나오며

出山海關

겹겹의 관문 아침에 열리고 성가퀴 가지런한데	重鑰朝開睥睨齊
떼 지어 다니는 수레바퀴에 모래먼지 자욱하네	塵沙合沓簇輪蹄
요동의 신선 천 년 뒤에 학이 되어 돌아왔고[162]	遼仙自返千年鶴
제나라 식객 수고로이 한밤에 닭울음소리 내었나[163]	齊客何煩半夜雞
북쪽의 수천 산들이 변방의 풍경에 어두컴컴하고	千嶽北來邊色暗
동쪽의 오색 구름이 바다 먹구름에 가려졌네	五雲東望海陰迷
우리나라로 가는 길이 한길로 뻗어있어	一條是走靑丘路
중원을 뒤돌아보니 저 서쪽에 있구나	回望中原却在西

162 요동의……돌아왔고 : 한(漢)나라 때 요동(遼東)사람 정영위(丁令威)가 신선술(神仙術)을 배운 뒤, 천 년 만에 학(鶴)으로 변하여 요동성 화표주(華表柱) 위에 날아와 앉았다고 한다. 《搜神後記 卷1》

163 제나라……내었나 : 전국시대 제(齊)나라 맹상군(孟嘗君)이 진(秦)나라에서 도망칠 적에, 식객(食客) 한 사람이 닭울음소리를 잘 흉내 내어 함곡관(函谷關) 성문을 열게 한 덕분에 무사히 탈출하였다. 《史記 卷75 孟嘗君列傳》

망해점을 지나며

過望海店

급히 짓다.

나의 수레가 동쪽으로 돌아가며 我車東返
다시 바다를 바라보니 復觀滄海
하늘과 바닷물이 광활하고 天水相盪
아득하여 경계가 없네 渺無區界
변방 북쪽의 산이 내려오고 塞北山來
끝나는 곳에 모여 있네 山窮而會
청과 제[164]를 바라보고 靑齊可望
갈석산[165]이 흐릿하게 보이네 碣石曖曖
일월이 부침하니 日月昇沈
바닷물을 적시는 듯하네 若涵其內
죽 벌여진 섬들에 洲島列迤
맑은 기운 띠처럼 둘러져있네 灝氣如帶
한쪽 바다를 보아도 海得其半
오히려 거대함 있는데 猶有斯大

164 청(靑)과 제(齊) : 청(靑)은 중국 고대의 구획을 말한 구주(九州)의 하나로서 지금의 산동성(山東省) 요동 등의 각지를 말하고, 제(齊)는 전국시대의 국명으로서 역시 산동성의 익도현(益都縣) 부근을 가리킨다.

165 갈석산 : 150쪽 주338 참조.

하물며 저 큰 중앙 바다	況彼中洋
끝없이 펼쳐져 있음에랴	其鉅無外
나는 뗏목을 타고	我欲乘桴
파도를 가르며 호쾌하게 노닐고 싶네	破浪爲快

연산역을 지나는 길에

連山驛途中

이번의 사행 어느덧 한 해를 넘기고	此行倏已經歲
오늘은 바야흐로 늦봄이네	今日政當暮春
대동강의 안개 속 꽃들이 만발했으리니	浿水煙花爛熳
아마도 돌아오는 나를 기다리는 사람 있겠지	想應待我歸人
나의 발걸음 중국을 밟아보긴 했으나	我行雖踐中國
그 마음은 오랑캐 조정에서 노니는 듯하였네	其趣似游北庭
중국의 예악을 보지 못하고	不聞華風禮樂
그저 비린내 나는 오랑캐 풍속만 보았네	只見夷俗羶腥

영원위의 옛 성을 지나다 원 경략[166]에 대해 거듭 느낀 바 있어
過寧遠衛舊城 重感袁經略

원공은 문관 출신으로	袁公起文儒
소매를 떨치며 일찌감치 병법을 논하였네	奮袂夙論兵
부월을 받들고 동쪽의 방비를 맡아	授鉞任東事
힘을 다해 흉적을 소탕하였네	戮力掃欃搶
군대의 위엄이 계해[167]를 떨치고	軍聲振薊海
수많은 성루가 높다랗게 펼쳐졌네	千壘列崢嶸
계책은 손공[168]을 보좌하고	謨晝佐孫公
호방한 기개 늘 종횡무진이었네	爽氣日縱橫
오랑캐의 기세 자못 꺾이니	建虜勢頗摧
요동과 심양 머지않아 평정될 듯하였네	遼瀋指日平
담소하며 모문룡을 죽이고[169]	談笑戮文龍

166 원 경략(袁經略) : 명(明)나라 말기에 요동 경략(遼東經略)을 역임한 원숭환(袁崇煥)을 가리킨다.

167 계해(薊海) : 계주(薊州)와 발해(渤海)를 가리킨다.

168 손공(孫公) : 명(明)나라 말기의 장수인 손승종(孫承宗)을 가리킨다.

169 담소하며 모문룡을 죽이고 : 요동 도사(遼東都司) 모문룡(毛文龍)이 후금(後金)에게 빼앗긴 요동(遼東) 지방을 회복하기 위해 철산(鐵山)의 가도(椵島)에 진을 치고 조선과 합세하여 후금을 치고자 하였다. 그러나 모문룡이 무모한 전투를 일삼으며 전횡하자 요동 경략(遼東經略) 원숭환(袁崇煥)이 그가 제멋대로 음탕한 짓과 불법을 자행

임기응변에 밝아 바람처럼 처리했네	䁖變事風生
간사한 이들 악행을 저지르지 못하고	姦宄不得發
오랑캐도 간담이 서늘하였네	虜亦破膽驚
기사년에 오랑캐 깊숙이 쳐들어와[170]	巳歲虜深入
기세를 타고 여러 군영을 뚫었네	騰風穿列營
군법이 엄격한들	縱云軍律嚴
만리장성 무너지니 어찌하리오	何乃壞長城
모문룡의 무리가 날조하여 참소하고[171]	毛黨蜚誣讒
조정의 간사한 이들 군주의 총명을 가렸네	奥姦蔽主明
꺾고 억눌러 뛰어난 공렬을 가로막았으니	摧抑徼上烈
원통함은 세상 사람들의 마음이네	冤憤海內情
산하에 전쟁의 기운 감도니	河山帶戰色
공의 정영을 울적하게 만드네	鬱鬱公精英
유작과 옹공[172]은	柳綽與雍公
재능과 계책 모두 명성을 날렸네	材略可並名

하는 것을 못마땅하게 여겨 그에게 죄줄 것을 조정에 청하지 않고 죽였다.

170 기사년에……쳐들어와 : 기사년(1629)에 후금(後金)의 군대는 원숭환이 지키고 있는 영원성(寧遠城)과 산해관(山海關)을 피해 우회하여 북경(北京)을 공격하였다.

171 모문룡의……참소하고 : 당시 국정을 농단하던 환관 위충현(魏忠賢)을 가리킨다. 모문룡은 위충현의 비호를 받아 부총병에 임명되고 도독으로 승진하였다. 원숭환은 모문룡을 처형한 일로 위충현 등의 공격을 받게 되었고, 여기에 후금이 환관을 매수하여 원숭환이 모반을 꾀한다는 소문을 퍼뜨리자 결국 1630년 9월 누명을 쓰고 북경 서시(西市)에서 처형당하였다.

172 유작(柳綽)과 옹공(雍公) : 명나라의 두 장수를 가리키는 듯한데, 미상이다.

공과 같은 몇 사람에게 若使公數人
변방의 방비를 성취하도록 했다면 彊事得責成
천하가 어찌 오랑캐 땅이 되었으리 天下豈爲夷
크게 탄식하며 공의 충정을 슬퍼하노라 太息悲忠貞

여양역[173] 가는 길에

閭陽途中

십삼산[174] 아래로 수레 달리는데	十三山下車駸駸
빼어난 기운 흡족하게 만들어 도심이 생겨나네	秀氣怡人生道心
북방 변새는 푸른 바다를 늘 옆에 끼고 있고	紫塞滄溟常挾路
중국 노래는 변방의 말이라도 거의 소리가 같네	華謠蕃語殆同音
들판에 깔린 아침놀 오문의 누인 베[175] 같고	朝霞野曳吳門練
마을을 단장한 봄날 버드나무 한옥의 금반[176] 같네	春柳村粧漢屋金
여기서부터 용만(龍彎 의주)까지 딱 절반이니	此去抵灣恰一半
언제나 봉황산을 눈 비비고 볼 수 있으려나	何時刮眼鳳凰岑

십삼산(十三山)은 북경(北京)과 의주(義州) 사이에 있는데, 그 노정 가운데 딱 절반이 되는 곳이라고 한다.

173 여양역(閭陽驛) : 만주(滿洲) 요녕성(遼寧省) 북진현(北鎭縣)에 속한 역이다.

174 십삼산(十三山) : 281쪽 주85 참조.

175 오문(吳門)의 누인 베 : 안회(顔回)가 공자와 함께 일관(日觀)에 올라 오문(吳門)을 바라보다가 한 마리 백마를 보고는 누인 베로 착각하였는데, 공자가 말이라고 바로잡아주었다는 고사가 전한다.《韓詩外傳》여기서는 아침노을을 한 필의 베에 비유한 것이다.

176 한옥(漢屋)의 금반(金盤) : 금반은 한나라 무제가 천상의 이슬을 받기 위해 건장궁(建章宮)에 만들어 놓은 승로반(承露盤)을 가리키는데, 선인(仙人)이 손바닥으로 금으로 만든 승로반을 받치고 있는 모양으로, 그 높이가 20장(丈)이라고 한다. 여기서는 버드나무를 승로반과 그 기둥에 비유한 것이다.

심양 가는 길에

潘陽途中

사방의 요동 산 점점이 푸르고	四望遼山點點青
혼하[177]의 물 따뜻하고 비친 버드나무 그늘 맑네	渾河水暖柳陰淸
백학의 신선[178] 자취 천 년의 화표주에 있고	仙蹤白鶴千年柱
황룡의 오랑캐[179] 기세 만 첩의 성곽에 있네	虜勢黃龍萬堞城
옛날엔 금성탕지를 부지런히 설치했는데	伊昔金湯勤布置
오늘날엔 오랑캐 소굴로 경영된 지 오래되었네	卽今巢窟久經營
금릉[180]에 재화가 쌓이고 임치[181]에 수만 호 살았는데	金陵積貨臨淄戶
이젠 풍속이 뒤섞여 중국과 오랑캐 합쳐졌네	羯羠民風漢虜幷

177 혼하(渾河) : 291쪽 주108 참조.

178 백학(白鶴)의 신선 : 141쪽 주310 참조.

179 황룡(黃龍)의 오랑캐 : 황룡은 용성(龍城)을 가리키는데, 흉노족이 하늘에 제사를 지내던 곳이다.

180 금릉(金陵) : 남경(南京)의 옛 이름으로 중국 강소성(江蘇省)에 있다. 삼국시대 손권(孫權)이 오나라의 도읍으로 정한 이후로 강남의 중심지였다. 동진(東晋)의 원제(元帝)가 도읍한 뒤, 계속해서 송(宋)·제(齊)·양(梁)·진(陳)의 4대에 걸쳐 남왕조(南王朝)의 국도가 되어 남방 문화의 중심지로 번영하였다.

181 임치(臨淄) : 전국시대 제(齊)나라의 수도이다. 그곳에 7만 호가 살아 거리에서 수레바퀴가 서로 부딪치고 사람들의 어깨가 서로 부딪칠 만큼 번성했다고 한다.

요동의 옛 성에서 명나라가 수비한 옛 일을 추억하며
遼東舊城感憶皇朝守備故事

태자하[182] 가의 풀빛 무성하고	太子河邊草色多
한나라 관문의 봄 풍경 몹시 화려하네	漢關春物政芳華
아득한 산천에 영웅들 다 사라져	山川莽蕩英豪盡
황폐한 성에서 눈물 떨구며 오랑캐 풀피리 소리 듣네	淚落荒城聽虜笳
큰 성을 긴 강물이 띠처럼 둘러있는데	大城包絡帶長河
흥망은 아득하고 초목만 무성하구나	興廢茫茫草樹多
노랫소리 하늘에 넘치고 가게들 즐비하니[183]	歌吹沸天千肆盛
지금에까지도 여전히 옛날의 번화함을 알겠네	至今猶識舊繁華

182 태자하(太子河) : 요령성(遼寧省) 요양현(遼陽縣) 북쪽에 있는 강이다. 전국시대 연(燕)나라의 태자(太子)인 단(丹)이 숨어 있던 곳이라고 하여 이렇게 이름했다고 한다.

183 노랫소리……즐비하니 : 포조(鮑照)의 〈무성부(蕪城賦)〉에 "옛날 전성기에는 지나다니는 수레바퀴가 서로 걸리고 사람들의 어깨가 서로 부딪쳤으며, 가게가 거리에 즐비하고 풍악 소리가 떠들썩하게 하늘에 끓어 넘쳤다.〔當昔全盛之時, 車挂轊, 人駕肩, 廛閈撲地, 歌吹沸天.〕"라고 하였다. 여기서도 옛날 번화했던 요동의 성을 추억한 것이다.

회포를 적다

書懷

3월 17일 낭자산(狼子山)에서 새벽에 곡을 하고 입으로 읊조리다.

작년엔 북관에 있어[184]	昨年在北關
기일에도 제사에 참여하지 못했는데[185]	値諱如不祭
올해 기일이 되어도	今年諱日臨
다시 연경 지역에 와있네	復當來燕薊
슬프구나, 죽은 아들의 기일이	哀哀亡子忌
하루 지나 또 이어지네[186]	經日卽又繼
기구한 나는 본디 죽어야 마땅하나	窮毒本當死
모진 목숨 지금도 살아있네	忍而尙留滯
기약하노니 죽기 전까지	庶期未死前
해마다 직접 술잔 올리리라	躬薦無虛歲
상을 마치고 삼 년 동안	免喪三載間
두 번이나 집안사람 대신하게 했네	再令家人替

184 작년엔 북관에 있어 : 1702년(숙종29) 3월에 저자는 북도(北道) 별시고관(別試考官)이 되어 길주(吉州)에 다녀왔다.

185 제사에 참여하지 못했는데 : 원문의 여불제(如不祭)는 《논어》 〈팔일(八佾)〉에 "내가 제사에 참여하지 않으면 마치 제사 지내지 못한 것과 같다.〔吾不與祭, 如不祭.〕"라고 한 데서 나온 말로, 제사에 참여하지 못했음을 뜻한다.

186 하루……이어지네 : 저자의 부친 서문상(徐文尙)이 기묘년(1699, 숙종25) 3월 17일에 세상을 떠났고, 저자의 장남 서명륜(徐命倫)이 같은 해 3월 18일에 요절하였다.

털끝만큼도 나라에 보탬이 없고	毫毛無補國
그저 사정을 폐하기만 했네	徒見私情廢
객지에서 한밤에 눈물 흘리며	旅舍中夜泣
감정을 억누르고 내 신세 슬퍼하노라	掩抑悲身世

송참 가는 길에 봉황산을 바라보며

松站途中 遙望鳳凰山

다시 첩첩의 산봉우리를 넘고	再踏千重嶺
거듭 팔도하[187]를 건너네	重經八渡河
계주 지역은 온통 수양버들이고	薊地渾楊柳
요동의 산에는 살구꽃이 만개하였네	遼山半杏花
돌아가고픈 마음 급류의 물살 같고	歸心如水急
기쁜 기색 봄과 함께 벅차오르네	喜氣共春多
봉황산이 구름 끝에서 솟으니	鳳岫雲端出
즐거운 표정 더욱 어떠하랴	怡顏更若何

팔참(八站)[188]의 수 백 리 사이에 산의 살구꽃이 만개하였다.

187 팔도하(八渡河) : 압록강 건너 서북쪽에 있는 강물이다. 물이 분수령(分水嶺)에서 흘러내려 한 강물을 여덟 번 건너기 때문에 팔도하(八渡河)라고 부른다.

188 팔참(八站) : 압록강에서 중국의 산해관(山海關) 사이에 있던 역참들로 우리나라의 사신이 중국에 왕래하는데 있어 중요한 지역이었다. 요동의 낭자산(狼子山)·첨수참(甛水站)·연산관(連山關)·통원보(通遠堡)·송참(松站)·봉성(鳳城)·당참(湯站)·구련(九連) 등 8개의 역참인데, 중국 동쪽에 위치하고 있으므로 보통 동팔참(東八站)이라고 불렀다.

동선령[189]

洞仙嶺

우뚝한 첩첩의 산 고개 동선령이라 부르는데	重嶺崔崔號洞仙
정방산성[190]이 층층의 산봉우리 둘러쌌네	正方城壘繞層巓
높은 봉우리의 성난 바위 떨어질 듯 위태롭고	峰高怒石危如墜
늙은 나무의 등 넝쿨 매달려 하늘거리네	樹老蒼藤裊自懸
해를 가린 깊은 숲속에 도깨비 있는 듯하고	翳日深林疑有鬼
속세와 단절된 기이한 골짜기는 승려 살기 좋아라	絶塵奇壑可棲禪
다시 지나며 청니령[191] 같은 험준함 더욱 알겠으니	重經益覺青泥險
서쪽 구름과 노을 속에 바다가 하늘에 닿아있네	西望雲霞海接天

189 동선령(洞仙嶺) : 조선시대에 황해도와 평안도를 잇는 중요한 관문인 동시에 군사적 요새로 기능했다. 인근에 사인암(舍人巖)이 있어 사인암령(舍人巖嶺)이라고도 하였다. 옛날 신선이 내린 고개라 하여 '동선령(洞仙嶺)'이라 하였다고 한다. 지금의 황해북도 봉산군, 사리원시, 황주군의 분기점에 놓여있는 험준한 고개이다.

190 정방산성(正方山城) : 황해도 황주와 봉산의 경계 지점에 있는 산성이다.

191 청니령(青泥嶺) : 70쪽 주109 참조.

황단[192]을 짓는 곳에서 느낀 바를 적다 갑신년(1704, 숙종30)

皇壇役所志感 甲申

겨울에 공조 판서로 공사를 감독할 때이다.

만력[193]의 위무(威武)가 왜적을 소탕한지라	萬曆威弧掃島蠻
넓고 깊은 황제 은혜에 우리나라가 제사지내네	皇恩汪濊奠東韓
중원의 예악과 삼령[194]이 뒤바뀌고	中原禮樂三靈改
밝은 시대의 종황[195]과 종묘가 쓸쓸해졌네	昭代琮璜九廟寒
조회한[196] 나라로 어찌 북극성[197]의 은혜 잊으리	朝海敢忘辰北極

192 황단(皇壇) : 임진왜란 때 일본의 침략을 저지하고 우리나라의 수호를 위해 군대를 파견했던 명나라 신종(神宗)의 은혜를 추모하기 위해 쌓은 제단(祭壇)으로 대보단(大報壇)이라고도 한다. 1704년(숙종30) 예조 판서 민진후(閔鎭厚)의 발의로 옛 내빙고(內氷庫)의 터에 지었다.

193 만력(萬曆) : 명(明)나라 신종(神宗)의 연호이다. 여기서는 명나라 신종을 뜻한다.

194 삼령(三靈) : 일(日), 월(月), 성신(星辰)을 가리킨다.

195 종황(琮璜) : 국가를 상징하는 보기(寶器)인 황종(黃琮)과 현황(玄璜)을 가리킨다.

196 조회한 : 원문의 조해(朝海)는 조종우해(朝宗于海)의 준말로, 제후가 천자를 알현하는 것을 가리킨다. 온갖 물줄기가 바다로 흘러 들어가듯 제후와 백관이 천자를 찾아가서 조회(朝會)하는 것을 말한다. 《서경》 〈우공(禹貢)〉에 "강수(江水)와 한수(漢水)가 바다에 조종(朝宗)한다.〔江漢朝宗于海〕"라고 하였는데, 제후들이 천자에게 조회하는 것을 강물이 바다로 흘러들어가는 것에 비유한 것이다.

197 북극성(北極星) : 천자를 뜻한다. 《논어》 〈위정(爲政)〉에 "정사를 덕으로 하는 것은 비유하면 북극성이 제자리에 머물러 있으면 뭇 별들이 그곳으로 향하는 것과 같

천자에 보답코자 금원 서쪽에 제단 만들었네 報天爰刱苑西壇
초봄에 성상께서 행차하여 제사지낼 곳이니 首春聖駕修禋地
오르내리는 영령 계신 듯 뭇사람들 서글프리라 陟降如臨愴衆觀
'삼령개(三靈改)'가 어떤 본에는 '삼광암(三光暗)'으로 되어있다.

초목이 무성한 금원 가까이의 제단에 蔥蘢紫籞近壇垣
높은 아홉 계단의 천자 위엄 삼가 우러르는 듯 儼覩皇威九陛尊
성대한 기운 천수산[198] 산빛과 이어진 듯하고 氣鬱悅連天壽色
맑은 냇물 옥하[199]의 근원과 접해 있는 것 같네 川淸若接玉河源
〈하천〉[200]으로 천자의 마음 조금 위로하니 下泉少慰重宸感
우리나라가 어찌 만세의 은혜에 보답하랴 左海那酬萬世恩
어느 날에나 존주대의(尊周大義)를 펼치리오 何日尊周伸大義
만년토록 제사 받드는 제단 보존하리라 萬年香火閟宮存

다.〔爲政以德, 譬如北辰居其所, 而衆星共之.〕"라고 한 데서 나온 말이다.

198 천수산(天壽山) : 302쪽 주134 참조.

199 옥하(玉河) : 제왕(帝王)이 거처하는 궁성에 흐르는 하천을 뜻하는데, 연경(燕京)에 있는 강 이름이기도 하다. 신종(神宗)을 안장한 천수산(天壽山)이 연경 지역에 있기 때문에 이렇게 말한 것이다.

200 하천(下泉) : 26쪽 주4 참조.

통천군으로 부임하는 총석주인[201]과 이별하다 통천 군수 황진

別叢石主人赴郡 黃通川鎭

금강산 동쪽이 바다로 둘러싸였으니	怾怛之東瀛海環
은대와 금궐[202]이 그 사이에 있네	銀臺金闕在其間
바람 따라 오르내리니 바라보면 구름 같은데	隨風飄颻望若雲
성관과 하패[203]를 찬 이들 분분히 내려왔네	星冠霞佩來紛紛
신선의 무리 마침내 모의하기를	列仙之徒遂與謀
진한이 와서 찾아대는 것을 싫어하였네[204]	却嫌秦漢來相求
신선의 거처를 거두고 곧장 옮겨서	乃撤仙居倏移去
동쪽 끝 아득한 곳으로 이동하였네	移向東極渺渺處
십 수개의 흰 돌기둥만 남아	獨餘十數白石柱
천고토록 바다 가운데 어지러이 벌여있네	錯列海中閱千古
큰 파도 날마다 출렁이는 곳에 꼿꼿이 서있는데	大波日盪屹無傾
세상 사람들 총석이란 이름만 알 뿐이네	世人但知叢石名
조화옹이 깎아 만든 것이 어찌 이리도 기이한가	化斧斲成何奇哉

201 통천군으로 부임하는 총석주인 : 황진(黃鎭, 1642~?)을 가리킨다. 그의 본관은 창원(昌原)이고, 자는 한경(翰卿)이다. 부친은 황명구(黃命耉)이다. 황진은 1704년(숙종30)에 통천 군수(通川郡守)로 부임하였다.

202 은대(銀臺)와 금궐(金闕) : 신선들이 사는 동해의 삼신산(三神山)에 있다.

203 성관(星冠)과 하패(霞佩) : 203쪽 주481 참조.

204 진한(秦漢)이……싫어하였네 : 진시황(秦始皇)과 한 무제(漢武帝) 같은 이들이 신선술에 미혹되었기 때문에 이렇게 말한 것이다.

그 꼭대기에 신선의 학이 내려와 앉은 듯하네　其頂怳有笙鶴來
이번에 황후는 신선의 연분(緣分) 있어　乃者黃侯有仙分
동쪽으로 부임하여 그 고을을 다스리네　一麾東出吏其郡
바라건대 황후는 신선들을 불러 모아　請侯招邀集群眞
우리나라에 성군이 있다고 말하시게　爲言東國有聖人
광성자에게 도를 물어[205] 융성한 다스림 이루고　問道廣成至治隆
바지 걷어 올리고 바다로 가서 신선의 자취 찾지 않으시네
不要褰裳滄海搜仙蹤
신선이 옛 집을 다시 경영하여　仙家復營舊樓居
부상의 언덕에 지은 집 빛나리라　結構照耀扶桑墟
장차 총석정이 다시 쓰임이 있어　將見叢石復有用
구름 가 용마루 안개 젖은 마룻대에 올려지리라　駕彼雲甍與霧棟
응당 술랑 신선의 무리[206]가 와서 노닐어　應有述郎仙曹來翩翩
성대한 도기가 동쪽 하늘에 가득하리라　道氣藹鬱滿東天
황후도 영향을 받아 구루단을 만들고[207]　黃侯沾丐亦鍊句漏丹

205 광성자(廣成子)에게 도를 물어 : 황제(黃帝)가 일찍이 공동산(空同山)으로 신선(神仙) 광성자(廣成子)를 찾아가 지극한 도를 묻자, 광성자가 이르기를 "저 지극한 도는 끝이 없건만 사람들은 끝이 있다고 여기고, 그 도는 헤아릴 수 없건만 사람들은 다함이 있다고 여긴다. 내 도를 얻은 자는 위로는 황(皇)이 되고 아래로는 왕(王)이 되며, 내 도를 잃은 자는 살아서는 일월(日月)의 광명을 볼 뿐이고 죽어서는 흙으로 돌아갈 뿐이다. 그러므로 내가 장차 그대를 무궁(無窮)한 도의 문(門)으로 들여보내어 무극(無極)의 들판에서 놀게 하고자 한다."라고 하였다. 《莊子 在宥》

206 술랑 신선의 무리 : 85쪽 주152 참조.

207 구루단을 만들고 : 68쪽 주102 참조.

부석 신고[208] 다니며 동안으로 돌아가리라　鳧舃飄飄還童顔
이 얘기가 괴상함을 나는 알고 있으니　我知斯説近弔詭
총석의 이치 알 수 없어 그저 말해본다네　叢石之理莫究聊云爾

208 부석(鳧舃) 신고 : 54쪽 주58 참조.

감사 이득보[209]에 대한 만사

李監司得甫挽

세상과 맞지 않고 이 병들어 강가에 누웠으니　畸人被疾臥江个
죽을 날 장차 얼마 남지 않았네　飾巾且待朝暮化
인생의 삶과 죽은 모두 물거품이니　死生百年一泡幻
이러한 이치 일상의 밤낮처럼 여기네　慣閱此理視晝夜
어찌하여 유독 이 관찰사를 위해서만은　胡然獨爲李觀察
몹시 슬프고 그리운 마음에 길이 눈물 흘리는가　深哀耿結淚長瀉
자신을 위한 것과 남을 위한 것이 어긋나서가 아니겠는가　爲我爲人無乃乖
스스로 살펴봄이 진심이요 거짓이 아니네　自省由衷非虛假
아, 관찰사는 뛰어난 기운을 타고나　嗟哉觀察氣英英
일찍 조정의 대관에 올라 명성이 자자했네　早登朝右聲藉藉
옛날 군의 이름난 조부 석문공[210]은　昔君名祖石門公
덕행과 사업 우뚝하여 왕패를 이룰 재목이었네　行業偉然材王霸
군이 가업 계승하여 일찍부터 현사라 일컬어졌기에　君承厥美夙稱彦
세상 사람들 준마처럼 멀리 달리길 기약했네　世期逸驥騖長駕

209 감사 이득보(李得甫) : 이덕성(李德成, 1655~1704)을 가리킨다. 그의 본관은 전주(全州), 자는 득보(得甫), 호는 반곡(盤谷)·지비자(知非子)이다. 1704년(숙종 30) 충청도 감사로 재직하다가 병으로 세상을 떠났다.

210 석문공(石門公) : 이덕성(李德成)의 조부인 이경직(李景稷, 1577~1640)을 가리킨다. 그의 자는 상고(尙古), 호는 석문(石門)이다.

하물며 밝은 군주의 인정을 받고 발탁되어	況被明主垂識拔
포상 받고 관질이 올라 더욱 찬란했음에랴	褒綸擢秩增光價
급암처럼 누차 간언하여 궐내에 있기 어려웠고[211]	汲黯數諫難居內
필함처럼 변방을 다스리자 오랑캐 벌벌 떨었네[212]	畢諴臨邊夷自怕
세 번 관찰사 역임하여[213] 현달하긴 했지만	三按藩節豈不顯
그 쓰임 더디어 사람들 의아하였네	其用猶淹衆所訝
군은 더욱 마음을 비워 고요히 검약을 지키고	君益沖然守靜約
우애와 화목 매일 닦으며 마음은 한가로웠네	友睦日修心整暇
군과는 4대 동안 교제한 집안인지라	與君四世交通家
형제 같은 의리에다 거듭 사돈을 맺었네[214]	義侔兄弟重婚嫁
늘그막에 아름다운 가법 더욱 알게 되어	晩來益知家範美
허물이 있으면 오직 군의 충고 기다렸네	有過唯待君彈射
이따금 즐거운 모임 치도 아우[215] 함께 하며	有時歡會共度弟
포복절도하다가 탄식하기도 하였네	傾倒嬉笑繼歎咤
출사하여 궁궐에서 함께 벼슬한 적 많았고	趨朝多聯內省席

211 급암(汲黯)처럼……어려웠고 : 201쪽 주474 참조. 이덕성(李德成)은 국정 전반에 걸쳐 간언을 잘 하는 인물이었는데, 과격하게 논하다가 지방으로 좌천되기도 하였다.

212 필함(畢諴)처럼……떨었네 : 131쪽 주279 참조.

213 세……역임하여 : 이덕성(李德成)은 황해도, 강원도, 충청도 세 곳의 관찰사를 역임하였다.

214 사돈을 맺었네 : 이덕성(李德成)의 딸이 저자의 3남 서명순(徐命純)과 혼인하였다.

215 치도 아우 : 저자의 사촌동생 서종헌(徐宗憲, 1656~1712)을 가리킨다. 그의 자(字)가 치도(致度)이다.

들판에 나가 숲속에서 말 타고 같이 노닐었네　出野共縱中林靶
풍도와 의리 권면하며 만년을 기약하여　風義交勉期歲晏
못가 정자로 함께 돌아가 쉬기로 약속했네　約與歸休共池榭
못가의 오묘한 문예[216] 대대로 전수된 바이고　臨池藝妙見家傳
시문 또한 성대한데 스스로 자랑하지 않았네　文華亦盛不自詑
군은 정신과 법도를 지녀　君有精神有規度
어떤 일도 능수능란하여[217] 빈틈이 없었네　履屐各當事無罅
지업과 사업을 종묘와 조정에 펼치리라 늘 여겼는데　常謂志業在廟朝
늙기도 전에 갑자기 세상 떠날 줄 어찌 생각했으리　豈意未老遽凋謝
내가 연경(燕京)에 가서 이별한 지 일 년이라　我赴燕山別經年
올해 여름날 마주하여 회포 풀기만을 기다렸다네　只待對披在今夏
흰 명정 깃발 남쪽 강가에 나부끼니　素旐翩翩南江畔
어찌 차마 길게 부르짖으며 곡하고 맞이하리오　何忍長號以哭迓
이제 군이 떠나버려 만사가 모두 끝났으니　萬事都休今已矣
문을 나서면 갈팡질팡하여 누구의 집에 가리　出門倀倀適誰舍
가업을 계승할 만한 훌륭한 세 아들[218] 있으니　有美三子可承家

216 못가의 오묘한 문예 : 원문의 임지(臨池)는 못가의 의미로 글씨를 익힌다는 것을 가리키는데, 못가의 오묘한 문예는 곧 훌륭한 서법을 뜻한다. 후한(後漢)의 명필(名筆) 장지(張芝)가 글씨를 익힐 적에 집안의 의백(衣帛)에다 글씨를 쓴 다음에 빨곤 했으므로, 그를 일러 "못가에서 글씨를 연습하여 못물이 다 검어졌다.〔臨池學書, 池水盡黑.〕"라고 한 데서 유래하였다.

217 어떤 일도 능수능란하여 : 원문의 이극각당(履屐各當)은 맑은 날이면 짚신을 신고 비 오는 날에는 나막신을 신는다는 말로, 모든 일을 능수능란하게 처리할 수 있는 역량을 지녔다는 뜻이다.

이로써 지하에 있는 공을 위로하노라　　　　以此慰公泉臺下

218 홀륭한 세 아들 : 이덕성(李德成)의 3남 이진원(李眞源), 이진순(李眞淳), 이진수(李眞洙)를 가리킨다.

대제학 권[219] 유 에 대한 만사
權大提 愈 挽

늘 문하를 출입하며 맑은 법도 우러렀는데 每從門館仰淸規
돈독한 정으로 가르치신 말씀 깊이 간직하였네 深佩敦親誨語貽
고관대작에 오름은 평소 명망 때문이고 踐斗官高由雅望
문형을 맡음은 종사로 추앙 받아서였네 提衡文邃見宗師
평생토록 풍파 속에서도 정취는 고요하였고 一生趣靜風瀾地
십 년 동안 물러나 있으며 정신을 함양하였네 十載神頤屛退時
부고에 놀랐지만 호서가 먼 곳이라 哀報驚心湖路遠
눈물을 견디지 못하고 만사만 부치노라 不堪霑涕但緘辭

219 대제학 권 : 권유(權愈, 1633~1704)를 가리킨다. 본관은 안동(安東), 자는 퇴보(退甫), 호는 하곡(霞谷)이다. 1689년(숙종15) 기사환국으로 남인이 집권하자 대사간, 예문관 대제학 등 요직을 맡았으나, 1694년(숙종20) 갑술옥사로 서인이 집권하자 유배되었다.

연경으로 가는 참판 이지숙[220]을 전송하다

送李參判持叔赴燕

평안도 감사 그만두자마자[221] 이번 사행 이어지니	纔解西藩又此行
군이 힘을 다해 일편단심 밝혔음을 알겠네	識君宣力寸心明
중국의 예법 사라지고 민요 바뀌었는데	漢儀掃地風謠變
하늘의 운수 다시 갑신년이라[222] 감개 일어나리라	天運回申感慨生
간담이 서늘했던 오랑캐는 사신 부절에 놀라고[223]	破膽夷戎驚使節
명성 들었던 초목은 위의 있는 이름 익숙하리라[224]	聞聲草木慣威名

220 참판 이지숙(李持叔) : 이세재(李世載, 1648~1706)를 가리킨다. 본관은 용인(龍仁), 자는 지숙(持叔)이다. 이세재는 1704년(숙종30) 호조 참판에 제수되었고, 그해 사은부사(謝恩副使)로 연경(燕京)에 갔다.

221 평안도 감사 그만두자마자 : 이세재(李世載)는 1701년(숙종27)부터 1703년까지 평안 감사(平安監司)를 역임하였다.

222 하늘의……갑신년이라 : 명(明)나라는 1644년 갑신년(甲申年)에 멸망하였는데, 이해가 마침 1704년이 갑신년이기 때문에 이렇게 말한 것이다.

223 간담이……놀라고 : 평안 감사(平安監司) 시절 오랑캐에게 위의(威儀)를 떨쳤던 이세재(李世載)가 사신으로 온 것에 놀란다는 뜻이다. 변방을 수비하며 오랑캐를 서늘하게 한 고사는 일반적으로 범중엄(范仲淹)의 고사를 가리킨다. 범중엄은 위엄과 병략(兵略) 또한 뛰어났던 인물로, 그가 변방을 지킬 적에는 오랑캐들이 그를 '용도노자(龍圖老子)'라고 부르고, "범노자(范老子)의 가슴속에는 수만 명의 군사가 들어 있다."라고 서로 경계했다고 한다.《宋史 卷314 范仲淹傳》

224 명성……익숙하리라 : 초목들도 이세재(李世載)의 이름을 알 정도로 위명(威名)이 높았다는 뜻이다. 당(唐)나라 때 문신 장만복(張萬福)이 일찍이 여러 지방에서 군공(軍功)을 많이 세웠으므로, 덕종(德宗)이 그를 호주 자사(濠州刺史)로 임명하면서 이

듣기에 중원의 근심이 요동친다고 하니	中原聽說憂虞動
주의 깊게 나라의 정세를 엿보아야 하네	着眼要須覘國情

르기를 "선제께서 일찍이 경의 이름을 정(正) 자로 바꿔 준 까닭은 경을 포창하기 위함이었다. 나는 생각건대 강회(江淮) 지방의 초목들도 응당 경의 대단한 명성을 알 것이니, 만일 바꿔 주신 대로 따른다면 아마 적들이 경인 줄을 알지 못할 것이다."라고 하였다. 《舊唐書 卷152 張萬福傳》

부사로 연경에 가는 참판 황경지[225] 흠 와 삼가 이별하다
奉別黃參判敬之 欽 以副使赴燕

우리나라 사신의 부절 높으니 左海行人漢節尊
동쪽에서 오는 자색기운 연경 관문에 가득하리라[226] 東來紫氣滿燕門
명나라 천자의 벽루 여전한데 皇家壁壘依依在
오랑캐 노랫소리 곳곳에 시끄러우리 蕃落謳謠處處喧
이르는 산하마다 더욱 눈물 흘리리니 到底山河增涕淚
어느 때에나 일월이 천지를 밝게 비추리오 何時日月照乾坤
맑은 법도와 정견은 오랑캐도 존숭하니 淸規定見殊隣重
천추토록 언국의 사신[227]처럼 남아있어서라네 使體千秋彥國存

225 참판 황경지(黃敬之) : 황흠(黃欽, 1639~1730)을 가리킨다. 본관은 창원(昌原), 자는 경지(敬之)이다. 황흠(黃欽)은 1704년(숙종30)에 이조 참판에 제수되었고 이듬해 1705년에 사은 겸 동지사(進賀謝恩兼冬至使)의 부사(副使)로 연경에 갔다.

226 동쪽에서……가득하리라 : 149쪽 주334 참조.

227 언국(彥國)의 사신 : 언국(彥國)은 북송(北宋) 때의 재상 부필(富弼)의 자(字)이다. 일찍이 거란(契丹)에 사신으로 가서 땅을 떼어 달라는 요구를 잘 설득하여 세폐(歲幣)를 지급하는 것으로 무마하였고, 세폐를 보내는 문서에 '헌(獻)' 자와 '납(納)' 자를 쓸 수 없다는 자신의 주장을 끝까지 굽히지 않았다. 또 혼사를 가지고 거란을 설득하여 송나라가 전쟁을 겪지 않게 하였다.《宋史 卷313 富弼列傳》 여기서는 황흠(黃欽)이 부필처럼 오랑캐와의 외교에 주도적으로 임하기를 당부한 것이다.

강 상사[228] 수일 에 대한 만사

挽姜上舍 壽一

연로하신 조모님 살아계시고	王大夫人老在堂
부모님은 젊은 나이에 덕이 빛났네[229]	爺孃黑髮且輝光
복된 집안의 상서로운 기운이 가정에 충만하여	福家喜氣充庭闈
약관의 나이에 재능과 명망이 성균관에 자자했네	弱歲才名動國庠
덧없는 인생에 갑자기 천리마 멈추니	泡影倏然休驥步
변방 아득한 곳에서 원숭이 창자 끊어졌네[230]	關河邈矣斷猿腸
뛰어난 인재가 요절하는 것을 익숙히 보았는데	慣看美彦無年逝
오늘은 그대를 위해 유독 눈물이 흐르네	今日于君最涕滂

228 강 상사(姜上舍) : 강수일(姜壽一, 1686~1704)을 가리킨다. 본관은 진주(晉州), 자는 여오(汝五)이다.

229 덕이 빛났네 : 《주역》 〈대축괘 단전(彖傳)〉에 "대축(大畜)은 강건(剛健)하고 독실(篤實)하고 빛나서 날로 덕(德)을 새롭게 한다.〔大畜, 剛健, 篤實, 輝光, 日新其德.〕"라고 한 데서 나온 말이다.

230 변방의……끊어졌네 : 원문의 관하(關河)는 원래 함곡관(函谷關)과 황하(黃河)의 병칭인데, 일반적으로 고향이나 도성에서 멀리 떨어진 변방을 뜻한다. 원숭이 창자가 끊어진다는 것은 108쪽 주204 참조.

시랑 조성등[231]이 사람을 보내 안부를 물으며 소주를 나누어주고 절구 한 수를 보냈기에 차운하다

趙侍郎聖登令見問 分燒酒有一絶 次韻

시름시름 소갈병을 앓으며 한 달을 누워있으니 涔涔病渴臥三旬
한밤에 강물을 삼키는 꿈[232]을 자주 꾸었네 中夜呑江夢幾頻
갑자기 벽통주[233]를 받아 좋은 술맛 나누니 忽荷碧筒分美味
이제부터 홀로 깨어있는 사람[234] 되지 않겠구나 從今不作獨醒人

231 조성등(趙聖登) : 조태동(趙泰東, 1649~1712)을 가리킨다. 본관은 양주(楊州), 자는 성등(聖登)이다. 부친은 조구석(趙龜錫)이고, 조태채(趙泰采)의 종형이며, 윤증(尹拯)의 문인이다. 1704년(숙종30)에 조태동은 예조 참의(禮曹參議)에 제수되었다.

232 강물을 삼키는 꿈 : 꿈속에서도 술을 찾는다는 뜻이다. 이백(李白)의 〈양양가(襄陽歌)〉에 "멀리 보니 한수가 오리 머리처럼 푸르러, 흡사 포도주가 막 괴기 시작한 것 같네. 만일 이 강물이 봄 술로 변한다면, 쌓인 누룩으로 술지게미 누대를 만들리라.〔遙看漢水鴨頭綠, 恰似葡萄初醱醅. 此江若變作春酒, 壘麴便築糟丘臺.〕"라고 한 내용이 보인다.

233 벽통주(碧筒酒) : 원래는 연잎에 담아서 연줄기로 마시는 술을 벽통주라고 한다. 삼국시대 위(魏)나라 정각(鄭慤)이 삼복(三伏) 무렵이면 매양 빈료(賓僚)들을 거느리고 사군림(使君林)에서 피서(避暑)를 했는데, 그때마다 큰 연잎에다 술 석 되를 담은 다음, 비녀로 연잎을 찔러서 줄기의 구멍과 서로 통하게 하여 줄기를 마치 코끼리의 코처럼 구부려서 거기에 입을 대고 술을 빨아 마셨다고 한다.《酉陽雜俎 酒食》 여기서는 조태동(趙泰東)이 보내온 소주(燒酒)를 가리킨다.

234 홀로 깨어있는 사람 : 굴원(屈原)을 가리킨다. 굴원의 〈어부사(漁父辭)〉에 "온세상이 모두 혼탁한데 나 홀로 맑고, 모든 이가 다 취했는데 나 홀로 깨었다.〔擧世皆濁我獨淸, 衆人皆醉我獨醒.〕"라는 하였다.

우의정 김사긍[235] 구 에 대한 만사

金右相士肯 構 挽

막중한 책임을 맡음은 담력 때문임을 알고 있었는데	擔重元知由膽氣
미세한 일을 살필 적에도 온 정신을 쏟았네	察微渾亦見精神
최고로 융숭한 지우를 입어 삼공의 지위 오르고	最承隆遇登三事
역대로 훌륭한 계책을 꼽자면 오직 이 사람뿐이네	歷數英猷獨一人
책에 써놓은 문사는 흡물[236]을 겸비하였고	掃牘文辭兼洽物
온 집안에 효우가 깊어 자신은 없는 듯하였네	充庭孝友若無身
나라 어렵고 정사 위급한데 공은 어디로 갔나	艱虞政棘公何逝
다정했던 지난 이십 년을 추억해보네	感憶情深二十春

235 김사긍(金士肯) : 김구(金構, 1649~1704)를 가리킨다. 본관은 청풍(淸風), 자는 사긍(士肯), 호는 관복재(觀復齋), 시호는 충헌(忠憲)이다. 증조부는 김인백(金仁伯), 조부는 김극형(金克亨), 부친은 김징(金澄)이다.

236 흡물(洽物) : 학문이 넓고 사물의 이치에 통달함을 뜻한다.

종질녀 황씨의 부인에 대한 만사 병서○을유년(숙종31, 1705)
挽從姪女黃氏婦 幷序○乙酉

황씨(黃氏 황경하(黃慶河))의 부인은 정관(靜觀) 이 선생(李先生 이단상(李端相))의 손녀이자 퇴우(退憂) 김 상국(金相國 김수흥(金壽興))의 외손녀로, 친가와 외가가 모두 법도 있는 가르침을 받은 집안이다. 어려서는 총명하였고 장성해서는 행실이 더욱 완순하였으며, 게다가 여사(女史)[237]에 해박하고 사리에 통달하였다. 16세의 나이에 황씨에게 시집갔다. 시집가고 3년이 되었을 적에 남편을 따라가 영동(嶺東)의 통천군(通川郡) 관사에서 살았는데, 난산(難產)으로 인해 갑자기 세상을 떠났다. 당시에 부친인 장헌군(掌憲君) 동보(同甫 이희조(李喜朝))와 모친인 김 숙인(金淑人)이 청풍부(淸風府) 임소에 있었는데, 길이 대관령에 가로막혀있고 멀었기에 병 소식이 미처 이르기도 전에 부고가 이르렀다. 병을 앓고 사생을 오가는 때에 부녀가 부지하며 얼굴을 보지도 못하고 영결하였으니, 천하의 애통함이 이보다 심한 경우가 있겠는가. 죽은 자는 필시 지하에서도 한을 품고 있을 것인데, 그 부모 또한 어떻게 마음을 가누겠는가. 애달프고 비참하구나. 장헌군은 나의 내제(內弟)이다.[238] 나는 시(詩)를

237 여사(女史) : 여사(女史)는 옛날 궁중의 정령(政令)이나 후비(后妃)에 관한 일을 기록한 여관(女官)을 가리키는데, 여기서는 여인의 훌륭한 행실을 기록한 것을 뜻한다.

238 장헌군은 나의 내제(內弟)이다 : 저자의 외숙이 이단상(李端相)이니, 장헌군(掌憲君) 이희조(李喜朝)는 저자와 외사촌 사이가 된다.

지어 그의 슬픔을 달래고 또 위로한다. 나도 일찍이 가슴속에 애통함이 맺힌 적이 있기에[239] 장헌군의 심사를 상상하면 거의 내가 그 상황을 당한 것과 같을 것이다. 시는 다음과 같다.

대관령은 아득히 우뚝 솟아있고	渺渺關嶺高
골짜기 물은 유유히 멀리 흐르네	悠悠湖峽長
어여쁜 저 막내딸	婉婉彼季女
친정에 문안하고 다시 남편을 따라갔네	歸寧復隨郎
살아서는 날마다 어린애처럼 그리워하였고	生而日孺慕
죽어서 이별하니 한이 가슴에 맺혔네	死別恨結腸
혼령이 마침내 표표히 떠나서	飄蕩魂遂逝
그리운 마음에 부모 곁으로 왔네	依依來親傍
부모와 자식은 본래 한 기운이라	父子本一氣
유통하여 서로 떨어지지 않네	流通無分張
응당 꿈속에서라도 만나	應有夢寐接
기쁜 마음에 잠시 슬픔을 잊으리	有歡悲暫忘
사람의 삶이란 모두 죽음으로 돌아가니	人生同歸盡
돌아가면 지하에서 더 오래라네	歸者尤長年
이별한 시간이야 얼마나 되겠나	相別幾何時
돌아감에 조금 차이가 있을 뿐이네	歸去稍後先
지하세계는 이 세계와 같아서	冥界若斯世
골육의 정 단란하리라	骨肉應團圓

239 나도……있기에 : 저자의 장남 서명륜(徐命倫)이 요절한 일을 가리킨다.

거의 평생토록 사랑하여	庶幾平生愛
웃으며 맞이하고 다투어 옷자락 끌어당기리	笑迓爭挽牽
위로는 부모님 뜻 받들고 아래로는 자식 보살펴	上承且下撫
기쁨과 즐거움이 눈앞에 가득하리라	歡樂滿眼前
또 듣자니 인과란 게 있어서	且聞有因果
다른 생애에 거듭 인연을 맺어	他生重結緣
다시 부모와 자식이 된다고 하니	復與爲父子
이 말은 예로부터 전해진다네	斯語古有傳
이러한 이치 아득하여 말하기 어려우나	此理茫難道
애절함에 그러하기를 바란다네	哀切冀或然
늘 답답한 심정으로 하늘에 빌었는데	祈天常鬱曲
그대를 위로하며 이제 마음이 풀리네	慰君今遂宣
그대와 나 모두 늙었으니	君我俱老矣
마음을 비우고 스스로 애태우지 마세	曠然毋自煎

보은사에 도착하여 시축의 운에 차운하여 명안사에게 주다

到報恩寺 次軸中韻 贈明眼師

백헌공(白軒公 이경석(李景奭))의 운이다.

헛되 환영은 원래 얼음에 새기는 격이라	虛幻元來似鏤氷
참됨을 혼동하는 묘체가 늙을수록 더욱 늘어나네	混眞玅諦晩彌增
어느 누가 근원이 되는 설을 깨뜨려	有誰劈破源頭說
인간세상의 문득 깨달은 승려로 탈바꿈할 것인가	化却人間頓悟僧

좌의정 윤공 지선 집안에 보관된 병풍에 쓴 영의정 존와 최공(崔公 최석정(崔錫鼎))의 시에 삼가 차운하다 병서 ○병술년(1706, 숙종32)

左議政尹公 趾善 家藏屛風 謹次領相存窩崔公詩韻 幷敍○丙戌

국가가 창성한 운세를 만나 하늘이 어진 세자를 내려줄 적에 반드시 영민하고 특출한 자질을 타고나게 합니다. 어질고 효성스러운 덕으로 귀신과 사람에게 기대를 한 몸에 받을 뿐만 아니라, 또 그 학예(學藝)의 훌륭함에 있어서도 비범하여 일찍부터 성대하여 세상에 빼어난 경우가 있습니다. 이것이 어찌 진실로 거처와 봉양에서 변화된 체질과 기질[240]에 말미암아 그렇게 된 것이겠습니까. 고(故) 좌의정 윤공(尹公 윤지선(尹趾善))은 춘궁(春宮)의 사부(師傅)로서 여러 번 서연(書筵)에 올랐는데, 춘궁 저하(春宮邸下)께서 손수 "경으로써 안을 곧게 하고 의로써 밖을 바르게 한다.〔敬以直內, 義以方外.〕"[241]는 여덟 글자의 큰 글씨를 써서 하사하셨습니다. 당시 저하의 춘추가 겨우 9세였는데 그 글씨의 결체(結體)가 웅건하고 운획(運畫)이 장

240 거처와……기질 : 궁중의 안락한 생활환경 속에서 길러진 기질과 체질이라는 말인데, 맹자(孟子)가 제(齊)나라 왕의 아들을 바라보고는 "거처하는 곳이 기질을 바꾸고, 봉양을 받는 것이 체질을 변화시킨다. 그러니 생활환경이 얼마나 중요하다고 하겠는가.〔居移氣, 養移體, 大哉居乎.〕"라고 한 데서 나온 말이다. 《孟子 盡心上》

241 경으로써……한다 : 《주역》〈곤괘(坤卦) 문언(文言)〉에 "군자는 경으로써 안을 곧게 하고, 의로써 밖을 바르게 하니, 경과 의가 확립되어 덕이 외롭지 않다.〔君子敬以直內, 義以方外, 敬義立而德不孤.〕"라고 하였다.

엄하여 그 찬란함이 해와 별처럼 빛나고 그 탁월함이 산악처럼 우뚝하였습니다. 전대(前代)의 제왕가(帝王家)를 두루 살펴보면 조예(藻藝)가 걸출하여 일찍 통달한 것이 이러한 수준까지 미치는 것은 드물었습니다.

삼가 생각건대 춘궁께서 아침저녁으로 우리 성명하신 임금을 모시며 날로 영향을 입었으니, 하늘이 내리신 성스런 능력으로 글을 짓고 글씨로 쓰는 가운데서 본받은 것입니다. 이로 인해 덕성(德性)과 심획(心畫 글씨)의 아름다움을 드러내어 천년만년 무궁한 복이 혁혁하게 진귀한 글씨 사이에 유동하고 있으니, 아 성대합니다. 경(敬)과 의(義)의 뜻은 실로 만세 성학(聖學)의 요체를 연 것입니다. 안으로는 본원(本原)을 함양하고 밖으로는 만사(萬事)를 제재하여 좌우에서 부지하여 위로 통달하는[242] 것은 실로 여기에 달려있으니, 이것은 다만 선비의 학문일 뿐만 아니라 천덕(天德)와 왕도(王道)의 지극한 공이 어찌 여기에서 벗어나겠습니까. 어린 나이에 이미 학문의 큰 단서를 알아서 스스로 성찰한 다음 특별히 거론하여 부신(傅臣)에게 면려하였으니 더욱더 성대하지 않습니까.

윤공이 이를 영화롭게 여기고 8첩 병풍으로 꾸며 만들어서 집안 대대로 물려주는 보배로 삼았습니다. 전임(前任) 영의정 남공(南公) 구만(九萬) 과 영의정 최공(崔公) 석정(錫鼎) 이 각각 서문과 시를 지어 삼가 그 일을 기록하였습니다. 신(臣) 종태(宗泰)가 지금 또한 그것

242 좌우에서……통달하는 : 《근사록(近思錄)》 권2에 "경과 의가 좌우에서 부지하면 곧바로 위로 올라가니, 천덕(天德)에 도달함이 이 경과 의로부터 시작된다.〔敬義夾持直上, 達天德自此.〕"라고 한 데서 나온 말이다.

을 얻어 삼가 완미하여 감탄한 나머지 마침내 그 시에 차운하여 그 하단에 씁니다. 신이 변변찮은 학문으로 외람되이 궁부(宮傅)의 자리에 올랐으니 명망과 덕행이 있는 선배의 옛 자리를 뒤따르는 것이 몹시 부끄럽지만, 구구한 저의 바람은 삼가 그때와 마찬가지로 영화로운 은혜를 입는 것입니다. 금상(今上) 32년 병술년(1706, 숙종32) 6월 모일에 대광보국 숭록대부 의정부좌의정 겸 영경연사 감춘추관사 세자 부신 아무개가 절하고 삼가 씁니다. 시는 다음과 같습니다.

〈문언〉에서 가르친 경과 의는	敬義文言訓
천추토록 해와 별처럼 빛나네	千秋炳日星
세자는 예에 노니는 것[243]이 오묘하였고	貳君游藝玅
연로한 사부는 받은 은혜를 명심하였네	耆傅拜恩銘
보배로운 병풍에 신묘한 필적 남아있고	寶障安神筆
광대한 법도는 어려서부터 성대하였네	宏模蔚幼齡
성학을 도탑게 하기를 거듭 기원하니	更祈敦聖學
바른 자획은 바로 마음에 달려있네	字正在心靈

243 예에 노니는 것 : 《논어》〈술이(述而)〉에 "도(道)에 뜻을 두며 덕(德)을 굳게 지키며 인(仁)에 의지하며 예(藝)에 노닐어야 한다.〔志於道, 據於德, 依於仁, 游於藝.〕"라고 하였다. 여기서는 육예(六藝) 가운데 글씨〔書〕를 가리킨다.

진연례 다음날 삼가 짓다

進宴禮翌日敬成

당시에 좌의정이었다.

금상 32년 병술년(1706, 숙종32) 8월 27일에 진연례(進宴禮)를 거행하였는데, 성상께서 친히 인정전(仁政殿)에 행차하여 아홉 번 헌작(獻爵)을 받으셨다. 신(臣) 종태(宗泰)가 다행히 창성한 시대를 만나 성대한 행사를 볼 수 있게 되어, 기뻐하고 즐거워하며 춤추는 나머지 삼가 시 한 수를 지었다.-애초에 운자(韻字)를 내어 여러 공들의 화답을 구할 의도가 있지 않았다. 입으로 읊조린 것을 다음날 아침 반열에 나아갔을 적에 우연히 영의정 명곡공(明谷公 崔錫鼎)에게 알려주었는데, 명곡공이 마침내 옥당에 보여주는 터에 여러 공들이 알게 되었다.-

삼십 여년 다스린 성군의 시대 창성하여	三紀凝旒聖曆長
정전(正殿)에서 경축하는 성대한 의식 열렸네	法宮稱慶盛儀張
효성스런 세자[244]는 옥좌의 성상 모시고	承歡小海陪瑤座
번갈아 헌수하는 왕실 후손들[245] 옥잔 들어올리네	迭壽天潢捧玉觴

244 세자 : 원문의 소해(小海)는 세자를 뜻한다. 송(宋)나라 섭정규(葉廷珪)의 《해록쇄사(海錄碎事)》 〈제왕(帝王)〉에 "천자는 대해에 견주고, 태자는 소해에 견준다.〔天子比大海, 太子比少海.〕"라고 한 데서 나온 말이다.

245 왕실 후손들 : 원문의 천황(天潢)은 원래 하늘의 별자리를 말하는데, 일반적으로 왕족이나 그 후예를 뜻한다. 북주(北周) 유신(庾信)의 글에 "물결은 하늘의 못에서 나눠 받았고, 가지는 태양의 나무에서 갈려 나왔다.〔派別天潢, 支分若木.〕"라고 한 데

신하들 만세 부르고[246] 〈소악〉[247] 울려퍼지며　鵷列呼嵩韶樂咽
술항아리[248] 섬돌 앞에 있고 비단 꽃 향기롭네　獸尊當陛綵花香
복이 성대할수록 영성(盈成)[249]을 경계해야 하니　嘉休益軫盈成戒
어진 마음 미루어 온 백성과 함께 하길 바라네　更冀推仁與八方

'천황(天潢)'이 어떤 본에는 '선지(璿支 왕실의 후손)'로 되어있다.

남극의 별빛[250]이 길이 북극성을 향하고　南極星光拱極長
찬란한 치업이 성대히 펼쳐졌네　煌煌治業盛鋪張
굉대하고 아름다운 덕으로 천년의 왕업 열었고　宏休政啓千年籙
지극한 효성으로 만수무강을 비는 연회 막 베풀었네　至孝初伸萬壽觴
금원에 가을 들어 신선의 비단물결 찬란하고　紫籞秋生仙錦爛
금반[251]에 이슬 맺히고 상서로운 지초 향기롭네　金盤露浥瑞芝香
영원히 강릉[252]의 복 받기를 하늘에 기원하니　祈天永受岡陵祉

서 나온 말이다.《庾子山集 卷15 周大將軍義興公蕭太墓誌銘》

246 만세 부르고 : 원문의 호숭(呼嵩)은 만세를 외친다는 뜻이다. 한 무제(漢武帝)가 숭산(嵩山)에 올랐더니, 신하들이 말하기를 "산이 만세(萬歲)를 세 번 부르는 소리가 들린다."라고 한 데서 나온 말이다.

247 소악(韶樂) : 순(舜)임금의 음악을 가리키는데, 일반적으로 태평성대를 다스리는 임금의 음악을 뜻한다.

248 술항아리 : 원문의 수준(獸尊)은 뚜껑에 호랑이 무늬를 새겨 넣은 술항아리이다. 백수준(白獸尊) 또는 백호준(白虎樽)이라고 한다.

249 영성(盈成) : 지영수성(持盈守成)의 준말로, 창업한 왕조를 계승하여 잘 지키는 것을 뜻한다.

250 남극의 별빛 : 88쪽 주163 참조.

251 금반(金盤) : 323쪽 주176 참조.

252 강릉(岡陵) : 임금의 만수무강을 축원할 때 쓰는 표현이다.《시경》〈천보(天

진한의 황제들[253] 늙지 않는 방술에 연연하였네　　秦漢區區却老方

'공극(拱極)'이 어떤 본에는 '공북(拱北 북쪽을 향함)'으로 되어있다.

保)〉의 "하늘이 그대를 보정(保定)하사 흥성하지 않음이 없는지라. 산과 같고 언덕과 같으며 산마루와 같고 구릉과 같도다.〔天保定爾, 以莫不興. 如山如阜, 如岡如陵.〕"라는 말에서 유래하였다.

253 진한(秦漢)의 황제들 : 진시황(秦始皇)과 한 무제(漢武帝)는 불로장생하는 선약(仙藥)을 찾는 데 애쓰고 신선술을 닦는 방사(方士)들을 극진히 대우하였다.

참판 이지숙[254]에 대한 만사

李參判持叔挽

나라의 동량이 되고 장성이 되기에 적합하였는데 棟幹長城靡不宜
더디게 참판에 이른 것을 늘 탄식하였네 每嘆卿亞進途遲
발할 때의 기력은 산언덕처럼 무겁고[255] 發時氣力丘山重
가는 곳마다 위명을 초목도 알 정도였네[256] 隨處威名草木知
효우하여 가업을 계승한 점 누가 흠잡으리오 孝友承家人孰間
충성하여 나라 근심하느라 제 몸은 잊었네 忠勤憂國自忘私
정신이 늙기도 전에 바람 앞의 등불처럼 꺼지니 精華未暮風燈盡
길이 나라 걱정함에 곱절로 눈물이 흐르네 永念艱虞倍涕垂

254 이지숙(李持叔) : 이세재(李世載, 1648~1706)를 가리킨다. 본관은 용인(龍仁), 자는 지숙(持叔)이다. 대사간, 도승지, 경기도 관찰사 등을 역임하였고, 형조 참판으로 재직하다가 세상을 떠났다.

255 산언덕처럼 무겁고 : 재목이 매우 훌륭하다는 뜻이다. 두보(杜甫)의 〈고백행(古柏行)〉에 "큰 집이 무너질 때 들보를 쓰려고 했더니, 산언덕처럼 무거워 만 마리 소가 고개 내젓는구나.〔大廈如傾要梁棟, 萬牛回首丘山重.〕"라고 하였는데, 만 마리 소가 싣고 가지 못할 정도로 재목이 거대하다는 뜻이다.

256 위명을……정도였네 : 340쪽 주224 참조.

내가 빌려 타는 안교(安轎 안거(安車))는 항상 보관할 데가 없고 게다가 출입하는 일이 드물어 종들이 늘 묶어서 들보에 매달아놓았기에 웃으며 절구 한 수를 완성하다

余所借乘安轎 常無藏處 且罕出入 奴輩每縛而懸之屋梁 笑成一絶

근래 사제를 밟아[257] 더욱 움츠러드는데	近踏沙堤轉蹙然
늘그막에 시위소찬하여 어진 이 방해함이 부끄럽네	暮年尸祿愧妨賢
종들이 돌아가 쉬려는 내 뜻을 아는 듯	僮人似識歸休意
미리 수레를 묶어서 날마다 걸어놓았네	先縛軒車日日懸

257 사제(沙堤)를 밟아 : 재상을 역임했다는 뜻이다. 당(唐)나라 풍속에 처음으로 재상이 된 사람은 그의 사제(私第)에서부터 성 동쪽 거리까지 모래로 길을 메웠는데, 그것을 일러 모랫둑〔沙堤〕이라고 하였다.

한강 가로 나갈 적에 절구 한 수를 지어 이조 판서 이계장[258] 대감에게 바치다

將出漢濱 以一絶 奉吏判李季章氏台

세상살이 이조(吏曹)의 고생과 같은 게 있으리 　供世孰如銓路惡
재주 없는 나는 조정의 계책 어려움을 더욱 알겠네 匪才尤覺廟謨難
성상의 은혜로 청량한 곳에 머물도록 허락받으니 　君恩許放淸涼界
백발로 강호에 와서 세한을 함께 보내네 　白髮江湖共歲寒

당시 이 대감이 이미 노량진 강변에 나가 있었다.

258 이계장(李季章) : 이인엽(李寅燁, 1656~1710)을 가리킨다. 본관은 경주(慶州), 자는 계장(季章), 호는 회와(晦窩)이다.

보내온 시에 다시 첩운하다

次來復疊

밝은 시대 대번에 벼슬 그만두지 못하여	明時未敢遽休官
몹시도 험난한 어둔 길을 억지로 걸었네	强踏冥途九折難
세밑이라 어룡도 고요히 잠드니	歲晏魚龍看政蟄
차가운 큰 강에 돌아와 쉬어도 걱정하지 않네	不愁歸臥大江寒
근래에 큰 벼슬 맡은 게 부끄러운데	自愧年來大耐官
머뭇거리며 물러나기 어렵다고 부질없이 말만 하네	遲徊謾說乞身難
속세의 자욱한 먼지 속에서 남쪽 호숫가 바라보니	高塵悵望南湖畔
돌아가 차가운 눈과 달빛을 함께 보리라	歸去同看雪月寒

금성으로 부임하는 시독관 이자시[259] 조 와 이별하다

병술년(1706, 숙종32)

別李侍讀子始 肇 赴金城 丙戌

겨울 한강에서 부질없이 짓다.

그윽한 저 금양군[260]은	窈彼金壤郡
동쪽으로 봉래와 영주[261]와 이웃하였네	東與蓬瀛隣
영지가 깊은 골짜기에 자라고	紫芝在深谷
단사가 시냇가에서 나오네	丹砂出磵濱
산천에 도가의 기운 있어	山川有道氣
특산물은 원래의 순수함 머금었네	奇產含元淳
학사는 선위[262]가 되어	學士爲仙尉
모친을 모시고 가네	以將太夫人
캐고 캐면 날마다 수명이 더해져	採採日以壽
길이 훤당에 봄볕을 머물게 하리라[263]	永駐靈萱春
즐겁구나, 효자[264]의 마음이여	樂哉白華心

259 이자시(李子始) : 이조(李肇, 1666~1726)를 가리킨다. 본관은 전주(全州), 자는 자시(子始), 호는 학산(鶴山)이다. 1706년(숙종32)에 이조는 금성 현령(金城縣令)에 제수되었다.

260 금양군(金壤郡) : 지금의 강원도 통천(通川)이다.

261 봉래(蓬萊)와 영주(瀛洲) : 63쪽 주82 참조.

262 선위(仙尉) : 53쪽 주56 참조.

263 길이……하리라 : 124쪽 주250 참조.

빠짐없이 갖추어 모친을 극진히 봉양하네　　備物養俱伸

복성이 사방을 비추어[265]　　福星照四履

성대한 정사와 교화로 새로워지리라　　藹藹政化新

예악으로 농부들 가르치고　　絃誦耕農子

유랑하는 백성 편히 살게 하리라　　袵席流逋民

그대는 대궐에서 성상을 모시며　　子侍金華席

다친 사람처럼 보살피는[266] 어짊을 매일 보았으니　　日覩如傷仁

생각건대 예전에 지방관으로 부임한[267] 것도　　念昔以綬臨

물심양면으로 봉양하기 위해서였네　　爲養具旨珍

그대를 전송하며 마음 억누르고　　送人情掩抑

바람 맞으며 떠나가는 수레 바라보네　　臨風望征輪

264 효자 : 원문의 백화(白華)는 《시경》 〈소아(小雅)〉의 편명인 〈백화(白華)〉를 말하는데, 이 시는 전하지 않는다. 효자가 지극한 정성으로 부모님을 봉양하는 것을 노래한 것이라고 한다.

265 복성(福星)이 사방을 비추어 : 지방관이 선정을 베푸는 것을 뜻한다. 복성(福星)은 원래 목성(木星)으로, 이 별이 비치는 곳은 모두 복을 받는다 하여 복성이라 하였다. 복성이 지방관을 뜻하게 된 것은, 송(宋)나라 선우신(鮮于侁)이 절동 전운사(浙東轉運使)로 떠날 때, 사마광(司馬光)이 "지금 동쪽 지역의 폐해를 구제하기 위해서는 자준(子駿 선우신)이 아니면 불가능하니, 이 사람이야말로 한 지방의 복성이라 할 만하다."라고 한 데서 유래하였다. 《續資治通鑑 卷78 宋神宗》

266 다친 사람처럼 보살피는 : 임금이 백성을 지극히 보살피는 것을 뜻한다. 《맹자》 〈이루 하(離婁下)〉에 "문왕은 백성을 보기를 마치 다친 사람처럼 하였다.〔文王視民如傷〕"라고 하였다.

267 예전에 지방관으로 부임한 : 저자도 금성 현령(金城縣令)을 지낸 적이 있었다.

판서 이계장 공이 율시 한 수를 보내왔기에 삼가 차운하여 부치다
李尙書季章公 有寄一律 奉次寄之

부족한 재주로 운수 타고 풍운의 기회[268] 만났는데	薄材乘運際風雲
평생 꿋꿋이 살며 무리가 흩어지길[269] 바랐네	孤介生平慕渙群
세상에 보탬이 되는 계책 없어 부끄럽고	輔世謨猷慙蔑蔑
시세 좇아 분분하게 다툰 것을 탄식하네	趨時澆競歎紛紛
공은 떨쳐 일어나 이전의 자취 넓히고	公能振拔恢前轍
나는 응당 돌아가 예전의 농사나 지어야지	我合歸休服舊耘
오직 바라는 것은 천하[270]와 조정이 화평하여	唯願泰階朝象靖
평생 우리 임금을 축원하는 노래 부르는 것이네	百年歌詠祝吾君

268 풍운(風雲)의 기회 : 88쪽 주162 참조.

269 무리가 흩어지길 : 원문의 환군(渙群)은 붕당의 무리가 흩어지는 것을 뜻한다. 《주역》〈환괘(渙卦) 육사(六四)〉에 "그 무리를 흩으니 대단히 상서롭다.〔渙其群, 元吉.〕"라고 하였다.

270 천하 : 원문의 태계(泰階)는 종묘 중앙에 있는 큰 계단으로, 상계(上階), 중계(中階), 하계(下階)가 있다. 이는 각각 별을 상징하여 상계의 상성(上星)은 천자(天子)를, 하성(下星)은 여주(女主)를 나타내고, 중계의 상성은 제후(諸侯)를, 하성은 경대부(卿大夫)를 나타내고, 하계의 상성은 원사(元士)를, 하성은 서인(庶人)을 나타낸다. 그러므로 태계는 천하의 모든 사람들을 뜻한다.

내종 이자동[271]의 제주 기행 시권에 쓰다

書李內從子東濟州紀行詩卷

바다의 구름과 파도 채필(綵筆)[272]에 어른거리고	瀛海雲濤映綵毫
한라산의 선학(仙鶴) 탄 신선들 마주한 듯하네	漢挐笙鶴對仙曹
온갖 신령들 춤추며 그 풍도에 놀라니	百靈鼓舞驚風概
시 짓는 힘 상당하여 작품마다 훌륭하네	詩力相當手手高

271 이자동(李子東) : 이해조(李海朝, 1660~1711)를 가리킨다. 본관은 연안(延安), 자는 자동(子東), 호는 명암(鳴巖)이다. 이해조의 조부가 이명한(李明漢)인데, 저자의 외조부가 된다. 또한 이해조는 1706년(숙종32)에 제주(濟州)의 시재어사(試才御史)가 되었다.

272 채필(綵筆) : 67쪽 주97 참조.

다시 첩운하다

復疊

짐을 벗은 노쇠한 노인은 즐겁게 피로를 푸니　弛擔孱夫喜息勞
바다 갈매기와 숲속 사슴과 함께 무리 지을 만하네　水鷗林鹿可同曹
반평생 성상의 은혜를 저버리고 시위소찬했으니　半生尸祿辜恩遇
남은 생애 한 번 큰일 해보길 바라네　尙冀殘年一着高

두포에 있을 적에 판서 조자직[273] 대감이 절구 몇 수를 보내 보여주었기에 차운하여 부치다 정해년(1707, 숙종33)

在杜浦 趙判書子直台 以數絶寄示 次韻却寄 丁亥

당시 자직 대감은 도성 밖 안강동에 있었다.

험난함을 겪고서야 쓰디쓴 세상맛 알고서　履險方知世味辛
늘그막에 큰 강변에서 유유자적하네　晩來優佚大江濱
동쪽 언덕 너머로 고결한 이를 서글피 바라보니　高塵悵望東岡遠
창 앞 유령의 봄을 또 저버렸구나[274]　又負牕前庾嶺春

진창 같은 세상사 몹시 힘들고 고달파　靑泥世路劇艱辛
오랜 세월 위태로운 자취 몇 번이고 죽을 뻔하였네　久怕危踪九死濱
이제 향리에서 모두 편안히 지내니　田里秖今均放頓
따뜻한 봄날 같은 성상의 은혜 입었네　深蒙聖澤等陽春

거센 풍파 아득하여 그 끝을 알기 어려웠는데　風瀾蕩潏莽難涯
강호로 돌아오니 이곳이 나의 집이로다　身返江湖便是家
노쇠하고 지친 몸 골짜기에서 편히 쉴 만한데　衰倦已堪安一壑

273 조자직(趙子直) : 조상우(趙相愚, 1640~1718)를 가리킨다. 본관은 풍양(豊壤), 자는 자직(子直), 호는 동강(東岡)이다. 1707년(숙종33)에 조상우는 형조 판서에 제수되었다.

274 유령(庾嶺)의……저버렸구나 : 73쪽 주122 참조. 여기서는 봄날에 상대방을 만나지 못한 것을 안타까워한 표현이다.

머리는 다 세고 눈은 흐릿하네　　滿頭霜雪眼生花

시 짓는 늙은이의 문사 근원 끝없이 호한하고　　詞老詞源浩莫涯
종이 가득한 오묘한 글씨도 명가의 솜씨네　　盈牋墨妙且名家
봉함을 뜯고 읊조려 그 풍치를 보니　　開緘一諷看風調
고산의 눈 속 꽃[275]풍격을 빼앗은 듯하네　　色奪孤山雪裏花

275 고산(孤山)의……꽃 : 48쪽 주47 참조.

영천 군수 박대숙[276] 심 에 대한 만사

朴榮川 鐔 大叔挽

찬란한 충효의 집안이라	有赫忠孝家
가업을 계승한 어진 이들 본디 많았네	承繼固多賢
공은 일찌감치 빼어난 기운을 타고나고	公夙鍾秀氣
밝은 규벽의 덕성 나란하였네[277]	皎皎圭璧聯
집안의 가르침에 영향을 받은데다	典訓旣擩染
형제간에 다시 절차탁마하였네	塤篪復磨鐫
순박한 행실이 집안에 가득하니	淳行藹充庭
샘물처럼 근원이 있었네	有本如源泉
학문으로 보조하긴 했으나	雖以學力輔
훌륭한 자질은 타고났네	美資得之天
나가서는 사우들과 종유하며	出而從師友
독실한 뜻으로 끝까지 탐구하였네	篤志窮探硏
늘 옛 선현을 사모하여	每慕古先哲

276 박대숙(朴大叔) : 박심(朴鐔, 1652~1707)을 가리킨다. 본관은 고령(高靈), 자는 대숙(大叔), 호는 지포(芝浦)이다. 1704년(숙종30)에 박심은 영천 군수(榮川郡守)에 제수되었다.

277 밝은……나란하였네 : 형제가 모두 훌륭한 덕을 지니고 있다는 뜻이다. 진(晉)나라 반악(潘岳)과 하후담(夏侯湛)은 서로 벗이었는데, 두 사람의 용모와 문장이 워낙 뛰어나 두 사람이 함께 다니면 사람들이 좋은 구슬을 나란히 이었다는 뜻에서 연벽(聯璧)이라 불렀다. 《晉書 卷55 夏侯湛列傳》

노력하며 그처럼 되기를 생각하였네	勉焉思齊肩
조심조심 법도를 지키며	斤斤謹繩尺
진덕수업에 더욱 전일하였네	進修彌靜專
물러나 은거하며	退然守隱約
청백의 가풍을 편안히 여겼네	自安淸白傳
성대한 명성으로 누차 천거되고	盛名屢登剡
성상의 명으로 서연(書筵)에 입시하였네	上命侍胄筵
만년에 두 고을의 수령으로 나가[278]	晩屈二郡麾
아름다운 교화를 봄볕처럼 펼쳤네	美化春陽宣
사우들에게 여전히 명망이 있어	士友尙有望
명성과 공업이 선조를 빛내기를 바랐다네	聲業庶光前
정신도 온전하고 연로하지 않았는데	神完且未耆
어찌 한 번의 병으로 갑자기 세상을 떠났는가	一疾胡奄然
남은 복이 훌륭한 아들[279]에게 있으니	遺贏在美子
가업[280] 보존하기를 길이 기대하네	永期保靑氈
못난 나와는 친척의 교의가 있는데다	薄劣有親誼
또 나이도 같았네	又復與齊年
공이 간직한 아름다운 덕성을 알아보고	知公蘊內美

278 만년에……나가 : 1697년(숙종23)에 박심(朴鐔)은 홍천 현감(洪川縣監)으로 부임하였고, 1704년(숙종30)에는 영천 군수(榮川郡守)로 부임하였다.

279 훌륭한 아들 : 박양한(朴亮漢)을 가리킨다. 박심(朴鐔)은 1남1녀를 두었는데, 딸은 오수욱(吳遂郁)에게 시집갔다.

280 가업 : 원문의 청전(靑氈)은 푸른 빛깔의 털 담요로, 선조의 유업(遺業) 또는 집안에 대대로 전해 오는 물건을 뜻한다.

사모하여 오랫동안 종유하였네 慕悅久周旋
일마다 경계의 말을 해주었으니 隨事惠規警
사랑하고 아끼는 마음에 몹시 감사하였네 深荷情愛憐
공의 말을 따르지 못해 부끄러웠으나 雖愧未能遵
위현[281]처럼 깊이 간직하였네 佩服同韋弦
모질고 비루한 나만 부질없이 세상에 남아 頑鄙獨浮繫
도도히 흘러가는 물에 감회가 일어나네 滔滔感逝川
뇌문으로 애도의 마음 펼치지 못하니 莫伸文字誄
눈물을 흘리며 새 무덤을 바라보네 泣涕望新阡

281 위현(韋弦) : 자신의 성질이나 몸가짐을 늘 경계하는 것을 뜻한다. 전국시대 위(魏)나라 서문표(西門豹)는 성질이 급하였으므로 항상 가죽을 차고 다님으로써 스스로 성질을 누그러뜨렸고, 춘추시대 진(晋)나라 동안우(童安于)는 성질이 느렸기 때문에 활시위를 참으로써 스스로 급하게 하였다는 고사가 있다. 《韓非子 觀行》

금구 현령으로 부임하는 김 낭중[282] 완 과 이별하다

別金郎中 浣 宰金溝

나의 벗 김사정은	余友金士淨
오랫동안 낭관의 벼슬에 머물렀네	宦跡久郎潛
남쪽의 수령으로 선발되니	選試江南吏
훌륭한 치적을 내가 예상했네	美績吾斯占
그대 집안의 충정공[283]은	子家忠貞公
절의가 우뚝하고 청렴으로 이름이 났네	偉節且著廉
상서공[284]은 법도를 지켜	尙書謹法度
지위가 높아져도 지취(志趣)는 더욱 담박하였네	位崇趣益恬
그대는 가업을 계승하여	子能承其家
집안의 가르침에 일찌감치 영향을 받았네	典訓夙所霑
순박한 행실이 우애와 화목에 있었고	淳行在友睦

282 김 낭중(金郎中) : 김완(金浣, ?～?)을 가리킨다. 본관은 상주(尙州), 자는 사정(士淨)이다. 1704년(숙종30)에 김완은 금구 현령(金溝縣令)으로 부임하였는데, 이 작품은 1707년(숙종33)에 창작된 작품들과 함께 수록되어 있다.

283 충정공(忠貞公) : 김덕함(金德諴, 1562～1636)을 가리킨다. 자는 경화(景和) 또는 경화(景華)이고, 호는 성옹(醒翁)이고, 시호는 충정(忠貞)이다. 김완(金浣)의 증조부이다.

284 상서공(尙書公) : 형조 판서를 지낸 김우석(金禹錫, 1625～1691)을 가리킨다. 자는 하경(夏卿), 호는 귀래당(歸來堂), 시호는 정목(貞穆)이다. 김완(金浣)의 부친이다.

교유한 이들이 온화하고 겸손함에 감복하였네 交游服溫謙
예전에 내가 공조 판서로 있을 적에[285] 日余長水曹
공조의 일을 그대에게 맡겨 함께 하였네[286] 曹事委君兼
여러 공무를 모두 잘 수행하였고 衆務靡不擧
관리를 다스림이 너그러우면서도 엄격하였네 御吏寬且嚴
황단[287]의 공사를 감독할 적에는 及理皇壇役
크고 작은 일들을 두루 잘 살폈네 察物包鉅纖
맡은 직무에 더욱 부지런하여 當事益劬勤
그대 덕분에 일이 지체되는 법이 없었네 賴君功無淹
고을을 맡아도 능수능란하리니[288] 一縣定游刃
그 재능이 어찌 자잘한 일에만 그치겠는가 材豈止米鹽
청렴하고 삼가는 것은 가업이니 淸謹君家事
어찌 경계의 말이 필요하겠는가 何待規勉添
성스런 조정이 백성[289]을 중히 여기니 聖朝重元元

285 예전에……적에 : 1703년(숙종29)에 저자는 공조 판서(工曹判書)가 되었다.

286 공조의……하였네 : 1704년(숙종30)에 김완(金浣)은 공조정랑(工曹正郞)이 되었다.

287 황단(皇壇) : 330쪽 주192 참조.

288 능수능란하리니 : 원문의 유인(游刃)은 능수능란한 솜씨를 뜻한다. 《장자(莊子)》〈양생주(養生主)〉에 포정(庖丁)이 소 잡는 도(道)를 말하면서 "두께가 없는 칼을 두께가 있는 틈새에 넣으니, 널찍하여 칼날을 움직이는 데에 있어 반드시 여유가 있네.〔以無厚入有間 恢恢乎其於遊刃必有餘地矣.〕"라고 한 데서 나온 말이다.

289 백성 : 원문의 원원(元元)은 선한 백성을 뜻한다. 《전국책(戰國策)》〈진책1(秦策一)〉에 "천하를 제압하고 백성들을 사랑하고 제후들을 신복(臣服)시킴에 군대가 아니면 불가하다.〔制海內, 子元元, 臣諸侯, 非兵不可.〕" 하였는데, 후한(後漢)의 학자

부임하여 고달픈 백성을 안정시키게나　行矣安窮閻
금년에 또 흉년이 들었으니　今年又災荒
은혜로운 정사가 없으면 백성은 다 죽을 것이네　無惠民應殲
귀를 기울여 훌륭한 치적을 기다릴 것이니　側耳待政聲
한나라의 순리(循吏)[290]를 다시 보기 바라네　漢循庶復瞻

고유(高誘)는 "원(元)은 선함이다. 백성들은 선하기 때문에 원이라 칭한다."라고 설명하였다.

290 한나라의 순리(循吏) : 40쪽 주32 참조.

데리러 온 사관이 오랫동안 두포에 머물러 있기에 황공하여 장차 도성에 들어가 배명하려고 하였다. 길을 떠날 적에 절구 두 수를 지어 구정에서 이웃의 벗 교관 김숙함 재해과 이별하다

偕來史官 久留杜浦 惶恐將入城拜命 臨行 成二絶 別鷗亭隣友金敎官叔涵 載海

사천에서 마음이 깨끗한 사람을 만난 게 기뻐 　斜川喜得素心人
함께 유람하며 봄 한철을 보냈네 　杖屨追游過一春
다시 낙양의 나그네가 된 것이 부끄러우니 　堪愧復成東洛客
고향을 돌아보며 고결한 이 생각하네 　故山回首想淸塵

흰 구름 떠있는 계수나무숲 꿈속에서 어른거려 　白雲叢桂夢依依
쓸모없는 재목[291]이라 돌아가는 것을 허락받으리라 　樗散行蒙許放歸
끝내는 한 골짜기에서 함께 은거할 것이니 　一壑終當同隱約
벗과 맺은 계서의 약속[292]을 저버리지 마세 　故人雞黍莫相違

291 쓸모없는 재목 : 원문의 저산(樗散)은 저력산목(樗櫟散木)의 준말로, 가죽나무와 상수리나무는 재목이 될 수 없는 쓸모없는 나무라는 뜻이다. 쓸모없는 무능한 사람을 비유할 때 사용된다.

292 계서(雞黍)의 약속 : 한(漢)나라 범식(范式)은 산양(山陽) 금현(金縣) 사람이고, 장소(張劭)는 여남(汝南) 사람인데, 둘은 태학에서 함께 공부하며 우정이 두터웠다. 두 사람이 이별할 때 범식이 장소에게 "2년 뒤 돌아올 때 그대의 집에 들르겠다."라고 하였다. 2년 뒤 장소가 닭을 잡고 기장밥을 짓고 범식을 기다리자 그 부모가 웃으며, "산양은 여기서 천리나 멀리 떨어진 곳인데, 그가 어찌 기필코 올 수 있겠느냐."라고

하였다. 이에 장소가 "범식은 신의 있는 선비이니, 약속을 어기지 않을 것입니다."라고 하였는데, 그 말이 채 끝나기도 전에 범식이 당도하였다. 《後漢書 卷81 范式列傳》

윤 승지 홍리 에 대한 만사 무자년(1708, 숙종34)
尹承旨 弘离 挽 戊子

소중화의 대책[293]에서 그 문장을 보았는데	小華對策見文辭
성품이 담박하여 벼슬길 더딤을 늘 탄식하였네	每歎恬沖宦道遲
기억하건대 내가 개성 유수로[294] 흉년을 만났을 때	記我留司當歲惡
공을 보좌관으로 얻어 백성의 기근을 해결하였네	得公僚佐紓民飢
백성을 정성으로 다스려 순리의 치적 쌓았고[295]	忱恂待物爲循績
고인과 우애하고 화목함은 선의 근본이 되었네	友睦高人是善基
벼슬은 승지에 그치고 바람 앞 등불처럼 꺼졌으니	官輟龍喉風燭盡
옛 정을 생각함에 눈물이 흐르네	回思舊誼淚雙垂

293 소중화(小中華)의 대책 : 소중화에 대해 논의한 윤홍리(尹弘离)의 대책문(對策文)을 가리키는 듯하다. 윤봉조(尹鳳朝)가 윤홍리에 대해 쓴 만사(挽詞)에 "소매 속 상소로 일찍이 큰 의리를 밝히니, 정문에서 소중화를 다투어 외웠네.〔袖草曾明大義理, 程文爭誦小中華.〕"라는 내용이 보인다.

294 내가 개성 유수로 : 1695년(숙종21)에 저자는 개성 유수(開城留守)가 되었다.

295 순리의 치적 쌓았고 : 윤홍리(尹弘离)는 경상 도사(慶尙都事), 풍기 군수(豐基郡守), 순천 부윤(順天府使), 의주 부윤(義州府尹) 등의 지방관을 역임하였다.

우리 중부(仲父 서문중(徐文重)) 판부사 원임 영의정과 숙모 정경부인 두 분이 모두 장수하고 강녕하였다. 올해 무자년(1708, 숙종34)은 두 분이 혼례를 올린 지 60주년이 된다. 아우 종유(宗愈)가 3월 하순에 길일을 택하여 축하하는 자리를 마련하여 헌수(獻壽)하니, 이는 곧 중뢰연(重牢筵)으로 세속에서 폐하지 않은 예법이다. 뜰과 처마 밑에서 색동옷을 입고 춤추는 나이가 많고 어린 남녀의 자식, 손주, 증손들이 수십 명이고, 여러 종자들과 소자(小子)도 헌수하는 반열에 참여하였다. 내빈은 백여 명에 이르러 금옥(錦玉)이 찬란하였는데, 친지와 빈객들로서 이 자리에 모인 고관대작 이하 여러 공들이 또한 자리를 가득 채웠다. 이는 참으로 우리 집안에 처음 있는 경사요 이 세상에 보기 드문 성대한 일이다. 하늘이 내려준 아름다운 복이 이처럼 성대한 것은 그 근원이 있어서이니 어찌 그렇게 된 소이연(所以然)이 없다고 하겠는가. 이는 소자가 감히 칭양할 수 있는 바도 아니고 또한 한 집안의 사적인 말도 아니다. 기쁜 마음을 이기지 못해 삼가 율시 한 수를 짓고 여러 아우와 조카들에게 이어서 짓도록 하였다

我仲父判府事原任元輔公暨叔母貞敬夫人俱壽考康寧　今戊子距合巹禮之年甲子一周矣　宗愈弟擇吉日於三月下旬　設慶席以上壽　卽所謂重牢筵　而世俗之禮　不可廢也　子姓孫曾男女長幼　舞綵而列庭廡下者數十人　諸從子小子等　亦與稱觴之列　內賓至百餘　錦玉煥爛　而親賓宰輔列卿以下諸公會者　亦盈筵焉　是誠吾家始有之慶　而斯世希覯之盛事也　天餉休祉若斯之盛者　厥有源本　豈無所自而致之哉　此非小子所敢稱揚之者　而亦非一家之私言也　不勝欣忭之情　敬成一律　使諸弟姪續之

기로소에 들어 순수한 복 누림을 기뻐하였고	耆社熙怡福履純
부인의 덕 모두 훌륭하여 존귀한 남편과 같았네	閫儀齊美達尊均
이제 혼인한 지 60주년이 되었으니	今逢巹禮重回甲
두 분 모두 장수함이 몹시 기쁘네	政喜春齡共駐春
화촉이 상에 진열되어 아름다운 기운 충만하고	花燭几陳休氣滿
고관의 손님들 가득하여 축하하는 말 새롭네	金貂客盛賀辭新
다행히 훌륭한 후손들 반열에서 헌수하니	稱觴幸與芝蘭列
백세토록 모시고서 축수하길 희망하네	百歲期陪祝哽辰

판서 이구이[296] 익수 에 대한 만사

李判書九而 益壽 挽

충효의 가업 계승하여 집안의 옛 명성 떨치고　忠孝承家振舊聲
십년 동안 은혜롭게 발탁되어 이조 판서 이르렀네　十年恩擢到天卿
맑은 법도로 집은 세 개의 서까래만 있고　清規屋只三椽在
늘그막에 돌아간 전원이 몇 이랑도 없었네　晩計田無數畝營
시사를 만나면 격앙하여 굳은 절의를 보였고　遇事激昂看勁節
시대를 걱정하며 책무를 맡아 충심을 간직하였네　憂時擔荷抱深誠
옹용한 모습으로 필시 삼공의 지위에 이르렀을 텐데　雍容必辦巖廊地
공사를 위해 애통하여 눈물이 갓끈을 타고 흐르네　慟爲公私淚濯纓

296 이구이(李久而) : 이익수(李益壽, 1653~1708)를 가리킨다. 본관은 전주(全州). 자는 구이(久而), 호는 백묵당(白默堂), 시호는 문간(文簡)이다. 대사간, 판의금부사, 이조 판서, 좌참찬 등을 역임하였다.

이 참봉[297] 진주 재종형에 대한 만사

李參奉 鎭周 再從兄挽

나는 내외종 동생으로 나이는 조금 어렸는데	余爲中表年差後
일찍부터 공의 성대한 문장과 행실을 들었네	夙歲聞公文行茂
성대한 명망이 사우들 위로 나왔으니	藹然名出士友右
사람들은 공경 집안의 가업을 계승하길 기대했네	衆期克承卿家舊
능양처럼 늘그막까지 옥을 팔지 못하여[298]	陵陽畹晩玉未售
말단직에 계속 침체되어 일이 크게 어긋났네	一官蹇連事大謬
담박한 아취로 서책을 탐구하였고	沖然雅趣味書囿
집안을 훈도하여 빼어난 자제들이 많았네	訓家蔚見芝蘭秀
안타깝게도 온축한 재능이 때를 만나지 못했으니	可惜有蘊時未遘
거두어들임에 이치상 마땅히 장수를 했어야 하네	斂之理宜享眉壽
안인의 긴 대자리에서[299] 이내 부모상을 당하여	安仁長簟甫含疚

297 이 참봉 : 이진주(李鎭周, ?~?)를 가리킨다. 본관은 성주(星州), 자는 구이(久而)이다. 1700년(숙종26)에 이진주는 경릉 참봉에 제수되었다.

298 능양처럼(陵陽)……못하여 : 늙도록 재능을 펼칠 수 있는 벼슬을 가지지 못했음을 뜻한다. 능양은 능양후(陵陽侯)에 봉해진 초(楚)나라의 변화(卞和)를 가리킨다. 42쪽 주35 참조.

299 안인(安仁)의 긴 대자리에서 : 부인이 세상을 떠난 것을 뜻한다. 안인은 서진(西晉)의 반악(潘岳)의 자(字)이다. 반악은 양씨(楊氏)와 혼인하였는데, 불행히도 양씨가 먼저 세상을 떠나자 반악이 〈도망삼수(悼亡三首)〉를 지었다. 두 번째 시 가운데 "뒤척이며 잠자리를 바라보니, 어느덧 긴 대자리 깔린 침상이 비었네.〔展轉眄枕席, 長簟竟床空.〕"라고 하였다.

한 번의 병으로 갑자기 대산으로 유람을 떠났네[300]　一疾奄忽游岱岫
큰형님은 맑고 순수하여 훌륭한 덕이 넉넉하였는데　伯公淸醇美德富
끝내 고을의 수령에만 머물러 다 쓰이지 못했네[301]　終淹州府用不究
공은 특히 지위도 없고 사업도 이루지 못했으니　公尤無位業未就
슬프구나, 신명의 도움을 어떻게 확인하리오　傷矣何徵神明祐
성대한 논의 듣기를 간절하게 늘 생각했는데　抱忱每思盛論扣
지금 공의 널에서 곡할 줄 생각이나 했겠는가　豈意今來哭公柩
가을날 두 개의 상여가 남쪽을 향해 가니　秋日雙輀南路首
친속이라 더욱 슬퍼 눈물이 소매를 가득 적시네　親懿增戚霑滿袖

300 대산(岱山)으로 유람을 떠났네 : 207쪽 주497 참조.

301 큰형님은……못했네 : 이진주(李鎭周)의 큰형 이관주(李觀周)는 내직으로는 호조 좌랑, 공조 좌랑 등을 역임하고, 외직으로는 홍천 현감(洪川縣監), 천안 군수(天安郡守), 연안 부사(延安府使) 등을 역임하였다.

이 시직[302] 진원 에 대한 만사 기축년(1709, 숙종35)

挽李侍直 眞源○己丑

사람이 죽는 순간을 만나면	人當死生際
정신이 흐려지지 않기가 드무네	神明鮮不擾
초월하여 죽음을 슬퍼하는 뜻이 없음은	超無怛化意
반드시 환하게 달관한 사람이라야 그럴 수 있네	必待達識皦
우리들 가운데 이씨는	吾黨有李子
단정하고 뜻이 분명하였네	端凝志皎皎
숙병이 날로 심해지자	淹疾日寖革
스스로 죽을 기미를 알아차렸네	自已見危兆
정신은 맑아 더욱 여유롭고	神淸益整暇
숨은 끊어질 듯 희미하였네	氣定絶繳繞
초연히 자연으로 돌아가니	翛然歸造化
털끝만큼도 흔들리는 모습이 없었네	色無毫毛掉
비록 모친의 마음 위로하고 싶어도	雖欲慰慈念
어찌 억지로 꾸밀 수 있으랴	此豈强而矯
참으로 평소 수양한 사람처럼	寔同素養人

302 이 시직 : 이진원(李眞源, 1676~1709)을 가리킨다. 본관은 전주(全州), 자는 자심(子深), 호는 반공(盤公)이다. 1706년(숙종32) 중양절 국제(菊製)에 참여하여 수석을 하였으나, 급제를 내리지 않고 익위사세마(翊衛司洗馬)를 제수하고 시직(侍直)으로 올려주었다.

순리에 맡겨 온갖 인연 끝내었네	委順萬緣了
군이 온축한 바를 더욱 알겠으니	益知君內蘊
통창한 마음은 남들보다 뛰어났네	朗徹出人表
효성과 우애, 그리고 문학으로	孝友與文雅
일찌감치 가문의 명성을 계승하였네	夙能家聲紹
이 아름다운 덕은 남들이 혹 미칠 수 있으나	此美人或及
그 높은 경지는 세상에 응당 드무리라	其高世應少
순수한 자질로 훌륭한 일을 이룰 듯하였는데	粹質若有爲
난초가 꺾이듯[303] 갑자기 요절하였네	蘭摧遽云夭
저 하늘의 뜻은 무엇인가	彼天意如何
애달파하는 내 마음 괴롭구나	哀傷我心勦

303 난초가 꺾이듯 : 원문의 난최(蘭摧)는 난최옥절(蘭摧玉折)의 준말로, 훌륭한 인물이 요절한 것을 비유하는 말이다. 《세설신어(世說新語)》〈언어(言語)〉에 "모백성(毛伯成 모현(毛玄))이 자신의 재기(才氣)를 자부하면서 항상 '차라리 난초처럼 꺾이고 옥처럼 부서질지언정, 쑥부쟁이처럼 더부룩하게 우거지지는 않겠다.〔寧爲蘭摧玉折 不作蕭敷艾榮〕'라고 했다."라는 말이 나온다.

김 인제[304] 성대 재종형에 대한 만사

金麟蹄 盛大 再從兄挽

세상에는 뛰어난 재능을 지니고도	世有抱良器
잘못 쓰여 펼치지 못하는 경우가 있네	用枉靡所宣
우뚝한 재목이 잘려버렸으니	杞梓斲峞棣
무슨 수로 걸출한 모습을 보리오	何由見魁然
예전에 공이 인제 현감이 된 것은	向公宰峽縣
큰 솥에 작은 생선을 삶는[305] 격이었네	巨鼎烹小鮮
사람들 모두 그의 억울함을 안타까워했으니	衆咸惜其屈
온전히 쓰이지 못하였네	不得用其全
그래도 어렵고 힘든 곳에서	尙冀盤錯地
세상 누구보다 잘 다스리길 기대했네	剸割世莫先
수레가 갑자기 멈춘 것이	倏駕遽云輟
겨우 육십이었으니 장수한 것도 아니네	甫耆非壽年
이미 공과 같은 사람을 만들어 놓았는데	作人旣如公
슬프구나, 천리가 없음을 어찌하리오	傷哉奈無天

304 김 인제 : 인제 현감(麟蹄縣監)을 지낸 김성대(金盛大, 1651~1710)을 가리킨다. 본관은 안동(安東), 자는 호연(浩然)이다. 1704년(숙종30)에 김성대는 인제 현감에 제수되었다. 김성대의 외조부가 이소한(李昭漢)인데, 이소한의 형 이명한(李明漢)이 저자의 외조부이다.

305 큰……삶는 : 40쪽 주33 참조. 훌륭한 재능을 지녔으나 관직이 지방관에 머물렀다는 뜻이다.

덧없는 나의 삶 이 길을 함께 했는데	浮生同此途
동쪽 언덕으로 돌아가는 공을 곡하며 이별하네	哭別歸東阡

청양 현감으로 부임하는 사촌동생 군택[306] 종선 을 전송하며 입으로 불러 짓다

送君擇堂弟 宗選 赴靑陽口草

청양은 이름난 고을이니	靑陽是名縣
좋은 산수로 원래부터 일컬어지네	雅稱好山水
백성이 적어서 일은 간소하고	民少以事簡
풍속 또한 순박하고 아름답네	謠俗亦淳美
군택이 지금 수령이 되어	君擇今爲宰
한창 나이에 한 고을을 다스리네	盛年試百里
어헌[307]은 밝게 빛나고	魚軒煒有輝
맛난 음식으로 봉양할 수 있어 매우 기뻐하였네	深喜具甘旨
조부가 옛날 이곳을 다스렸는데[308]	王考昔莅玆
지금 칠십 년이 지났네	今過七十祀
송덕비가 큰길가에 우뚝 솟아 있고	有碑峙于逵
은덕이 그곳의 백성에게 남아있네	德惠在人士

306 사촌동생 군택 : 서종선(徐宗選, 1668~1718)을 가리킨다. 그의 자가 군택(君擇)이다. 서종선의 부친 서문징(徐文徵)이 저자의 부친 서문상(徐文尙)의 셋째 동생이 된다. 1711년(숙종37)에 서종선은 청양 현감(靑陽縣監)으로 부임하였다.

307 어헌(魚軒) : 어피(魚皮)로 장식한 수레로, 귀부인이 타는 수레이다. 여기서는 서종선이 모친을 모시고 지방으로 부임하는 것을 뜻한다.

308 조부가……다스렸는데 : 1637년(인조15)에 서종선의 조부인 서정리(徐貞履)가 청양 현감으로 부임한 바 있다.

옛날 조부의 훌륭한 명성 계승해야 하니	克嗣舊聲徽
그대는 더욱 힘써야 하네	君宜加勉矣
단아하고 깨끗한 조행으로 법도를 지키셨으니	雅潔守法度
그대도 자연히 잘 하리라 알겠네	知君自能爾
조심하고 진작함을	謹重與振發
서로 안배해야 잘 다스릴 수 있다네	互濟可爲理

최 동지중추부사 정현 에 대한 만사
挽崔同知 鼎鉉

옛날 내가 북방의 문무 시험을 주관할 적에[309]	往余主北文武試
공이 부령의 수령으로[310] 와서 함께 일하였네	公以富倅來同事
한 달 동안 웅성[311]에서 같이 주선하였는데	閱月雄城與周旋
공은 무관이었지만 훌륭한 선비의 자질 있었네	美公雖弁蔚儒器
빛나는 명성의 선조 태허공[312]이 있었으니	赫赫名祖太虛公
세대는 멀지만 아직도 유풍이 남아있었네	代緖遠矣尙遺風
관직에 있을 적엔 신칙하여 청백한 절조 있었고	居官飭謹氷蘗淸
고관에 올라 누차 성상의 융숭한 은혜 입었네	橫金屢荷恩褒隆
조정에 있다가 늘그막에 호남의 곤절을 잡으니[313]	歸朝晩秉湖閫節
위엄과 은덕 크게 행해져 군사와 백성 기뻐하였네	威惠大行兵民悅
늘 청탁하는 편지 한 통조차 집에 이르지 않았으니	常無情訊一及門
평소 지조가 빼어남에 더욱 감탄하네	益歎雅操能超脫

309 내가……적에 : 저자는 1702년(숙종28)에 함경북도 별시고관(別試考官)이 되어 길주(吉州)에 다녀온 바 있다.

310 공이 부령의 수령으로 : 1698년(숙종24)에 최정현(崔鼎鉉)은 함경북도 부령 부사(富寧府使)로 부임하여, 저자가 별시고관으로 길주로 왔을 때 부령 부사로 있었다.

311 웅성(雄城) : 길주(吉州)의 별칭이다.

312 태허공(太虛公) : 최항(崔恒, 1409~1474)을 가리킨다.

313 호남의 곤절(閫節)을 잡으니 : 1706년(숙종32)에 최정현은 전라 우수사(全羅右水使)에 임명되었다.

공 같은 이는 응당 크게 쓰이리라 늘 생각했는데 每謂如公合進用
물러나 당세의 중책을 맡지 못했네 退然未爲當世重
내가 조정에 있을 적에 힘써 이끌지 못하여 我在廟堂未力挽
늘 그 재능을 안타까워하며 깊이 자책하였네 居恒惜才深自訟
공이 비록 연로하였으나 기력은 강건하여 公年雖暮氣力康
절도사의 큰 명성과 공업 기대하였네 尙冀大閫聲業長
중추부와 도총부에서 그저 한가로이 지내고 西樞摠府漫優佚
속세를 벗어나 권세의 자리는 오르지 않았네 屛居不躡勢利場
세간에 과비[314]하며 분분히 달리는 이들 世間夸毗紛高騖
공이 청렴결백하여 홀로 고생하는 것을 비웃네 笑公廉白徒自苦
한 번의 질병으로 갑자기 대수장군[315]이 꺾이니 一疾奄忽大樹摧
은혜로운 부의 덕분에 가까스로 상례를 치렀네 恩賻僅能成喪具
병을 앓아 영궤에 곡하지 못하고 抱病未得哭靈几
기력이 약하여 또 포복의 의리[316] 저버렸네 力綿又失匍匐義

314 과비(夸毗) : 자신을 과장하여 잘난 체하거나 다른 사람에게 아첨하여 빌붙는 것을 말한다. 《시경》 〈대아(大雅) 판(板)〉에 "하늘이 노하고 계시니, 큰 체하거나 빌붙어서 위의(威儀)를 모두 어지럽히며 선인(善人)이 시동(尸童)처럼 아무 일도 못하게 하지 말지어다."라고 하였다.

315 대수장군(大樹將軍) : 후한(後漢)의 대수장군(大樹將軍) 풍이(馮異)에 비유한 것이다. 후한 광무제(後漢光武帝) 때 편장군(偏將軍) 풍이는 위인이 겸손하고 과시하지 않아 길을 가다가 다른 장군을 만나면 항상 한쪽으로 피하였으며, 다른 장수들은 머물러 있을 때마다 모여 앉아 전공(戰功)에 대해 떠들었지만 풍이는 평소 전공을 남보다 많이 세우고도 항상 홀로 큰 나무 밑으로 물러가 있었으므로, 군중(軍中)에서 그를 대수장군(大樹將軍)이라 호칭했던 데서 온 말이다. 《後漢書 卷17 馮異列傳》

316 포복(匍匐)의 의리 : 모든 일을 제쳐 두고 급히 달려가야 하는 의리를 말한다.

상여가 동쪽으로 나가 선영으로 돌아가니　　　輀車東出返舊阡
눈물 흘리며 만사를 봉하여 품었던 마음 펼치노라　一涕緘辭寫宿志

《예기》〈단궁 하(檀弓下)〉에 "상사(喪事)가 나면 부복(扶服)해서 도와주어야 한다."라고 하였는데, 부복은 엎어지고 자빠지면서도 급히 가야 한다는 포복(匍匐)의 뜻과 같다. 한편 《예기》〈문상(問喪)〉을 보면 "포복해서라도 가서 곡(哭)을 해야 한다."라고 하였다. 여기서는 빈소에 직접 가서 곡하지 못한 것뿐만 아니라 장례(葬禮)에도 참가하지 못하는 것을 가리킨다.

판서 홍 군택[317] 수헌 에 대한 만사

洪判書君澤 受瀗 挽

명성은 실로 온 조정에서 우뚝하였고	望實傾朝峻
엄정한 자태는 빼어났네	凝姿見嶷然
성대한 시절 만나 이름을 온전히 하고	完名當盛世
맑은 지조를 노년까지 지켰네	清操抵耆年
마침내 삼공의 자리에 오르지 못하고	竟失台司席
얼마 뒤 기로소에 올랐네	俄登洛社筵
그 모습 이제 없어졌으니	典刑今寂寞
눈물 흘리며 함께 어울렸던 때를 추억하네	霑涕憶周旋

317 홍군택(洪君澤) : 홍수헌(洪受瀗, 1640~1711)을 가리킨다. 본관은 남양(南陽), 자는 군택(君澤), 호는 담포(淡圃), 시호는 문정(文靖)이다. 좌참찬, 공조 판서, 호조 판서, 예조 판서, 판의금부사 등을 역임하였다.

동래 부사로 부임하는 이방언[318] 정신 과 작별하다
別李邦彦 正臣 赴東萊

영가를 다스릴 적[319] 그대의 빼어난 재능 알았는데	永嘉治理識通才
은혜로이 발탁되어 이제 출사길 열리었네	恩擢今看進道開
고상한 학문으로 궁궐에서 경서를 강론하다가	文雅橫經靑瑣闥
위의 있는 풍도로 해운대에 부임하였네	威風弭節海雲臺
변방의 일은 단단히 방비해야 하고	政須疆事綢繆得
오랑캐 마음을 감복시켜야 하네	要使夷情感服來
충청도 관찰사로 남쪽으로 가고 군마저 떠나니	湖伯南行君又出
쓸쓸해진 위양[320] 생각에 하염없네	渭陽寥闃思悠哉

318 이방언(李邦彦) : 이정신(李正臣, 1660~1727)을 가리킨다. 본관은 연안(延安), 자는 방언(邦彦), 호는 송벽당(松蘗堂)이다. 1711년(숙종37)에 이정신은 동래 부사(東萊府使)로 부임하였다.

319 영가(永嘉)를 다스릴 적 : 1709년(숙종35)에 이정신은 안동 부사(安東府使)로 부임하였다.

320 위양(渭陽) : 33쪽 주15 참조.

송 판서[321] 규렴 에 대한 만사

宋判書 奎濂 挽

자취는 저 멀리의 운하와 흡사하고 跡似雲霞遠
광채는 난봉의 의표와 같았네 光同鸞鳳儀
남을 대할 적엔 덕스런 기운 충만하였고 接人渾德氣
자신을 신칙함에 검약하고 엄하였네 飭己見沖規
기로소에 들어간 풍류 성대하였으나 耆社風流盛
삼공의 반열에 드는 길 더디었네 台司步武遲
한미한 집안 출신이 외람되이 왕사[322]와 교류하여 寒門忝王謝
재배하며 멀리서 만사를 봉하네 再拜遠緘辭

321 송 판서(宋判書) : 송규렴(宋奎濂, 1630~1709)을 가리킨다. 본관은 은진(恩津), 자는 도원(道源), 호는 제월당(霽月堂), 시호는 문희(文僖)이다. 우참찬, 예조판서, 대사헌 등을 역임하였다.

322 왕사(王謝) : 76쪽 주129 참조.

정랑 석경 이 의원에게 치료를 받기 위해 여강에 가 있을 적에 시를 지어 보내왔기에 차운하여 부치다

鄭郎 錫慶 爲就醫 往在驪江 有詩來 次韻寄之

덧없는 세상의 세월이 빨리 흘러	浮世流光冉冉移
가을날 모습을 바라보니 쓸쓸한 바람 불어오네	行看秋色颯然悲
근원을 맑게 하여 부디 다시 신령한 약을 구하고	澄源幸更求靈藥
부질없이 좋은 시 지으려 애쓰지 말게	疲力無徒作好詩
큰 물결의 강에 가로막혀 늘 소식이 뜸하고	潦浪大江常阻信
저물녘 구름 가 깊은 골짜기에서 그리워하네	暮雲脩峽但懸思
언제쯤이면 경사로운 기운이 집안에서 일어나	何當喜氣門闌動
그대가 용을 타고 올라 시대를 떨칠 날 보려나	覩子乘龍振耀時

성상의 환후가 회복된 후 호조 판서 이계장(李季章 이인엽(李寅燁)) 씨가 경사스러운 일을 적은 율시 두 수를 지어 내게 부쳐 보여주었기에 삼가 차운하다 경인년(1710, 숙종36) 2월

上候平復後 戶判李季章氏有志慶二律寄示 謹次 庚寅二月

온갖 신이 비호하여 성상의 체후가 안정되니　百神扶護聖躬安
건강을 회복한 큰 경사가 해를 이어 거듭되네　康復鴻休荐歲間
문왕은 침문에서 기운 안정되어 진지를 살피고[323]　文寢氣平看日饍
요임금의 눈썹처럼 광채가 발하는 용안을 보네[324]　堯眉光動仰天顏
은혜로운 조서를 내리자 노래가 거리에 울려퍼지고　恩綸霈澤謠騰巷
조정의 하례에서 만세를 부르니[325] 기쁨이 반열에 넘쳐흐르네　庭賀呼嵩喜溢班
다시 들으니 바람을 위로하려고　更聽慰玆朝野望
고향으로 돌아가는 재상들을 특별히 만류했다네　特留諸輔返舊山

하례(賀禮)가 끝난 뒤에 남 상공(南相公 남구만(南九萬)), 최 상(崔相 최석정(崔錫鼎)), 여주(驪州) 이 상(李相 이여(李畬)) 등이 장차 고향으로 돌아가려고 하자, 성상께서 도성 안에 머물라고 특별히 유시하였다. 이전 해에도 성상의 건강이 회복된 일로 하례를 베풀었기 때문에 이렇게 말한

323　문왕은……살피고 : 211쪽 주508 참조.

324　요임금의……보네 : 임금이 건강한 모습으로 회복되는 것을 말한다. 옛날 요임금의 눈썹에서는 여덟 색깔의 광채가 났다고 한다.

325　만세를 부르니 : 354쪽 주246 참조.

것이다.

나라의 천명이 만년토록 새로우니	邦家景命萬年新
아름다운 기운이 화락하여 대궐이 봄날 같네	休氣融融九闕春
소생한 태자가 물결 보는 것[326]을 또한 기뻐하고	且喜觀濤蘇太子
봉인을 본받아 성인을 축복함[327]을 보네	渾看祝聖效封人
상서로운 기운 날로 모여 우리나라를 부지하고	吉祥日集扶青社
은혜로운 교화 널리 펼쳐져 대궐을 우러러보네	惠化風行拱紫宸
처음처럼 더욱 진덕하기를 다시 바라니	更冀一初增進德
간절히 기원하는 마음은 백관들이 똑같네	寸誠祈祝衆工均

당시에 세자가 병을 앓았다가 회복되었다.

326 소생한……것 : 211쪽 주507 참조. 여기서는 왕자가 병을 앓았다가 회복되었다는 뜻이다.

327 봉인(封人)을……축복함 : 임금이 장수하고 부유하며 자손이 번성하기를 축복하는 뜻이다. '화봉삼축(華封三祝)'이라고도 한다. 요(堯)임금이 화(華) 땅을 시찰할 때, 화 땅의 봉인(封人)이 요 임금에게 "성인을 장수하게 하소서.〔使聖人壽〕", "성인을 부유하게 하소서.〔使聖人富〕", "성인이 아들을 많이 두게 하소서.〔使聖人多男子〕"라고 축복하였다. 《莊子 天地》

종숙 이 정[328] 인혁 에 대한 만사

李正從叔 寅爀 挽

효성과 우애는 가법을 계승하였고	孝友承家法
맑고 순박한 덕은 타고난 자질이었네	清淳出性資
평생토록 항상 이러한 덕을 지녔고	一生渾是德
온갖 일은 모두 모범이 될 만하였네	百事儘堪儀
황헌처럼 공경과 재상의 자리를 얻지 못하고[329]	公相失黃憲
자지처럼 그 모습 보면 이익과 명예 사라졌네[330]	利名消紫芝

328 이 정(李正) : 이인혁(李寅爀, 1634~1710)을 가리킨다. 본관은 경주(慶州), 자는 중장(仲章), 호는 매산(梅山)이다. 이조 판서 이경휘(李慶徽)의 장자이다. 1689년(숙종15) 기사환국으로 인현왕후가 폐위되자 낙향하였다가, 1694년(숙종20) 갑술환국 이후 다시 관직을 제수받아 사복시 정(司僕寺正)에 이르렀다. 저자와 이인혁의 관계를 살펴보면, 저자의 조부 서정리(徐貞履)의 장인이 이시발(李時發)이고, 이인혁은 이시발의 손자이다.

329 황헌(黃憲)처럼……못하고 : 후한(後漢) 때 황헌(黃憲)은 자품이 청수하고 총명하여 당시 사람들로부터 안자(顔子)에 비유되기까지 했다. 같은 고을 사람인 진번(陳蕃)과 주거(周擧)는 항상 말하기를 "두어 달만 황생을 보지 못하면 마음속에 비린한 생각이 다시 싹터 버린다."라고 할 정도였다. 진번이 환제(桓帝) 때 삼공(三公)이 되자, 조정에서 "숙도(叔度 황헌)가 살아 있다면, 내가 그보다 먼저 삼공의 인끈을 차지 못했을 것이다."라고 탄식한 일이 있었다. 《後漢書 卷53 黃憲列傳》 여기서는 삼공의 반열에 이를 수 있는 이인혁의 뛰어난 자질을 칭찬한 것이다.

330 자지(紫芝)처럼……사라졌네 : 자지(紫芝)는 당(唐)나라 원덕수(元德秀)의 자이다. 그는 평소에 행실이 뛰어나 천하 사람들이 모두 우러러 보았다. 현종(玄宗) 때의 명신 방관(房琯)이 원덕수를 볼 때마다 감탄하기를 "자지의 용모를 보면, 명예와 이익을

위양에 모인 여러 친족들은	諸親渭陽會
이제부터 누구를 종사로 삼아야하나	從此孰宗師

추구하는 마음이 죄다 없어지게 된다.〔見紫芝眉宇, 使人名利之心都盡.〕"라고 하였다. 《舊唐書 卷193 元德秀傳》 여기서는 평소 이익과 명예를 추구하지 않던 이인혁의 품성을 칭찬한 것이다.

사은부사 김 참판[331] 사익 연 과 이별하다

別謝恩副使金參判士益 演

한 길 높이의 눈이 노룡새[332]에 쌓였으리니 丈雪盧龍塞

사신 행렬 쉼 없이 달려가네 駪駪載節行

산천은 모두 눈에 익숙할 것이고[333] 山川渾慣眼

화인과 오랑캐는 공의 명성 알 것이네 華羯定知名

진나라를 부끄러워한 바다를 서글피 바라보고[334] 悵望羞秦海

오랑캐 방비한 만리장성은 부질없이 높기만 하리 虛高備虜城

천추의 문물이 모여 있는 곳에서 千秋文物會

331 김 찬판(金參判) : 김연(金演, 1655~1725)을 가리킨다. 본관은 상주(尙州)이고 자는 사익(士益)이다. 1711년(숙종37)에 김연은 진주 사은 겸 동지사(陳奏謝恩兼冬至使)의 부사(副使)로서 사행을 떠났다.

332 노룡새(盧龍塞) : 조선에서 북경으로 가는 도중에 있던 요새이다. 현재 중국 하북성(河北省) 천서현(遷西縣)과 관성현(寬城縣) 사이에 있는 희봉구(喜峯口)에 해당한다.

333 산천은……것이고 : 1701년(숙종27)에 김연은 평안북도 안주 목사(安州牧使)를 지냈기 때문에 이렇게 말한 듯하다.

334 진(秦)나라를……바라보고 : 전국 시대 제(齊)나라 노중련(魯仲連)의 고사이다. 노중련이 조(趙)나라에 가 있을 때 진(秦)나라 군대가 조나라의 서울인 한단(邯鄲)을 포위했는데, 이때 위(魏)나라가 장군 신원연(新垣衍)을 보내 진나라 임금을 천자로 섬기면 포위를 풀 것이라고 하였다. 이에 노중련이 "진나라가 방자하게 천자를 참칭(僭稱)한다면 나는 동해를 밟고 빠져 죽겠다." 하니, 진나라 장군이 이 말을 듣고 군사를 후퇴시켰다 한다. 《史記 卷83 魯仲連列傳》 여기서는 진나라처럼 무도하게 중원을 차지한 청(淸)나라에 대한 울분을 토로한 것이다.

옛날의 홍려시 소리[335] 떠올리며 눈물 흘리겠지　　　　淚落舊臚聲

335 옛날의 홍려시(鴻臚寺) 소리 : 과거 명나라 때 홍려시의 관원이 외국 사신을 맞이하여 각종 의식을 소리 높여 말하며 진행하는 것을 뜻한다.

김 부사를 통해 평안도 관찰사 이 대감[336] 경인 제 에게 부치다. 이 대감과 이별할 때 시 한 수를 지어 전별하고자 했으나 바빠서 완성하지 못했기 때문에 뒤늦게 부쳤다

因金副使寄平安按使李台景仁 濟 別時欲贐一詩 而卒卒未果 故追寄

변방을 다스리는 관찰사의 마음 수고로우니　　關藩按使想神勞
천천히 술 마시며 노니는 것을 끊어버렸겠지　　屛絶夸嬉細酌醪
은혜가 크게 펼쳐져 천 리의 백성 안정되고　　惠洽澤鴻千里奠
위엄이 변방에 행해져 모든 성곽 견고해지리라　　威行邊鑰百城牢
서쪽을 걱정하는 성상의 근심이 명망 있는 이 덕분에 느슨해지고
西憂紓顧因人重
북쪽에서 으르는 시끄러운 소리 그치게 하여 공적 높아지리라
北喝休喧著績高
필함을 염파와 이목처럼 여긴 뜻[337]에 더욱 힘써야 하니
更勉畢諴頗牧意
위난한 때 나라에 보답할 자는 바로 우리라네　　艱危報國政吾曹

336 이 대감 : 이제(李濟, 1654~1714)를 가리킨다. 본관은 전주(全州), 자는 경인(景仁)이다. 1710년(숙종36)에 이제는 평안도 관찰사(平安道觀察使)가 되었다.

337 필함(畢諴)을……뜻 : 131쪽 주279 참조. 여기서는 평안도 관찰사로 부임한 이제를 빈녕 절도사로 부임하여 공적을 세운 필함처럼 이제가 관찰사로서 공적을 세우기를 당부하는 것을 뜻한다.

이경인 대감이 차운시를 짓고 편지를 보냈기에 다시 첩운하여 사례하는 뜻을 부치다

李景仁台次韻有書 復疊附謝

나의 그리움 사무쳐 변방을 서글피 바라보는데	關河悵望我心勞
역마 탄 심부름꾼이 편지와 함께 좋은 술 가져왔네	驛使書來帶桂醪
지위와 명망은 매우 믿고 의지할 만하니	地望政堪毗倚重
성상이 어찌 사직하려는 굳은 결심을 들어주리오	天心豈聽巽辭牢
흘러가는 살수와 함께 어진 명성 길이 전해지고	薩江流並仁聲遠
우뚝한 묘향산과 같이 호쾌한 기상 높아지리라	香嶽標同爽氣高
변방을 다스리는 훌륭한 계책 있음을 알고 있으니	已識制邊籌畫在
저 벌떼처럼 일어나는 소인배들 우습구나	笑他蠭發少年曹

당시에 이경인은 그를 미워하는 사람들로부터 논척을 당했기에 연달아 장계를 올려 체직되기를 구하였다.

남 영상[338] 봉조하 구만 에 대한 만사 신묘년(1711, 숙종37)

南領相奉朝賀 九萬 挽 辛卯

경술과 문장으로 선비들의 기대 두터웠는데 經術文章士望深
세 조정의 성군을 만나 상림[339]이 되었네 三朝際遇作商霖
위태로운 배를 천겹의 물결 위에서 힘써 지탱하고 危舟力拄千層浪
사나운 불길 속에서 백번 단련할 줄 확고히 알았네 烈火剛知百鍊金
한결같은 맑은 절의는 당세의 모범이 되었고 清節始終當世範
나아가거나 물러났을 때의 충성스런 계책은 노신의 마음이었네 忠猷進退老臣心
어려운 시기에 시초[340]를 잃고 산악이 무너졌으니[341] 蓍亡嶽隕當艱運
성군은 누구에게 마음을 비우고 자문하랴 延訪誰虛聖主襟

338 남 영상(南領相) : 남구만(南九萬, 1629~1711)을 가리킨다. 본관은 의령(宜寧), 자는 운로(雲路), 호는 약천(藥泉) 또는 미재(美齋), 시호는 문충(文忠)이다. 1687년(숙종13)에 남구만은 영의정에 올랐다가 기사환국으로 강릉에 유배되었고, 1694년(숙종20)에 갑술옥사(甲戌獄事)로 다시 영의정에 기용되었다. 1707년(숙종33) 관직에서 물러나 봉조하(奉朝賀)가 되었다가 기로소에 들어갔다.

339 상림(商霖) : 어진 재상을 뜻한다. 127쪽 주255 참조.

340 시초(蓍草) : 국가의 원로를 뜻한다. 나라에 중요한 일이 있으면 거북점과 시초점을 쳐서 결정하듯이 원로에게 묻는다는 말이다.

341 산악이 무너졌으니 : 82쪽 주144 참조.

이 설서[342] 필중 에 대한 만사 임진년(1712, 숙종38)

挽李說書 必重○壬辰

단정하고 고요한 덕성에서 훌륭한 자질을 알았고	雅靜知資美
점잖은 모습에서 학문의 공을 보았네	雍容見學功
시강원의 직책을 맡았으니	政陪儲禁講
옛 가풍을 계승하길[343] 기대하였네	冀紹舊家風
훌륭한 자제가 세상을 떠나니	玉樹辭塵裏
벼슬살이는 꿈속 같구나	雲逵似夢中
놀랍게도 형제가 연이어 죽으니[344]	連枝驚荐殞
사우들이 갑절이나 슬퍼하네	士友倍悲衷

342 이 설서(李說書) : 이필중(李必重, 1672~1713)을 가리킨다. 본관은 한산(韓山), 자는 정숙(鼎叔), 호는 도곡(陶谷)이다. 1710년(숙종36)에 이필중은 문과에 급제한 뒤 1713년(숙종39) 시강원 설서를 역임하였다. 이필중에 대한 다른 문헌을 참고하면, 그가 세상을 떠난 해는 1713년(숙종39)이다.

343 옛 가풍을 계승하길 : 이필중의 조부인 이해창(李海昌)은 시강원 사서, 시독관 등을 역임하였다.

344 형제가 연이어 죽으니 : 이필중의 형은 이필상(李必相)이고 동생은 이필명(李必明)인데, 연이어 세상을 떠난 이가 누구인지는 미상이다.

재종인 김 정랑[345] 여유에 대한 만사

金正郎再從汝裕挽

맑고 소탈함은 타고난 본성이고 清疏元雅性
효성과 우애는 가풍에서 나왔네 孝友自家風
아름다운 온갖 꽃 사이에서 요양하고 養疾千花艶
가난한 집에서 시를 읊조렸네[346] 吟詩四壁空
예순에 조금 못 미치는 노년이었고 頹齡近耆少
정랑에 머물다 그친 낮은 관직이었네 拙宦滯郎終
오늘 아침에 눈물 흘리며 곡하기를 沾灑今朝哭
두 형님을 애도한[347] 것처럼 하네 如哀伯仲公

345 김 정랑(金正郎) : 김성후(金盛後, 1655~1713)를 가리킨다. 본관은 안동(安東), 자는 중유(仲裕) 또는 여유(汝裕), 호는 초창(蕉窓)이다. 1710년(숙종36)에 김성후는 호조 정랑에 제수되었다.

346 아름다운……읊조렸네 : 김창흡(金昌翕)의 〈호조 정랑 김공의 묘표〔戶曹正郎金公墓表〕〉에 "문을 닫고 병을 조섭하면서도 읊조리기를 그만두지 않고 형님 일로공(佚老公 김성최)과 함께 꽃과 대나무 사이에서 늙어갔다."라는 내용이 보인다.

347 두 형님을 애도한 : 김성후의 첫째형 김성최(金盛最)는 1713년에 세상을 떠났고, 둘째형 김성대(金盛大)는 1710년에 세상을 떠났다.

대사헌 조성등[348]에 대한 만사

趙大憲聖登挽

일찌감치 가풍을 계승하여 기량이 있었는데	夙歲承家器宇存
능양처럼 늦게 인정받아 재능을 드러내었네[349]	陵陽晩售見璵璠
법도는 평소 너그럽고 공평한 데 있었고	規模雅在寬平地
풍도는 항상 굳세고 정대한 논의에서 나왔네	風槪常從勁正論
순탄한 벼슬길이 대사헌에서 갑자기 그쳤는데	脩駕遽休都御史
원대한 계책을 변방에서 연이어 드러내었네[350]	遠猷連著大藩垣
어려운 시기에 놀랍게도 충신이 세상을 떠나니	時艱忠藎驚淪逝
현인을 잃은 깊은 슬픔에 곱절로 눈물 흐르네	殄瘁悲深倍淚痕

공의 문재(文才)에 감복해 일찍부터 어울렸는데　服公文雅早周旋

늘그막에 성군을 만나 공보다 앞선 것[351]을 부끄러워하였네

348 조성등(趙聖登) : 조태동(趙泰東, 1649~1712)을 가리킨다. 본관은 양주(楊州), 자는 성등(聖登), 호는 풍계(楓溪)이다. 증조부는 조존성(趙存性), 조부는 조계원(趙啓遠), 부친은 조귀석(趙龜錫)이다. 1712년(숙종38)에 조태동은 대사헌에 제수되었다.

349 능양(陵陽)처럼……드러내었네 : 42쪽 주35 참조.

350 변방에서……드러내었네 : 조태동은 예조 참의로 있다가 1709년(숙종35)에 함경도 관찰사(咸鏡道觀察使)에 부임하였다.

351 공보다 앞선 것 : 재능이 부족한 저자가 자신보다 훌륭한 조태동보다 먼저 높은 벼슬에 오른 것을 뜻한다. 원문의 비재(粃在)는 겨와 쭉정이가 앞에 있다는 강비재전(糠粃在前)의 준말로, 재능이 부족한 사람이 앞자리를 차지하는 것을 비유한 것이다.

晩道雲龍愧粃前

훌륭한 계책으로 긴요한 직책 맡기를 몹시 기대하였고 深冀訏謨當宥密

맑은 법도가 조정의 반열에 비춤을 늘 흠모하였네 每欽淸範映班聯

이 세상 서로 사귀며 뜻이 같음을 기뻐하였고 交期此世欣同調

남은 생애 풍의를 각기 온전히 하기를 힘썼네 風義餘年勉各全

함께 연경으로 사신 갔던 일[352] 길이 추억하니 燕路並軺長感憶

담론하던 모습 지금도 꿈속에 아련하네 秖今談討夢依然

진(晉)나라 손작(孫綽)과 습착치(習鑿齒)의 고사이다. 《晉書 卷56 孫綽列傳》

352 함께……일 : 1703년(숙종29)에 저자는 동지 정사(冬至正使)로, 조태동은 동지 부사(冬至副使)로 연경에 갔다.

승문원의 옛 문서 가운데 임진년 난리 때의 《자문등록(咨文謄錄)》 10여 책이 있었다. 책의 의장(衣張 겉표지)은 당시에 자문을 정서(正書)한 종이를 사용하였는데 그 절반을 잘라 만들었다. 아마도 정사(淨寫)했던 것을 뒤에 어떤 일로 인해 보내지 않았거나 혹은 다른 종이로 바꾸고 버린 것이었다. 종이의 끝에 어새(御璽)가 찍혀있는데 자획이 분명하였으니, 원래는 '조선국왕지인(朝鮮國王之印)' 여섯 글자의 전자(篆字)로 되어있던 것이 '지인(之印)' 두 글자가 결락되었다. 내가 마침내 가지고 나가서 공인(工人)을 불러 단장하여 하나의 첩으로 만들고는 삼가 소서(小敍)를 지어[353] 끝부분에 적고 또 삼가 율시 한 수를 지었다

槐院舊文書 有壬辰難時咨文謄錄十數冊 冊衣張 用其時咨文正書之紙而截其半 蓋旣淨寫 後因他故不送 或易他紙而棄之也 紙端踏御璽 字畫明瑩 本爲朝鮮國王之印六字篆字 而之印二字缺落 余遂取出 招工粧績作一帖 謹作小敍 書於下端 又敬題一律

이때 판부사 이이명(李頤命)이 승문원의 문서 가운데서 어보(御寶)가 찍힌 임진년의 해진 문서를 얻어 첩을 만들었는데, 성상께서 이를 듣고는 가지고 들어오라고 명하였으니, 이 종이에는 전문(篆文)의 여섯 글자가 모두 온전하였으나 '조(朝)'자 윗부분의 자획이 조금 뭉개져있었다. 이 상국이 성상과 얘기하는 가운데 내가 만든 첩을 아뢰니 성상께서 가지고 들어오라고 다시 명하였다. 나는 마침내 손수 쓴 서문(序文)을 제거한 다음 이 상국을 통해 성상께 바쳤다. 국초(國初)에 명(明)나라가 하사한 국새(國璽)의 글자 모양을 지금까지 볼 방법이 없었다. 내가 얻어서 첩으로 만든 것이 비록 온전한

353 삼가 소서(小敍)를 지어 : 본서 제11권에 수록되어 있는 〈어새첩발(御璽帖跋)〉을 가리킨다.

전서(篆書)는 아니지만 몹시 보배로 여겼는데, 성상께서 궁중에 두고 다시 내려주지 않았다.

선조의 어새가 나라의 자문에 찍혀있으니	穆陵御璽踏邦咨
찬란한 어보(御寶)의 광채가 지면 위로 옮겨왔네	寶彩煌煌紙面移
왜란 때 위급했던 사명을 상상할 수 있으니	尙想龍蛇詞命急
옛 문서가 좀먹어 버려질 줄 어찌 알았겠는가	豈知蟲蠹舊編遺
삼령[354]이 진탕하여 주나라 보정(寶鼎)을 잃었는데	三靈震蕩淪周鼎
육십갑자 두 번 돌아[355] 한나라 위의(威儀)를 보네	再甲回環覩漢儀
홍무제가 하사하고 신종이 은택을 내렸으니[356]	洪武恩頒神廟澤
천추의 눈물을 흘리며 〈비풍〉 시[357] 읊조리네	千秋淚落匪風詩

354 삼령(三靈) : 천신(天神)・지기(地祇)・인귀(人鬼)를 가리킨다.

355 육십갑자……돌아 : 임진왜란이 일어난 1592년(선조25)에서 120년이 지난 1712년(숙종38)이 되었음을 뜻한다.

356 홍무제(洪武帝)가……내렸으니 : 명(明)나라 태조 홍무제가 우리나라의 옥새를 하사하고, 임진왜란 때 신종(神宗)이 우리나라를 구원한 일을 가리킨다.

357 비풍(匪風) 시 : 〈비풍(匪風)〉은 《시경》 〈회풍(檜風)〉의 편명으로, 주(周)나라 왕실이 쇠미한 것을 보고 현인이 근심하고 탄식하며 지은 시(詩)이다.

젊은이들과 함께 청담[358]으로 가는 길에 북한산성에 돌아 들어가 유숙하였는데 도중에 시를 완성하다 계사년(1713, 숙종39) 9월

與諸年少向淸潭 轉入北漢城宿 途間有成 癸巳九月

북한산성에서 노닐며 멀리 바라보니	北城游眺遠
속세를 벗어난 그윽한 회포가 풀리네	超脫散幽襟
젊은이들과 함께 길을 가니	行有諸年少
때는 순음[359]의 시월이라네	時將十月陰
성긴 숲에는 단풍잎 남아있고	疏林餘赤葉
계곡에서 맑은 물소리 들려오네	衆磵尙淸音
좋은 벗들과 함께 온 것이 몹시 기뻐서	更喜良朋至
수레를 멈추고 한 번 읊조려보네	停車費一吟

358 청담(淸潭) : 북한산 인수봉 골짜기에 있는 못의 이름이다.

359 순음(純陰) : 순음은 음기(陰氣)가 꽉 찬 상태를 뜻하는데, 음력 10월을 가리킨다.

분매를 한창 바라보고 있는데 주부 홍세태가 마침 방문하였기에 그의 시에 차운하여 보여주다
方對盆梅 洪主簿世泰適來 次其韻示之

그대의 시는 그대의 풍치와 같으니	子詩如子韻
희고 깨끗하여 이름난 꽃을 마주한 듯하네	皎潔對名花
서로 같은 향기를 내뿜으니	相與同芬馥
처사의 집에 광채가 일어나네	光生處士家

또

又

올곧은 마음을 절로 지녀 시기를 다투지 않고	自有貞心不競時
이월에 꽃을 피움에 도리어 빼어나네	開當二月反成奇
온갖 꽃이 아름다움을 뽐내지 못하여	千花不敢誇嬌艶
모두 봄날을 기다리며 꽃피는 가지를 양보하네	盡向東風讓一枝

어영대장 나[360] 홍좌 에 대한 만사

挽羅御營大將 弘佐

호방한 습성 제거하여 만년에 정진하니 刮劘豪習晩循循
태평성대의 훌륭한 장수로 대대로 벼슬한 집안이네 聖代干城有世臣
청백함으로 가풍을 계승하여 지위와 명망 높아지고 淸白承家增地望
통창한 마음으로 남을 대하여 천진함 드러내었네 恢通待物見天眞
병영에 위엄을 펼치니 변방에는 걱정이 없고 威宣列閫邊無聳
대장의 중한 책무 맡자 군사들 더욱 친애하였네 任重元戎士益親
이품의 관직에 예순을 살아 후한 복 누렸지만 二品六旬良厚福
살아 계시는 모친[361] 생각에 더욱 눈물 흐르네 涕霑尤爲太夫人

360 어영대장 나(羅) : 나홍좌(羅弘佐, 1649~1709)를 가리킨다. 본관은 안정(安定), 자는 제백(濟伯)이다. 증조부는 나만갑(羅萬甲), 부친은 나성원(羅星遠)이다.

361 살아 계시는 모친 : 나홍좌의 모친 안동 권씨(安東權氏)는 1716년(숙종42)에 세상을 떠났다.

재종형 판서 윤중강[362] 세기 에 대한 만사

尹判書仲綱 世紀 再從挽

재상의 수레 장단의 선영에 갔다는 소식 듣자마자 纔聞台駕向湍阡
부고가 갑작스레 한밤에 전해왔네 哀報蒼黃半夜傳
병중에 놀라 울부짖으며 두 줄기 눈물 흘리니 病裏驚呼雙淚迸
조정에선 대대로 벼슬한 집안의 현인을 갑자기 잃었네 朝中奄失世臣賢

근래에 정신이 이전보다 못한 줄 알았지만 近看神韻損前時
원래의 단단한 자품을 늘 믿었네 每恃元來篤稟姿
예순 여섯의 나이에 병조 판서를 지냈지만 六十六齡大司馬
공에게는 오히려 부족하여 기대에 못 미쳤네 視公猶歉失攸期

한창 나이의 출중한 모습은 대가의 풍모였고 盛年擧擧大家風
빼어난 기운 통창하여 눈에 찬 사람이 없었네 奇氣恢疏眼亦空
어찌 구구하게 꾸며대는 것을 즐겼으리 豈肯拘拘修媚飾
담박하고 참된 마음이 담소 중에 넘쳐흘렀네 沖眞溢發笑諧中

362 판서 윤중강(尹仲綱) : 윤세기(尹世紀, 1647~1712)를 가리킨다. 본관은 해평(海平), 자는 중강(仲綱), 호는 용포(龍浦), 시호는 효헌(孝獻)이다. 1710년(숙종36)에 윤세기는 병조 판서(兵曹判書)에 제수되었다.

통창한 풍도가 넉넉히 여유가 있었는데　通脫規模綽有容
관직을 맡으면 법도로써 청렴과 공정을 지켰네　當官繩尺秉廉公
흔들리지 않는 그 역량을 다시 보았으니　更看力量無回撓
일마다 신속하고 과감히 처리하여 본성에 맡겼네　隨事風飛任赤衷

집안에 가득한 효성과 우애는 본원이 있었으니　孝友充庭有本源
화목하여 남들이 형제간에 이의하지 못 했네　藹然無間弟昆言
모친은 연로하신데 색동옷 놀이 그쳤으니　萱堂景晏斑衣輟
어린애처럼 그리워하는 슬픔이 구원에서 빛나리라　孺慕哀哀炯九原

뛰어난 문장 솜씨 일찌감치 성대하였는데　詞翰才優夙蔚然
약관의 나이에 즐겁게 어울리며 다정히 지냈네　弱年游好忝隨肩
백발이 된 지금 함께 일했던 동료를 잃었으니　白頭今失聯班席
돈독했던 친족임을 생각함에 이 슬픔 더욱 심하네　感念敦親此慟偏

성상의 체후가 편찮은 지 오래되어 부창증(浮脹症)이 더욱 심해졌는데 어떤 약물도 효과가 없었다. 이때 유천군(儒川君) 정(濎)은 해박한 의술로 오랫동안 성상의 병간호를 하고 있었다. 홀로 자신의 주장을 고수하여 도수환(導水丸)[363]을 써야한다고 청하자 다른 사람들은 곤란하다고 논의하였는데, 성상께서 특별히 참작하라는 하교를 내리셨다. 연이어 도수환을 올린 후에 부기(浮氣)가 대번에 줄어들고 병세가 마침내 평복되었다. 약원 도제조 이 판부사 이명 가 기쁜 마음을 적은 시를 짓고 여러 공들이 모두 화답하였기에, 나 또한 삼가 차운하다

上候違豫日久 浮脹甚苦 諸藥物未奏效 時儒川君濎用曉解醫術 久侍疾 獨持主見 請用導水丸 群議以爲難 上特參量有敎 連進後浮氣頓減 疾候遂平 藥院都提調李判府事 頤命 有志喜詩 諸公皆和之 余亦謹次

종실의 신하 성상의 병환을 간호하여 宗臣護上疾
신령한 약을 홀로 전심으로 조제하였네 靈藥獨殫精
계발함은 하늘의 뜻에서 연유하였고 啓發由天意
참작하여 결정함은 성상의 밝음에서 나왔네 斟裁出聖明
성상의 은총이 어제시에서 빛나고 寵光奎藻爛
따뜻한 기운이 보배로운 초구에서 일어나네 暖氣寶裘生

363 도수환(導水丸) : 장용환(藏用丸) 혹은 현인환(顯仁丸)이라고도 한다. 소변이 잘 나오지 않고 열이 나는 데 사용한다.

해와 달, 별처럼 천수를 누리시려면 仙壽齊三曜
그대가 바치는 선약[364]이 필요하다네 須君進玉英

성상께서 이정(李淵)에게 어제시(御製詩)를 하사하였으며 품계를 올려주고 초구(貂裘)를 하사하였다.

성상의 체후가 차츰 회복되니 聖體彌臻復
하늘이 보우하는 공에 참여하였네 功參保佑天
밥 먹는 것도 잊은 지 몇 달인가 渾忘幾月飯
이 밤에 비로소 잠을 자네 始着此宵眠
약을 조제하여 간호한 공로 더욱 드러났으니 嘗藥勞偏著
술을 하사한 은총을 독차지함은 마땅하네 宣觴寵合專
경사를 축하하는 예식을 기다렸다가 佇成稱慶禮
대궐 앞에서 춤을 추리라 蹈舞大庭前

364 선약 : 원문의 옥영(玉英)은 도가(道家)에 말하는 신령한 선약(仙藥)을 뜻한다.

동쪽 교외로 나갔다가 도봉산으로 방향을 돌려 사당[365]에 첨배하였다. 10여 년 뒤에 다시 왔기에 감회가 일어 시를 완성하다

出東郊 轉向道峰 瞻拜祠下 十許年後 重到也 感成

골짜기 문에 꽃이 떨어져 봄날이 지났는데	洞門花落過春陽
흐르는 물은 여전히 아홉 번 굽이돌아가네	流水依然九曲長
높은 산을 우러러 바라보니 도심(道心)이 생겨나	瞻仰高山道心發
천추에 교화와 은택의 남은 광채[366] 있네	千秋教澤有餘光

흐르는 물을 따라 가며 근원에 이르고자 하는데	行隨流水欲窮源
층층의 아름다운 승경이 깊숙한 곳에 있네	佳境層層奧處存
도체(道體)가 산과 함께 천고에 나란하니	道體山容千古並
만 장의 우뚝한 산 우러를수록 더욱 높네	岧嶢萬丈仰彌尊

365 사당 : 도봉서원(道峯書院)에 있는 사당을 가리킨다.

366 남은 광채 : 도봉서원은 조광조(趙光祖)를 추모하기 위해 창건한 사당이고, 이후에 송시열(宋時烈)를 함께 배향하였다.

삭녕 군수로 부임하는 당질 명연 과 이별하다 갑오년(1714, 숙종40)

別堂姪 命淵 赴朔寧郡 甲午

근래 그대의 형제[367]를 마주하니 近對君兄弟
내 마음은 슬픔과 기쁨이 함께 하네 我懷悲喜倂
세월은 지체 없이 흘러가 日月逝不留
어느덧 상기[368]를 마쳤네 倏見憂制竟
평소 기뻤던 일을 추억하니 感憶平生歡
눈물을 흘리며 할미새를 노래하네[369] 淚落脊鴒詠
다행히 여러 아들이 살아남아 秖幸諸孤保
모친을 모시고 큰 병을 면하게 했네 侍慈免大病
아침저녁으로 함께 찾아와 朝夕與扶携
늘그막의 나를 위로하였네 慰我遲暮境
그대의 집은 변변찮은 음식도 부족한지라 君家菽水缺

367 그대의 형제 : 서명연(徐命淵)이 장남이고 그 아래로 서명함(徐命涵), 서명철(徐命哲) 두 아우가 있다.

368 상기(喪期) : 서명연(徐命淵)의 부친 서종헌(徐宗憲)이 1712년(숙종38)에 세상을 떠났다.

369 할미새를 노래하네 : 형제의 깊은 우애를 노래한다는 뜻이다. 원문의 척령(脊鴒)은 할미새를 가리킨다. 《시경》〈상체(常棣)〉에 "저 할미새 들판에서 호들갑 떨듯, 급할 때는 형제들이 서로 돕는 법이라오. 항상 좋은 벗이 있다고 해도, 그저 길게 탄식만 늘어놓을 뿐이라오.〔脊令在原, 兄弟急難. 每有良朋, 況也永歎.〕"라는 말에서 나왔다.

요청한 군수 직을 마침내 얻었네	一郡遂得請
대성에서 일찍부터 관직을 맡아[370]	臺省夙所踐
영광스런 이름, 여럿이 다투기를 물리쳤네	榮名謝衆競
한 치의 풀 같은 마음[371]을 거의 펼치게 되었으니	庶伸寸草情
고요하고 겸손한 성품에도 알맞네	亦叶恬遜性
삭녕은 근래 황폐해졌으니	朔郡近凋荒
민생이 피폐하여 백성 대부분이 흩어졌네	民罷多流迸
그대는 부임하여 외진 곳이라 비루하게 여기지 말고	君去勿卑陋
선정을 베푸는 데 힘쓸지어다	勉哉樹嘉政
파주 선영에서 무덤을 우러르면	坡阡瞻松梓
이상[372]의 마음으로 더욱 슬퍼하고 공경하리라	履霜增哀敬
사랑과 어진 마음이 넘치도록 백성을 보살피고	煦物藹仁愛
굳세고 올바르게 정사를 처리해야 하네	制事宜勁正
정사의 여가에 독서를 즐겨	政暇好讀書
청정함으로 고요히 길러야 하네	靜養以淸淨
그대는 이미 문학이 있으니	君旣有文學
이제는 학문을 권장할 지위를 쥐었네	今操興勸柄
나아갈 바를 알게 해준다면	倘使知嚮動

370 대성에서 일찍부터 관직을 맡아 : 서명연은 삭녕 군수(朔寧郡守)로 나가기 전에 사간원 정언, 사헌부 지평 등을 역임하였다.

371 한……마음 : 34쪽 주16 참조.

372 이상(履霜) : 서리를 밟는다는 뜻으로, 미세한 조짐을 보고 앞으로의 일을 경계하는 것을 가리킨다. 《주역(周易)》 〈곤괘(坤卦) 초육(初六)〉에 "서리를 밟게 되면 두꺼운 얼음이 곧 얼게 된다.〔履霜, 堅氷至.〕"라고 한 데서 나온 말이다.

선비의 풍속이 차츰 성대해지리라	儒俗行漸盛
초가을 빛이 가는 길에 가득하고	新秋滿征路
판여[373]에는 광채가 흘러나오네	板輿光輝映
이별하는 마음 참참하니	別懷自黯結
땅은 가깝지만 아득히 먼 것 같네	地近望若敻

373 판여(板輿) : 노인용 가마를 뜻하는데, 주로 지방관으로 나가 늙은 부모를 모시는 것을 비유할 때 쓰인다. 진(晉)나라 반악(潘岳)이 장안 영(長安令)으로 옮겼다가 박사(博士)로 제수되자 어버이를 모시기 위하여 벼슬을 버리고 돌아와 〈한거부(閑居賦)〉를 지었는데, "태부인(太夫人)을 판여에 모시고 가벼운 수레에 오르시게 한 뒤 멀리 궁성을 유람하고 가까이 집안 뜨락을 소요하게 해 드린다.〔太夫人乃御板輿, 升輕軒遠覽王畿, 近周家園.〕"라는 구절이 있다. 《晉書 卷55 潘岳列傳》

근래 삼가 듣자니 성상께서 백헌 이 문충공(李文忠公 이경석(李景奭))의 문집을 들여서 친히 읽어보셨다고 하고, 얼마 뒤에 듣건대 특별히 어제 칠언율시 한 편을 하사하였다고 하니, 성상께서 숭상하여 포상하는 뜻이 지극하였다. 삼가 성군과 현신의 성대한 만남을 우러러보며 감격스러움을 금치 못하였는데, 지평 이진망의 부탁에 있어서 삼가 차운하여 바치다

頃伏聞 上取入白軒李文忠公文集 親加繙覽 已又聞特賜御製七言律一篇 尊尙褒與之旨至矣 竊仰際遭之盛 不勝感聳 因李持憲眞望氏之請 謹伏次以呈

성조가 시대에 부응하여 때맞추어 태어나셨고	聖祖膺期降不遲
원신으로 보좌한 수고로움 켜켜이 쌓였네	元臣夾輔積勞疲
곡강[374]처럼 문장은 성대한 종사로 인정하고	曲江文盛宗師叶
속수[375]처럼 높은 명성은 하인들도 알았네[376]	涑水名尊走卒知
유고를 친히 구하여 옛 덕을 추모하고	遺稿俯求追舊德

374 곡강(曲江) : 당(唐)나라 현종(玄宗) 때의 이름난 재상 장구령(張九齡)을 가리키는데, 장구령이 소주(韶州) 곡강 출신이므로 이렇게 칭한 것이다. 문학으로 명성이 높아 현종(玄宗)에 의해 발탁되어 좌습유(左拾遺)에 임명되고 그 후 재상이 되었는데, 조정에서 곧은 말을 잘하고 절의가 높았다.

375 속수(涑水) : 179쪽 주428 참조.

376 하인들도 알았네 : 사마광(司馬光)의 덕망을 칭송하여 소식(蘇軾)이 〈사마군실독락원(司馬君實獨樂園)〉이라는 시를 지었는데, 그 가운데 "아이들도 군실을 외우고, 하인들도 사마를 안다오.〔兒童誦君實, 走卒知司馬.〕"라는 내용이 보인다.

어제시로 특별히 포상하여 융숭한 은덕 찬란하네　宸篇特奬煥隆私
밝은 조정의 영광스런 은우에 사람들 감동하니　熙朝榮遇瞻聆動
후손들은 효성을 충심으로 옮겨[377] 힘쓸지어다　後嗣移忠合勉之

377 효성을 충심으로 옮겨 : 이효위충(移孝爲忠), 즉 부모에 대한 효성을 나라에 대한 충심으로 바꾼다는 뜻이다. 《효경(孝經)》 〈광양명(廣揚名)〉에 "군자가 어버이를 효도로 섬기는지라, 그러므로 충성을 임금에게 미루어 옮길 수 있다.〔君子之事親孝, 故忠可移於君.〕"라고 한 데서 나온 말이다.

안주 목사 김[378] 두남 에 대한 만사 을미년(1715, 숙종41)

挽金安州 斗南○乙未

함께 조정에 있으면서 공을 안 지 오래인데	同朝識公久
즐겁게 어울린 적은 항상 드물었네	常罕游從懽
맑고 깨끗한 기운이 드러나	尙見淸素氣
얼굴에 흘러넘쳤네	藹然眉宇端
세상에서 칭하는 깨끗한 지조[379]를	世稱氷蘗操
공의 성품이 편안히 여기는 바였네	乃公性所安
한 점의 기름진 음식으로	一點脂與膏
폐간을 물들인 적 없었네	不曾染肺肝
파주 언덕에 초가집 한 채 지어서	坡山一茅屋
법도를 따라 오래 고달프고 힘들었네[380]	法從長酸寒
어떤 이는 서툴고 느긋하다 의심하지만	或者疑疏緩
몸가짐을 조심하니 무슨 어려운 일 있으랴	身飭他何難
공의 지위가 올랐다면	如公倘位進

378 안주 목사 김 : 김두남(金斗南)을 가리킨다. 1715년(숙종41)에 김두남은 안주 목사(安州牧使)에 제수되었다.

379 깨끗한 지조 : 130쪽 주276 참조.

380 고달프고 힘들었네 : 원문의 산한(酸寒)은 삶이 고달프고 썰렁하며 씁쓸하고 무료하다는 뜻이다. 당나라 한유(韓愈)가 율양 현위(溧陽縣尉) 맹교(孟郊)를 하남 윤(河南尹) 정여경(鄭餘慶)에게 천거한 시 〈천사(薦士)〉에 "고달프고 썰렁한 율양 위는, 나이 오십에 어찌 그리도 늙었는지.〔酸寒溧陽尉, 五十幾何耄?〕"라고 하였다.

맑은 법도를 더욱 볼 수 있었으리	淸規彌可觀
세상 사람들 공을 본보기로 삼은 자가 많아서	世侈有所式
탐욕스러운 물결이 그치기도 했었네	或止饕波瀾
서쪽 고을의 목사로 선발되니	選授西州牧
손을 얹은 백성들 다투어 바라보네	戴手民爭看
아름다운 교화가 미처 펼쳐지기 전에	美化未及施
관아에서 갑자기 세상을 떠났네	奄忽終于官
수명도 벼슬도 모두 차지 못했으니	年宦俱未滿
훌륭한 인재를 잃은 게 슬프구나	傷哉殞芳蘭
상여가 곧 다시 길에 오르니	轜車旋復路
보는 이들 모두 몹시 슬퍼하네	觀者咸悲酸
추천한 자리가 원래의 마음과 어긋났는데	薦進乖夙心
직책마저 저버리게 되어 몹시 안타깝네	負職深惜嘆
어느 때에나 슬픈 마음을 펼쳐보랴	何時展一哀
만사를 짓노라니 눈물이 절로 흐르네	緘辭涕自汍

외가 어르신 청풍 부사 김여화[381] 정신 에 대한 만사 2수
정유년(1717, 숙종43)

挽金淸風汝和 鼎臣 叔 二首○丁酉

어릴 적부터 어울렸으니	周旋從夙歲
대대로 교의가 있고 외가의 친속이었네	世好且敦親
명문 집안의 훌륭한 자제라 일컬어졌고	大閥稱庭玉
맑은 자품을 지닌 뛰어난 인재 훌륭하였네	淸姿蔚席珍
몸가짐이 모두 단아하고 깨끗하였으며	褆身渾雅潔
남을 대함에 온화함과 순수함을 다했네	待物極溫淳
낮은 벼슬에 있다가 수령으로 마쳤는데	淹屈終州府
정신을 수양하여 칠순의 수를 누렸네	頤神享七旬

선부군[382]의 맑은 명성 성대했고	先府淸名重
훌륭한 아들로 가업을 계승하였네	佳兒紹舊模
이렇게 훌륭한 기량을 지녔거늘	有玆好氣度
어찌 공고[383]의 자리에 이르지 못하였나	胡不到公孤

381 김여화(金汝和) : 김정신(金鼎臣, 1648~1717)을 가리킨다. 본관은 경주(慶州), 자는 열경(說卿)·여화(汝和)이다. 1706년(숙종32)에 김정신은 청풍 부사(淸風府使)에 제수되었다. 저자의 조모는 경주 김씨(慶州金氏)인데, 경주 김씨의 큰조카가 김정신이다.

382 선부군 : 김홍진(金弘振)을 가리킨다.

383 공고(公孤) : 삼공삼고(三公三孤)의 준말로 정승 같은 고관을 의미한다. 《주례

초탈하여 화려한 벼슬자리 사양하고　　超脫辭腴宦
고요하게 만년을 길렀네　　雍容養晚途
부고를 받고서 영결하지 못함을 애통해 하여　　承哀恫未訣
큰 강 모퉁이에서 눈물 흘리네　　霑涕大江隅

내가 이때 우거하던 곳이 조수가 얼어붙었다.

(周禮)》에서 삼공(三公)은 주(周)의 태사(太師)·태부(太傅)·태보(太保)를 가리키고, 삼고(三孤)는 삼공(三公) 다음 가는 소사(小師)·소부(小傅)·소보(小保)를 가리킨다.

허생 환 에 대한 만사

挽許生 瓛

예로부터 불우한 선비들 얼마나 많은가 古來何限士不遇
재능을 간직한 채 침체된 이들 셀 수가 없네 抱蘊沈淪不可數
궁달엔 운명이 있어 비록 스스로 편안해 하지만 窮通有命雖自安
논자들 결국엔 권력자를 탓하네 論者歸譏在當路
나의 동지 허씨는 대대로 훌륭한 집안의 선비로 吾黨許子世家彦
문장이 일찌감치 성대해져 높이 오르기에 마땅하였네 文藻夙茂合高騖
논설은 바람처럼 일어나 대부분 핵심을 꿰뚫었고 論說風發多貫穿
마음은 드넓고 상쾌하여 그 기량을 보았네 襟懷恢爽看氣度
여러 번 과거에 합격했으나 끝내 급제하지 못하니 屢捷科場竟蹇連
능양처럼 인정받지 못하여[384] 성군과 현신의 만남 어그러졌네 陵陽未售風期誤
부모 여의고 외로이 살며 외물에 대한 뜻 끊어버리고 自從孤露絶外慕
마침내 과거공부를 그만두고 노년에 이르렀네 遂輟公車抵衰暮
장단에 있는 구름 가 옛 별장을 왕래하며 往來臨湍舊雲莊
호산을 바라보며 읊조려 고상한 풍취 넉넉하였네 吟眺湖山飽高趣
자제들은 경서를 배워 성대하게 성취하고 諸子傳經蔚有成
뜰에는 삼주수[385]가 빛나네 在庭照映三珠樹

384 능양처럼 인정받지 못하여 : 42쪽 주35 참조.

385 삼주수(三珠樹) : 염화(厭火)의 북쪽 적수(赤水)의 위에서 자란다는 신선 세계

나는 그대의 형님과 일찍부터 잘 알았는데	余與賢伯早有雅
이어 그대와도 교분을 맺어 평소 알던 사이처럼 즐겁게 지냈네	仍得交子驩如素
당시에 나산에 은거하고 있는 그대를 찾아가	時訪羅山隱約中
소요하며 웃고 함께 유람하였지	消搖一笑聯杖屨
여러 해 만나지 못함을 늘 한탄하였는데	每歎彌年阻一晤
잊지 못하는 이 마음 그저 그댈 향할 따름이었네	此心耿耿但傾泝
늘그막에 부고를 듣고 오랫동안 놀라고 슬퍼하였는데	晚得哀音驚愴久
내가 장단의 선영에 우거할 때가 아니라 한스러웠네	恨我不在湍阡寓
병을 무릅쓰고 만사를 지어 뒤늦게 한 번 곡하니	力疾爲挽遲一哭
공을 끝내 포의에 머물게 한 것이 몹시 부끄럽네	深愧使公終韋布

의 나무로 잣나무와 비슷하고 잎이 전부 구슬로 이루어져 있는데, 흔히 삼형제가 모두 뛰어난 것을 가리키는 말로 쓰인다. 당나라 왕발(王勃)의 삼형제가 모두 글을 잘하였으므로 두이간(杜易簡)이 "왕씨 집의 삼주수.〔王家三珠樹〕"라고 칭찬하였다.

단의빈[386]에 대한 만사

端懿嬪挽詞

오래된 유풍이 있는 명문가 집안에　　大閥流風遠
상서로움이 쌓여 아름다운 자품을 지닌 이 태어났네　　儲祥誕懿姿
어린 나이에 세자빈으로 간택되어　　沖齡膺德選
세자의 아름다운 위의에 걸맞았네　　貳極媲徽儀
세 조정[387]에 함께 독실하게 효도하고　　共篤三朝孝
자애로운 두 분의 중전[388]을 잘 받들었네　　深承兩殿慈
시서를 배워 옛 가르침에 밝았고　　書詩明古訓
고요하고 부드러운 법도를 지켰네　　珩珮靚柔規
실로 궁정의 교화를 계승하여　　實襲宮庭化
복되고 상서로운 기틀을 크게 열었네　　丕開福祚基
오래된 병에 몹시 시달렸지만　　沈嬰將疾夙
받들어 모심에 정성을 다했네　　承奉盡誠彌
후사를 낳는 경사가 늦어지더니　　禖祝方遲慶

386 단의빈(端懿嬪) : 경종(景宗)의 비(妃) 심씨(沈氏, 1686~1718)를 가리킨다. 본관은 청송(靑松)이고 시호는 단의(端懿)이다. 청은부원군(靑恩府院君) 심호(沈浩)의 딸로, 1696년(숙종22) 세자빈에 책봉되었으나 경종이 즉위하기 전에 소생도 없이 죽었다. 경종이 왕위에 오르자 왕후로 추봉되었으며, 후에 공효정목(恭孝定穆)이라는 휘호가 추상(追上)되었다.

387 세 조정 : 효종(孝宗), 현종(顯宗), 숙종(肅宗)을 가리킨다.

388 두 분의 중전 : 인현왕후(仁顯王后)와 인원왕후(仁元王后)를 가리킨다.

별이 빛을 잃어 갑자기 슬픈 영결을 하였네	星淪奄結悲
성상은 애도하고 깊이 생각하여	聖哀深念哲
예복을 모두 기년복을 따르게 하였네[389]	禮服悉遵朞
안장한 곳은 신도(神道)에 알맞고	卜兆叶神理
능침에 배장(陪葬)하여 효성스런 마음을 위로하였네	陪陵慰孝思
비석에 새겨진 아름다운 시호[390] 찬란하고	刻珉嘉謚煥
상여 행렬에 길의장(吉儀仗)[391]을 쓰라고 명하였네	飭輅吉儀移
가래나무가 현면(玄冕)[392] 차림의 의장을 맞이하니	梓樹迎玄仗
처량한 바람이 하얀 조기(弔旗)를 감싸네	悽風繞素旗
외람되이 돈장[393]의 반열에 있어서	跡叨敦匠列
눈물을 흘리며 상여를 모셨네	霑灑侍靈輀

389 예복을……하였네 : 처음에는 대전(大殿)과 중궁전(中宮殿)의 복제(服制)를 세종조(世宗朝) 때 현덕왕후(顯德王后)가 빈궁(嬪宮)으로 훙서(薨逝)하였을 때의 전례를 따라 대공복(大功服)을 입게 하였다가, 다시 기년복(朞年服)으로 고쳐 정하였다. 《肅宗實錄 44年 2月 8日, 14日》

390 아름다운 시호 : 단의빈(端懿嬪)의 지석(誌石) 겉면에 "유명조선국 단의빈 묘지석(有明朝鮮國端懿嬪墓誌石)"이라고 새겼다. 《肅宗實錄 44年 3月 16日》

391 길의장(吉儀仗) : 보통 때에 쓰는 의장을 가리킨다.

392 현면(玄冕) : 공경과 대부들이 입는 제복(祭服)이다.

393 돈장(敦匠) : 원래는 장인(匠人)들과 공역(工役) 전반에 대해 지휘 감독하는 일을 말하는데, 여기서는 단의빈(端懿嬪)의 능침을 조성하는 일을 가리킨다. 저자는 단의빈(端懿嬪)의 장례를 주관하는 빈궁도감(殯宮都監)의 도제조를 맡았다.

성천 부사 정[394] 협 에 대한 만사 무술년(1718, 숙종44)

挽鄭成川 悏○戊戌

지방관으로 지낸 사십 년 동안	州縣四十年
이도(吏道)에 얽매이지 않았네	不爲吏道縛
통달하여 재능과 식견 뛰어났고	疏通盛材識
글 솜씨는 화려하였네	文術以潤飾
삼가고 깨끗한 법도를 지켰고	謹潔守法度
고요하고 담박함을 편안히 여겼네	蕭然安澹泊
시 또한 넉넉하고 민첩하여	詩藻亦贍敏
조탁하지 않고 호쾌하였네	滂沛謝雕琢
남들과는 감괴하지[395] 않고	與人絶甘壞
정성스런 마음이 흘러넘쳤네	藹然情款曲
나는 그대와 같이 사마시에 합격하여	余同上舍榜
일찍부터 서로 어울렸네	周旋從游夙

394 성천 부사 정 : 정협(鄭悏)을 가리킨다. 1705년(숙종31)에 정협은 성천 부사(成川府使)에 제수되었다. 정협은 성천 부사로 부임하기 전에 한산 군수(韓山郡守), 평양 서윤(平壤庶尹), 함흥 판관(咸興判官), 남원 부사(南原府使), 원주 목사(原州牧使), 나주 목사(羅州牧使) 등의 지방관을 오랫동안 역임하였다.

395 감괴하지 : 원문의 감괴(甘壞)는 호들갑스럽게 서로 좋아하다가 언제 그랬느냐는 듯 멀어지는 것을 말한다. 《예기(禮記)》 〈표기(表記)〉에 "군자의 사귐은 물과 같고 소인의 그것은 단술과 같다. 군자는 담담한 가운데 교우 관계를 이루고 소인은 달다가 관계가 끊어진다.〔君子之接如水, 小人之接如醴. 君子淡以成, 小人甘以壞.〕"라고 한 데서 나온 말이다.

낮은 벼슬에 머물러	每惜沈下位
간직한 재능을 다 펼치지 못함을 늘 안타까워했네	未得究蘊積
근래에 산림의 집으로 돌아가니	近者返林廬
장수하기를 기대하였네	政期膺壽爵
갑자기 대산에 노닐러 갔다[396]는 소식을 듣고	今聞遽游岱
옛 생각에 눈물이 솟구쳐 흐르네	感舊涕迸落
수명은 팔십에 가까웠고	壽年近八旬
두 아들은 뛰어나 학문이 있네	二郎秀有學
공이 남긴 법도가 있음을 알겠으니	知公有貽範
가업을 계승하여 후한 복을 이어가리라	克家綿厚福
영궤에 곡을 할 수 없기에	無由哭靈几
짧은 만사에 내 간곡한 심정을 펼치노라	短辭抒悃臆

396 대산(岱山)에 노닐러 갔다 : 사람이 죽었음을 의미한다. 207쪽 주497 참조.

진평군[397] 택 에 대한 만사 기해년(1719, 숙종45)

晉平君 澤 挽 己亥

선조(宣祖)의 후손들 대대로 빛났으니　穆廟瓊支奕葉光
아름다운 풍도가 반열에서 빼어났네　翩翩雅度秀班行
홀로 수고하여[398] 사신으로 멀리 연경을 다녀오고[399] 賢勞節踏燕山遠
호방한 기운 깃든 정자가 긴 한수에 임하였네　豪氣亭臨漢水長
매번 대나무 정원에서 정다움 나누기를 약조했는데 每約竹園承款穩
갑자기 구령으로 내달려[400] 참된 세계로 바삐 돌아갔네 奄驚緱嶺返眞忙
이제 누추한 집을 왕래할 때면　從今來往衡茅下
화려한 집 여전하여 곱절로 마음이 아프겠지　華構依然倍自傷

397 진평군(晉平君) : 이택(李澤, 1651～1719)을 가리킨다. 본관은 전주(全州), 자는 운몽(雲夢)이다. 도총부 경력, 사복시 내승, 훈련원 정, 전라좌도 수군절도사 등을 역임하였다.

398 홀로 수고하여 : 133쪽 주290 참조.

399 사신으로……다녀오고 : 이택(李澤)은 1707년(숙종33)과 1714년(숙종41)에 두 차례 사은 겸 동지정사(謝恩兼冬至正使)로 연경(燕京)을 다녀왔다.

400 구령(緱嶺)으로 내달려 : 원래는 신선이 되어 떠나갔다는 뜻인데, 여기서는 세상을 떠난 것을 가리킨다. 141쪽 주310 참조.

지은이 **서종태(徐宗泰)**

본관은 달성(達城), 자는 노망(魯望), 군망(君望), 호는 만정당(晩靜堂), 서곡(瑞谷), 송애(松厓)이다. 부친은 서문상(徐文尙), 모친은 이명한(李明漢)의 딸이다. 1652년(효종3) 태어나 1675년(숙종1) 생원시와 진사시에 모두 합격하고 1680년(숙종6) 문과에 급제하였다. 예문관 검열, 홍문관 정자를 거쳐 사가독서(賜暇讀書)하였다. 이조좌랑, 홍문관 수찬을 거쳐 1684년(숙종10)금성 현령(錦城縣令)에 임명되어 금강산을 유람하였다. 이후 홍문관 교리, 사헌부 집의, 승지, 대사간, 대사성, 부제학, 이조 판서, 대제학을 역임하였다. 1705년(숙종31) 우의정에 임명되고 1711년(숙종37) 영의정에 올랐다. 1719년(숙종45) 2월 21일 세상을 떠났다. 문집 《만정당집(晩靜堂集)》과 자편고(自編稿) 《잡고(雜稿)》 등의 저술이 전한다.

옮긴이

권진옥(權津鈺)

1979년 경북 영천 출생. 고려대학교 한문학과를 졸업하고, 동 대학교 국어국문학과에서 〈택당 이식의 변문・고문 연찬과 산문 창작의 실제〉로 석사학위를 받고 〈귤산 이유원의 학문 성향과 유서・필기 편찬에 관한 연구〉로 박사학위를 받았다. 고려대학교 민족문화연구원과 단국대학교 동양학연구원 연구원을 거쳐, 현재 단국대학교 국어국문학과 조교수로 재직 중이다. 《낙전당집》(공역), 《어우집》(공역), 《한비자집해》(공역), 《오천집》 등을 번역하였다.

이승용(李承容)

1981년 경북 의성 출생. 영남대학교 한문교육과를 졸업하고, 성균관대학교 한문학과에서 《조선후기 강화학파 한시연구》로 박사학위를 받았다. 한국고전번역원 고전번역교육원 연수과정과 전문과정을 마치고 단국대학교 동양학연구원 선임연구원으로 재직 중이다. 《완구유집》, 《정관정요》(공역), 《낙전당집》(공역), 《완역정본 택리지》(공역) 등을 번역하였다.

권역별거점연구소협동번역사업 연구진

연구책임자 **김문식**(단국대학교 사학과)

공동연구원 **윤재환**(단국대학교 국어국문학과)

김우정(단국대학교 한문교육과)

책임연구원 **허호구**(단국대학교 동양학연구원)

장유승(단국대학교 동양학연구원)

최예심(단국대학교 동양학연구원)

선임연구원 **이라나**(단국대학교 동양학연구원)

이승용(단국대학교 동양학연구원)

연구보조원 **유명석**(단국대학교 동양학연구원)

만정당집 2

서종태 지음 | 권진옥 · 이승용 옮김

2020년 12월 31일 초판 1쇄 발행

편집 · 발행 학자원

등록 2011.4.6 제2011-14호

주소 (05355) 서울시 강동구 천호대로 1121

전화 02-6403-1000 | 팩스 02-6338-1001 | 이메일 hakjaone@daum.net

값 30,000원

ISBN 979-11-6247-196-8 94810

979-11-6247-194-4 (세트)